익숙한 성경 낯설게 읽기

| 이진희 지음 |

쿰란출판사

들어가는 말

성경 시험 문제 하나 풀어보시지요.

다음 시를 읽고 물음에 답하시오.

자세히
보아야
예쁘다

오래
보아야
사랑스럽다

너도
그렇다.

나태주 님의 〈풀꽃〉이라는 시입니다.
이 시에서 "너"는 누구일까요?

정답: 성경

국어 시험 문제라면 당연히 '풀꽃'이라고 써야겠지요.
그러나 성경 시험 문제입니다.
정답은 '성경'입니다.

성경도
자세히 보면
찬찬히 보면
오래 보면
다르게 보입니다.
선입견을 버리고 보면
국어책 읽듯이 읽으면
"어, 그게 아니네?"
새로운 사실을 깨닫게 됩니다.
건성으로 읽지 않고 꼼꼼히 읽으면
생각하며 읽으면
"아, 그렇구나!"
무릎을 치게 됩니다.

고은 시인이 이런 짧은 시를 지었습니다.

내려갈 때
보았네
올라갈 때
보지 못했던
그 꽃

성경을 찬찬히, 자세히, 오래 들여다보면,
처음 읽는 것처럼 읽으면,
안 보이던 것들이 보입니다.
숨어있던 것들이 고개를 쏙 내밉니다.
"나도 여기 있어요. 나도 좀 봐주세요…"
"어, 이런 말씀이 여기 있었네?"
성경 읽는 재미가 솔솔합니다.

그러다 보면 어느 새 성경과 사랑에 빠지게 됩니다.
연인이 됩니다.
안 보면 보고 싶고
보고 있어도 더 보고 싶은 그런 연인 말입니다.

이름을 알고 나면
이웃이 되고
색깔을 알고 나면
친구가 되고

모양까지 알고 나면
연인이 된다

아 그것은 비밀!

나태주, 〈풀꽃 2〉

저자로서의 바람은, 독자들이 이 책을 통해 성경을 보는 눈이 새롭게 열리는 것입니다.

성경을 보는 눈이 열리게 되면 도라지만 캐던 성경에서 "심 봤다"를 외치게 될 것입니다.

2015년 3월

달라스에서 이진희

Contents

성경의 인물들 이야기 낯설게 읽기

시편 낯설게 읽기

성탄 이야기 낯설게 읽기

예수님의 사역 낯설게 읽기

예수님의 비유 낯설게 읽기

사도행전과 바울 서신 낯설게 읽기

창세기

낯설게 읽기

아브라함이 천사들을 그렇게 잘 대접하지 않았더라면?

아브라함이 천사들을 대접한 이야기는 누구나 잘 알고 있다. 그런데 히브리서 13장 2절을 보면 "천사들을 대접한 이들이 있었느니라"고 했다. 부지중에 천사들을 대접한 사람은 아브라함 한 사람이 아니었던 것이다. 아브라함의 조카인 롯도 그들이 소돔과 고모라를 방문했을 때 아브라함처럼 지극 정성을 다해 대접했다. 그런데 우리는 '부지중에 천사를 대접한 사람' 하면 아브라함만 떠올린다. 아마 롯이 서운해할 것이다. 그러나 히브리서 기자는 롯도 염두에 두고 부지중에 천사를 대접한 이들이 있었다고 기술하고 있다.

아브라함은 그들이 천사들이라는 것을 꿈에도 생각하지 못했다. 지나가는 나그네를 극진히 환대했을 뿐이다. 그는 브엘세바에서 베두인처럼 광야에서 양을 치며 살고 있었다. 베두인의 환대는 잘 알려져 있다. 베두인은 누구라도 지나가는 사람이 있으면 자기 집에 초청해서 환대를 한다. 이름도 성도 고향도 묻지 않는다. 사연도 묻지 않는다. 무조건 자기 집에 초청해서 극진하게 대접한다. 자기 집에 들인 손님은 어떤 일이 있어도 보호해 준다. 이것이 베두인들의 환대 문화이다. 지금도 베두인들은 그런 환대 문화를 몇 천 년 동안 이어오고 있다.

이스라엘 교도소에서 탈출한 죄수 2명이 광야로 숨어들어 갔다. 그리고 베두인 장막을 찾아갔다. 베두인은 그들을 자기 집에 머물게 했다. 이런 사실을 알고 군인들이 그들을 잡으러 왔다. 그리고 베두인에게 그들이 탈출한 죄수라는 사실을 이야기해 주면서 그들을 내어줄 것을 요청했다. 그러나 베두인은 내어주지 않았다. 자기 집에 온 손님이기 때문에 그들이 스스로 떠날 때까지는 절대로 그들을 내어줄 수 없다고 했다. 군인들이 강제로 집(장막)으로 들어가려고 하자 화가 난 베두인은 총을 꺼내어 자기 말에게 쏘았다.

"이 말은 나에게 하나밖에 없는 소중한 재산이오. 그런 말을 쏘아 죽였소. 당신들이 만일 내 집에 들어간다면 내가 무슨 짓을 할지 모르오. 그러니 어서 돌아가시오."

이것이 베두인들의 환대 문화이다. 아브라함이 왜 그렇게 극진히 나그네들을 대접했는지 이해가 될 것이다.

> 손님 대접하기를 잊지 말라 이로써 부지중에 천사들을 대접한 이들이있었느니라 (히 13:2).

이 구절을 가지고 설교할 때 결론은 정해져 있다.

"손님 대접하는 일에 힘쓰십시오. 그러면 반드시 아브라함처럼 큰 축복을 받게 될 것입니다."

이 말씀을 듣고 우리는 이런 기대를 가져본다. '나도 아브라함처럼 부지중에 천사를 대접할 수 있으면 얼마나 좋을까?' 하고.

미국의 에모리 대학교에 레이니라는 신학과 교수가 있었다. 그는 가까운 곳에 집이 있어서 걸어서 출퇴근을 했다. 어느 날 학교 가는 길에 한 노인을 만나게 되었다. 은퇴하고 외롭게 홀로 사는 분이었다. 그는 그 노인에게 다가가 다정하게 말을 건네고, 집을 찾아가 커피를 마시기도 했다. 그리고 그의 말벗이 되어주었다. 때로는 잔디도 깎아주곤 했다. 그렇게 2년이란 세월이 흘렀다.

어느 날 그 노인이 돌아가셨다. 레이니 교수는 장례식장을 찾아갔다가 깜짝 놀랐다. 그분이 바로 코카 콜라의 창업주인 로버트 우드러프 회장이었던 것이다. 더 놀란 것은 그분이 레이니 교수에게 유산을 남겨주었다는 것이다. 그런데 유산이 자그만치 25억 달러(약 3조 원)나 되었다. 3억도 아니고 3조! 그것이 다가 아니다. 또 코카콜라 주식의 5%를 그에게 유산으로 남겼다. 세상에 이런 일이!

레이니 교수는 그분이 어떤 분인지 전혀 알지 못했다. 그 주변 사람들도 그분이 그렇게 대단한 분인 것을 전혀 눈치 채지 못했다. 레이니 교수는 외로운 노인에게 다가가 다정한 친구가 되어주고 말벗이 되어준 것이 전부다. 그런데 이런 어마어마한 유산을 물려받게 된 것이다. 이후 레이니 교수는 그 유산을 모두 에모리 대학교에 기증했고 그 대학교의 총장까지 지냈다. 그는 미국 감리 교회 목사이기도 했으며, 한국에 선교사로 나와 연세 대학교에서 가르치기도 했다. 또 주한 미 대사를 지내기도 했다.

많이 들은 이야기다. 대접하면 복을 받는다는 전형적인 예화이다. 그런데 이 이야기는 사실이 아니라고 한다. 여기 나오는 레이니는 실존 인물이다. 그리고 그가 개인적으로 코카 콜라 회장과 친분이 있다고 하는 것도 사실이고, 그로부터 거액을 받은 것도 사실이다. 그러나 코카 콜라 회장이 레이니 교수에게 개인적으로 거액을 준 것이 아니다. 레이니가 총장으로 있을 때 코카 콜라 회사에서 에모리 대학교에 기부한 것이다. 레이니 교수가 코카 콜라 회장으로부터 받은 거액을 학교에 기부해서 총장이 된 것이 아니다.

코카 콜라 회사 회장이 이름 없는 노인으로 산다고 하는 것이 가능한 일이라고 생각하는가? 그리고 그에게 베푼 선행으로 인해 그토록 엄청난 돈을 준다고 하는 것이 상식적으로 납득이 되는가? 또한 코카 콜라 회사 회장이 레이니 교수에게 남겼다는 유산 이야기도 전혀 사실 무근인 것으로 밝혀졌다. 누군가가 소설을 쓴 것이다. 그리고 그 이야기를 검증 없이 강단에서 선포한 것이다. 듣는 사람들은 "아멘 아멘" 하면서 은혜를 받았을 텐데, 거짓이라는 것을 알게 되면 얼마나 배신감을 느끼겠는가? 얼마나 허탈하겠는가?

나그네로 가장한 천사들이 얼마나 융성한 대접을 받았는가? 그들은 떠나면서 너무 고마워서 아브라함에게 물었다.

"오늘 대접을 참 잘 받았소. 우리가 떠나기 전에 당신을 축복해 주고 싶은데 소원이 있으면 무엇이든 말해 보시오."

"아닙니다. 소원은 무슨 소원입니까? 제가 당연히 해야 할 일을 한 것뿐입니다."

"괜찮소. 한 가지만 말해 보시오."

"예, 정 그러시다면 말씀드리지요. 저에게는 아들이 없습니다. 제 소원이라면 아들을 품에 안아보는 것이지요."

"아, 그렇소? 내년 이맘때쯤에 이 집에서 아이의 울음소리가 들릴 것이오."

"별말씀을 다하십니다. 보시다시피 저희는 아이를 생산할 능력이 오래 전에 사라졌습니다."

그런 일이 있고 나서 1년 후에 그들이 축복한 대로 아브라함의 집에서 아들의 울음소리가 울려퍼졌다. 이삭이 태어난 것이다. 아브라함이 환대를 잘해서 평생의 소원이었던 이삭을 얻게 된 것이다. 그래서 히브리서 기자도 아브라함을 예로 들면서 손님을 잘 대접하라고 권면하지 않았는가?

정말 아브라함이 손님 대접을 잘해서 이삭을 얻은 것일까? 만일 그날 아브라함이 그들을 잘 대접하지 않았다면 아브라함은 이삭을 얻지 못했을까? 그렇지는 않았을 것이다. 아브라함이 손님 대접을 잘한 것은 매우 잘한 일이다. 그러나 그가 손님 대접을 잘해서 아들 이삭을 얻은 것은 아니다. 그날 그들이 그 집에 오지 않았어도, 아브라함이 그들을 그렇게 잘 대접하지 않았어도 하나님은 아브라함에게 이삭을 주셨을 것이다. 그것은 하나님의 약속이기 때문이다. 혹시 하나님이 더 늦게 아브라함에게 이삭을 주셨을지는 모르겠다. 그러나 어찌됐든 하나님은 아브라함에게 그분의 언약대로 아들을 주셨을 것임이 분명하다. 아브라함이 나그네를 잘 환대하는 것을 보시고 하나님이 감동하셔서 그에게 아들을 주신 것이 아니었다. 하나님이 아브라함의 공로(선행, 덕)를 보시고, 또는 아브라함의 믿음을 보시고, 또는 아브라함의 성품을 보시고 그에게 축복으로 아들을 주신 것이 아니었다.

다시 말해, 아브라함이 천사들을 대접해서 그에게 아들 이삭을 주신 것이 아니라는 것이다. 천사를 부지중에 대접한 이야기는 환대의 관점에서 볼 것이 아니라 하나님의 언약의 관점에서 보아야 한다. 이 이야기가 우리도 모르는 사람을 잘 대접하면 그런 축복을 받을 수 있다는 식으로만 이해되어서는 안 된다. 나그네를 잘 대접하라는 도덕적 교훈을 주기 위해서 아브라함이 천사들을 대접한 이야기가 기록된 것이 아니다. 창세기 18장은 하나님이 어떻게 그분의 언약을 이루어 주셨는가를 보여주기 위해서 기록한 것이다.

아브라함에게 환대를 받은 천사들이 떠나면서 고마워서 아브라함에게 '당신의 소원이 무엇입니까… 아들입니다… 그러면 내년 이맘 때쯤에 당신에게 아들이 생길 것입니다… 아, 내가 나그네를 잘 대접했더니 이런 축복을 받는구나…' 하는 이야기는 성경에 없다. 단지 우리의 상상일 뿐이다.

천사들은 그날 어디로 가고 있었던 것일까? 천사들이 그냥 산보 나온 것은 아니었을 것이고 목적지가 있었을 텐데, 그곳이 어디였을까? 아브라함의 집과 소돔과 고모라 성이었다. 그날 천사들은 아브라함의 집에 심방을 온 것이었다. 왜? 심방을 온 것이라면 이유가 있지 않겠는가?

> 내년 이맘때 내가 반드시 네게로 돌아오리니 네 아내 사라에게 아들이 있으리라 (창 18:10).

그들은 아브라함에게 그의 소원을 물어보지 않았다. 그 집의 문제가 무엇인지 묻지 않았다. 아브라함이 소원을 빌지도 않았다. 일방적으로 선포했다. 하나님이 아들을 주실 것이라고. 그러고는 떠났다. 바로 이 소식을 전해 주기 위해서 그들이 아브라함의 집에 심방을 온 것이다. 하나님이 아브라함의 지극한 접대를 받고 마음에 감동을 받으셔서 약속을 이루어 주어야겠다고 결정하신 것이 아니고, 아브라함에게 아들을 주어야겠다고 생각하시고 그 소식을 전해 주기 위해서 아브라함을 방문하신 것이었다.

이 이야기의 초점은 하나님의 언약이지 환대가 아니라는 것이다. 핵심을 놓치고 주변적인 것에 매달려서는 안 된다. 이것은 묵상이나 설교를 할 때 꼭 기억해야 할 수칙이다.

"내가 이제야 알았노라."
그러면 그동안은 모르셨다는 말인가?

하나님은 아브라함을 시험하기 위해 그 아들을 바치게 하셨다. 하나님이 시험하실 때는 그 이유가 있을 텐데 그것이 무엇일까? 아브라함의 믿음을 알아보시기 위해서였을까? 아브라함이 아들까지라도 바칠 수 있는 믿음이 있는지 궁금해서 시험을 하신 것일까? 그럴지도 모른다. 아니, 성경은 그렇다고 밝히고 있다.

> 네가 네 아들 네 독자까지도 내게 아끼지 아니하였으니 내가 이제야 네가 하나님을 경외하는 줄을 아노라 (창 22:12).

이는 참 난해한 구절이다. 하나님은 아브라함이 아들을 바칠지 안 바칠지 모르셨다는 말인가? 그것은 아닌 것 같다.

아브라함이 이삭을 무척 사랑해서, 하나님보다 더 사랑하는 것이 아닌가 해서 아들을 바치라고 시험하신 것이라고 생각하기도 한다. 그러나 하나님이 뭔가 궁금해서, 알고 싶어서 시험하신다는 것은 납득이 안 된다.

고난과 시련을 통해 하나님은 우리의 믿음을 더 강화시키기도 하신다. 그런 의도에서 아브라함을 시험하신 것일까? 그럴 수도 있을 것이다.

성경에서 하나님이 시험하신 사람이 한 사람 더 있다. 바로 욥이다. 욥이나 아브라함이나 그들이 하나님을 얼마나 경외하는지 알기 위해서 시험을 하셨다고 했다. 그리고 둘 다 시험에 합격했다.

또한 둘 다 축복의 약속을 받았다. 그러나 그것은 부차적인 것이다. 시험을 잘 이기면 축복을 받는다는 메시지는 기복적인 설교에 지나지 않는다. 그것을 말씀하려고 하는 것이 아니기 때문이다. 예를 들어, 욥을 생각해 보라. 시험 과정에서 욥의 자녀들이 다 죽었다. 그러나 나중에 더 많은 자녀들을 주셨다. 이것이 축복일까? 그런 축복을 받기를 원하는 사람도 있을까?

하나님이 욥을 왜 시험하셨는가? 욥이 하나님을 얼마나 경외하는 줄 몰라서 시험하셨는가? 하나님은 욥이 얼마나 당신을 경외하는 줄 이미 알고 계셨다. 욥의 믿음을 인정하셨다. 그런데 왜 시험하셨는가? 하나님을 위해서가 아니었다. 사탄으로 하여금 욥이 얼마나 하나님을 경외하는지를 알게 해주기 위해 시험하신 것이다. 하나님이 알고 싶어서 시험하신 것이 아니었다.

하나님은 아브라함이 하나님을 경외하는 것을 이미 알고 계셨음이 확실하다. 그러나 시험을 통해서 하나님은 다시 한 번 아브라함의 믿음을 확인하셨을 것이다. 그렇지만 믿음을 확인하기 위해서 시험하신 것은 물론 아닐 것이다.

언제 이런 시험이 있었는가?

그 일 후에 (창 22:1).

무슨 일이 있었기에 아브라함을 시험하신 것일까? 그것을 알면 왜 시험하셨는지도 알 수 있을지 모른다. 하나님이 이삭을 주셨다. 얼마나 귀한 아들인가? '사랑하는 독자'(창 22:2, 12)였다. 목숨보다 더 사랑했을 것이다. 하나님이 그런 모습을 보고 '시기하셔서' 아브라함에게 그 아들을 바치라고 하신 것일까? 우리가 하나님보다 더 사랑하는 것이 있으면 하나님이 그것을 취해 가신다는 사실을 보여주려고 아브라함에게 아들을 바치라고 하신 것일까? 물론 그런 영적인 교훈을 얻을 수 있으면 좋을 것이다. 그러나 그것이 시험의 본질은 아니었을 것이다.

성경에는 아브라함을 시험하실 만한 어떤 사건도 나와 있지 않다. '그 일 후에'를 직역하면 '그런 말들이 있은 후에'다. 어떤 말들이 오고 간 후에 아브라함을 시험하신 것이라는 뜻인데, 도대체 누구와 누구 사이에 무슨 말들이 오고 갔던 것일까?

욥을 시험하기 전에 무슨 일이 있었는가? 하나님과 사탄이 논쟁을 벌였다. 사탄은 욥이 까닭 없이 하나님을 경외하겠느냐고 문제를 제기했다. 하나님이 축복을 많이 주셔서 하나님을 경외하는 것이지 결코 순수한 마음으로 하나님을 경외하는 것이 아니라고 주장했다. 그러면서 욥을 시험해 보자고 했다. 하나님은 사탄에게 욥의 신앙을 보여주시기 위해서 욥을 시험하도록 허락하셨다. 엄

밀히 말하면 하나님이 시험하신 것이 아니라 사탄이 시험을 주도한 것이다.

랍비들은 아브라함에게도 똑같은 일이 일어났을 것이라고 본다. 신·구약 중간기 문헌인 희년서를 보면 사탄이 하나님께 이렇게 말한다.

> 하나님, 아브라함이 그의 아들 이삭을 얼마나 사랑하고 아끼는지 잘 아시지 않습니까? 그에게 한번 그 아들을 바쳐보라고 해보십시오. 그가 명령을 지키는지 안 지키는지를 보면 그가 얼마나 신실한지를 알 수 있을 겁니다 (희년서 17:15–18).

욥의 경우처럼 하나님이 아니라 사탄이 아브라함을 시험하도록 했다는 것이다. 랍비 요시 벤 지므라에 따르면, 사탄이 하나님께 이렇게 말했다고 한다(탈무드, 산헤드린 89b).

"하나님, 주께서는 저 늙은이를 축복하셔서 100세에 아들을 얻게 하셨습니다. 그런데 저 사람은 아들이 젖을 뗄 때에는 크게 잔치를 벌였지만 하나님을 위해서는 비둘기나 새 한 마리도 바치지 않았습니다."

그러자 하나님이 이렇게 대답하셨다.

"만일 그에게 아들을 바치라고 하면 즉시로 아들을 바칠 것이다."

역시 사탄이 아브라함을 시험하는 데 있어서 주도적인 역할을 했다고 보는 것이다.

유대 문헌 미드라쉬(Midrash)에 따르면, 아브라함이 모리아 산을 향해 사흘 길을 가는 동안 계속 사탄이 나타나 그의 길을 방해했다고 한다. 어떻게 해서든 아브라함을 집으로 돌아가게 해야 자신이 승리하기 때문이다. 사탄이 갖가지 방법으로 아브라함을 유혹해도 아브라함이 돌아가지 않자 마지막으로 길에 건널 수 없는 강을 만들어놓았다. 아브라함이 그 강으로 들어갔다. 물이 점점 깊어지면서 물에 빠져 죽게 될 지경이 되자 그는 이렇게 기도했다.

"하나님, 여기에서 물에 빠져 죽으면 이삭을 바칠 수가 없습니다. 그러니 저희를 구해 주시옵소서. 그래서 하나님이 말씀하신 대로 이삭을 모리아 산에 가서 바칠 수 있게 해주시옵소서."

이렇게 천신만고 끝에 사탄의 모든 방해 공작과 유혹을 이기고 마침내 모리아 산에 올라가게 되었다고 한다.

그렇다면 다음 구절은 어떻게 이해해야 하는가?

> 네가 네 아들 네 독자까지도 내게 아끼지 아니하였으니 내가 이제야 네가 하나님을 경외하는 줄을 아노라 (창 22:12).

분명히 하나님은 '이미'(이제가 아니라) 아브라함이 자신을 얼마나 경외하는지 잘 알고 계셨을 것이다. 그런데 하나님이 "내가 이제야" 아브라함이 하나님을 경외하는 줄을 알았다고 하시니 이것을 어떻게 이해해야 할지 난감하지 않은가?

어거스틴은 이 구절을 이렇게 번역했다.

"나는 네가 하나님을 경외하는 줄을 (온 세상이 다) 알게 하였노라"(《하나님의 도성》 16:32).

하나님은 이미 알고 계셨는데 사탄은 알지 못했다. 그래서 아브라함이 얼마나 하나님을 경외하는 줄을 시험을 통해서 사탄이 알게 하였다는 것이다. 희년서와 창세기 랍바도 그런 식으로 해석하고 있고, 미드라쉬에서도 그렇게 해석하고 있다.

"하나님은 제 속에 있는 모든 생각들까지 다 아시지 않습니까? 그런데 왜 시험을 하셨습니까?"

"그렇다. 나는 네가 나를 얼마나 사랑하는지 잘 알고 있다. 그런데 내가 너를 시험한 것은 네가 나를 얼마나 경외하는지 세상에 증명해 보이기 위해서였다"(Midrash Tanhuma 2).

영어 성경 중에서도 그런 뜻으로 번역한 성경이 있다. 다른 모든 영어 성경에서는 'know'로 번역했는데, ISV(International

Stand Version) 성경에서는 'demonstrate'로 옮겼다.

> Don't lay your hand on the youth!" he said. "Don't do anything to him, because I've just demonstrated that you fear God, since you have not withheld your son, your only unique one, from me.

이런 해석에 따르면, 하나님은 아브라함이 얼마나 당신을 사랑하는지 이미 알고 계셨다. 그래서 그 사실을 세상(또는 사탄)에 알리시기 위하여 아브라함을 시험하셨다는 것이다.

여기에 쓰인 '알다'(yada)가 '알게 하다'라는 단어로 표기되었다면 모든 문제는 간단하게 해결된다. 그러나 현재 우리가 가지고 있는 히브리어 본문에는 '알다'로 표기되어 있다.

이 구절을 이런 식으로도 해석할 수 있을 것이다.

아브라함이 아내 사라를 보고 이렇게 말했다.

> 내가 알기에 그대는 아리따운 여인이라 (창 12:11).

"당신 오늘 다시 보니 정말 아름답소"라는 뜻이다. 그러면 그 이전에는 사라가 아름다운 여인인 것을 몰랐다는 이야기인가? 아니다. 전에도 알고 있었다. 그런데 오늘 다시 한 번 그런 사실을 더 분명히 확인하게 되었다는 말이다.

창세기 12장 11절에 사용된 단어도 창세기 22장 12절에 사용된 단어와 똑같은 'yadati'이다. 이 단어는 '알게 되었다'(know)보다는 '알고 있었다'(have known)로 옮기는 것이 좋을 것이다.

"내가 이제야 네가 나를 경외하는 줄을 알았노라"는 말도, 전에도 이미 알고 있었지만, 이번 사건을 통해서 다시 한 번 더 분명히 확실하게 정말 아브라함이 하나님을 경외한다는 사실을 확인하게 되었다는 의미로 해석할 수 있다. 그렇게 되면 아무 문제가 없다.

아브라함이 모리아 산을 향해 '일찍' 떠난 이유

하나님이 아브라함에게 아들 이삭을 바치라고 하셨을 때 아브라함이 어떤 반응을 보였는지에 대해서는 성경이 아무런 언급도 하고 있지 않다. 우리는 여기서 아브라함의 심리적 갈등을 충분히 상상할 수 있다. 그는 밤잠을 이루지 못하며 고민했을 것이다. 아브라함에게 있어서 그렇게 긴 밤은 한 번도 없었을 것이다. 그러나 해가 뜨기 전에 아브라함은 일찍이 일어나 채비를 하고 아들 이삭을 데리고 떠난다.

> 아브라함이 아침에 일찍이 일어나 말에 안장을 지우고 두 종과 그의 아들 이삭을 데리고 번제에 쓸 나무를 쪼개어 가지고 떠나 하나님이 자기에게 일러 주신 곳으로 가더니 (창 22:3).

아브라함은 밤새도록 고민을 했지만 다음날 '아침에 일찍이' 떠났다. 아침에 떠나든 점심에 떠나든 그것이 그렇게 중요한가? 그 다음 날 떠났다고 하면 충분하다. 그런데 성경은 떠난 때를 분명하게 밝히고 있다. 아침에 떠났다는 것이다. 그것도 그냥 아침이 아니라 아침 '일찍' 떠났다고 한다. 즉각적으로 행동에 옮긴 것이다. 즉각적인 순종을 한 것이다.

밤새도록 고민을 했는데 아침이 되면 생각이 바뀔 때가 많다. 아브라함도 그것을 잘 알고 있었을 것이다. 그래서 생각이 바뀌기 전에 실행에 옮겼을 것이다.

아침 일찍 아마도 사라가 일어나지 않았을 때 집을 떠났을 것이다. 사라와 상의했다고 하면 아브라함이 길을 떠날 수 있었을까? 사라는 차라리 나를 죽이라고, 죽으면 죽었지 이삭은 죽일 수 없다고 하며 길을 막았을 것이다. 어떻게 해서 얻은 아들인가? 자초지종을 다 설명해도 사라에게는 이해가 안 되었을 것이다. 아들을 바치려고 하는 아브라함이 미친 것처럼 보였을 것이다. 절대로 사라를 설득시킬 수도 없었을 것이고, 사라가 아들을 바치도록 허락할 리도 만무하다.

사라는 아브라함이 아들 이삭을 바치려고 모리아 산에 갔던 사실을 일주일 정도 후에야 알게 된다. 천만 다행히 이삭과 함께 집에 돌아온 아브라함이 그동안 있었던 일들을 소상하게 말해 주었을 것이다. 그때 사라가 어떤 반응을 보였을지, 사라가 얼마나 놀랐을지는 넉넉히 상상할 수 있다. 비록 아들이 살아 돌아오기는 했지만 매우 큰 충격을 받았을 것이다. 아브라함이 아들 이삭과 함께 집에 돌아온 다음에 그 집안에 무슨 일이 일어났는가? 성경을 보면 사라가 갑자기 죽는다. 왜 죽었는지 아무런 설명이 없다. 랍비들은 아마도 사라가 너무 큰 충격을 받아 죽게 된 것이 아니겠는가라고 가르친다.

아브라함이 아침 일찍 집을 떠나지 않았더라면 아브라함은 모리아 산에 가지 못했을 것이다. 그리고 이야기도 완전히 달라졌을 것이다. 그러므로 어떤 때는 즉각적으로 순종해야 한다. 그렇지 않으면 영영히 순종하지 못하게 될 수도 있다. 순종해야겠다고 결심했다가도 순종하지 못한 것이 있을 것이다. 왜 그랬는가? 차일피일 미루다 그렇게 된 것 아닌가?

먼 길을 갈 채비를 갖추는 아브라함을 보라. 무엇을 챙겨 갔는가? 장작이다.

번제에 쓸 나무를 쪼개어 (창 22:3).

아니 왜 장작을 집에서부터 준비해 갔는가? 한두 시간 거리도 아니고 사흘 길을 걸어가야 되지 않았는가? 그런데 장작을 준비해서 등에 짊어지고 가다니 이해가 안 된다. 산에 가면 얼마든지 나무가 있을 텐데 말이다. 물론 이스라엘 산에는 나무가 많지 않다. 나무다운 나무가 없다. 지반이 석회암으로 되어 있기 때문이다. 그래도 번제로 사용할 나무 정도는 얼마든지 있다. 그런데 왜 집에서부터 나무를 준비해 간 것일까?

여기에서 '모리아 산이 어디인가?' 하는 질문이 제기된다. 유대인들은 모리아 산이 지금의 성전산이라고 믿는다. 그러나 사마리아인들은 세겜에 있는 그리심 산이라고 믿는다. 다 확실한 근거는 없다. 그냥 그렇게 믿는 것뿐이다. 그런데 모리아 산이 예루살렘이라고 하면 장작을 집에서부터 준비해 갈 이유가 없었을 것이다.

브엘세바 북쪽은 중앙 산악지대이다. 남쪽은 네게브 광야이다. 만일 아브라함이 우리가 생각하는 것처럼 북쪽 예루살렘으로 가지 않고 남쪽으로 갔다고 하면 집에서부터 장작을 준비해 가야 한다. 광야 어디에서도 번제로 쓸 만한 나무를 구할 수 없기 때문이다. 광야에 무슨 산이 있느냐고 물을지도 모른다. 사막과 광야는 다르다. 사막은 끝없이 모래가 펼쳐져 있다. 그러나 광야는 험한 산들로 이루어져 있다. 그러나 그 산에는 나무 한 그루, 풀 한 포기 자라지 않는다. 유대 광야와 네게브 광야가 그렇다.

산으로 가는데 나무를 준비해서 갈 사람은 없다. 그렇다면 북쪽으로 간 것이 아니고 남쪽으로 갔다는 이야기가 된다. 남쪽은 광야이기 때문에 나무가 없으니까 집에서 장작을 준비해 가야 한다. 모리아 산이 예루살렘이 아니라는 것을 주장하려고 이런 이야기를 하는 것이 아니다. 이 이야기는 누구나 잘 알고 있는 이야기다. 그러나 이 이야기를 읽으면서 왜 집에서부터 장작을 준비해 갔을까 하는 생각을 해본 사람은 많지 않을 것이다. 성경을 읽긴 읽지만 건성으로 읽는 것이다.

아브라함이 갔던 길은 어떤 길이었을까? 그리고 얼마나 먼 길이었을까? 브엘세바는 평지이다. 광야다. 헤브론이나 예루살렘은 해발 800미터에서 900미터에 위치하고 있다. 브엘세바에서 예루살렘까지는 50마일이 채 못 된다. 아브라함은 브엘세바에서 헤브론을 거쳐 예루살렘까지 올라갔다. 험한 산길이다. 쉽지 않은 길이다. 그럼 이 길을 우리라면 며칠 걸려서 갔을까? 사흘? 나는 아브라함이 하루면 갈 수 있는 길을 사흘 걸려서 간 것이라고 생각했다. 나라도 그러지 않겠는가? 뭐가 좋다고 빨리 가겠는가?

예루살렘에 있는 한인 교회에서 토요일마다 5차례에 걸쳐 브엘세바에서 예루살렘까지 고대 길을 통해 아브라함이 갔던 길을 걸은 적이 있었다. 그들은 적어도 하루에 10마일은 가야 했다. 그런데 실제로 아브라함이 이 길을 3일에 가기 위해서는 하루에 20마일씩 가야 했을 것이다. 그래야 사흘째 되는 날 오후쯤에는 모리아 산에 올라갈 수 있기 때문이다. 하루에 20마일을 (그것도 산길을) 간다고 하는 것은 쉬운 일이 아니다. 아브라함은 머뭇거리지 않고 부지런히 길을 갔음을 알 수 있다.

왜 하나님은 구태여 사흘이나 걸리는 산에 가서 아들을 바치라고 하신 것일까? 지금 하나님은 아브라함을 '시험'하고 계신다. 아브라함은 아침에 일찍 일어나 말에 안장을 채우고 장작을 쪼갰다. 그리고 이삭을 데리고 집을 떠났다. 여기까지는 일단 합격이다. 그러나 얼마든지 도중에 돌아올 수 있었을 것이다. 몇 번이고 가던 길을 멈추고 집으로 돌아가고 싶었을 것이다. 아브라함은 사흘 내내 그런 유혹과 싸워야 했다. 하룻길을 간 그 다음 날 그냥 집으로 돌아왔을 수도 있다. 이틀쯤 가서 집에 돌아갔을 수도 있다. 모리아 산 아래까지 다 가서 돌아왔을 수도 있다. 모리아 산까지 가는 그 사흘 내내 아브라함은 계속 시험을 치르고 있었던 것이다.

그 사흘 길이 아브라함에게는 멀고 먼 길이었을 것이다. 모리아 산을 향하는 아브라함의 발걸음이 얼마나 무거웠겠는가? 우리라면 사흘 길을 끝까지 다 갈 수 있었을까? 끝까지 순종하는 것이 중요하다. 끝까지 순종하는 것이 순종이다. 하루나 이틀 후에 다시 돌아갔다면 반은 순종한 것일까? 아니다. 반쯤만 순종하는 것은 순종이 아니다.

랍비들은 아브라함이 사흘 길을 가는 내내 사탄이 나타나서 그의 길을 방해했다고 한다. 도로 집으로 돌아가도록 하기 위해서 말이다. 그래서 강이 나타나서 건너지 못하게도 하고 별의별 일이 다 생겨서 집으로 돌아갈 수밖에 없는 상황에 처하게도 했지만 아브라함은 끝까지 사흘 길을 다 갔다고 한다. 순종하기로 결단하기까지도 어렵지만 끝까지 순종하는 것도 쉬운 일이 아니다.

최초로 십자가를 진 사람

하나님이 이삭을 바치라고 했는데, 그 아들이 어떤 아들인가? 아브라함은 바로 이 아들 하나를 얻기 위해 모든 것을 다 포기하고 고향과 친척과 아버지를 떠나지 않았는가? 또 이 아들 하나를 얻기 위해 25년이나 기다리지 않았는가? 100세나 되어서 얻었으니 얼마나 귀한 아들이겠는가? 자기 생명보다 더 사랑하는 아들이었다.

> 여호와께서 이르시되 네 아들 네 사랑하는 독자 이삭을 데리고 모리아 땅으로 가서 내가 네게 일러 준 한 산 거기서 그를 번제로 드리라(창 22:2).

이삭은 아브라함의 '사랑하는 독자(독생자)'였다. 그런 아들을 아브라함은 하나님 앞에 바쳤다.

하나님이 우리를 위해 내어주신 예수님도 하나님의 '사랑하는 독생자'이셨다.

> 이는 내 사랑하는 아들이니 너희는 그의 말을 들으라 (막 9:7).
> 하나님이 세상을 이처럼 사랑하사 독생자를 주셨으니 이는 그를 믿는 자마다 멸망하지 않고 영생을 얻게 하려 하심이라 (요 3:16).

그런 아들을 우리를 위해 희생 제물로 내어주셔서 십자가에 못 박혀 돌아가시게 하였던 것이다.

자신을 제물로 바치기 위해 모리아 산(현재의 성전산)으로 올라가는 이삭을 눈을 감고 그려보라. 이삭 말고 또 떠오르는 사람이 없는가? 예수님이시다. 예수님도 자신을 하나님 앞에 제물로 바치기 위해서 나귀를 타고 감람산을 넘어서 성전산으로 가시지 않았는가? 둘 다 자신을 제물로 바치기 위해 예루살렘에 왔는데, 둘 다 나귀를 타고 왔다고 하는 사실이 우연은 아닐 것이다.

이삭은 모든 것을 다 알면서도 모르는 체하고 아버지를 따라 모리아 산으로 올라갔다. 모리아 산으로 올라가는 이삭의 어깨에는 그를 불태울 장작이 지워져 있었다. 이제 잠시 후면 그는 그 장작더미 위에서 하나님 앞에 번제물로 드려진다는 것을 잘 알고 있었다. 그러나 그는 묵묵하게 그 장작을 짊어지고 모리아 산꼭대기로 올라갔다.

그렇게 자신을 불태울 나무를 등에 짊어지고 올라가는 이삭을 그려보라. 그러면 십자가를 등에 짊어지고 골고다 언덕을 올라가시는 예수님이 오버랩되어 떠오를 것이다. 둘 다 하나님 앞에 자신을 제물로 바치기 위해 나무를 짊어지고 산으로 올라갔다. 그리고 둘 다 하나님 앞에 죽기까지 순종하는 모습을 보여주었다. 랍비들도 이삭을 최초로 십자가를 짊어진 사람이었다고 가르친다.

아브라함은 이삭을 제물로 바치기 위해 그를 밧줄로 묶어서 바위 위에 올려놓았다. 그리고 그를 향하여 칼을 내리치려고 오른손을 번쩍 들었다. 그 순간 하나님이 황급하게 그의 손을 잡고 그

를 저지시키셨다.

"아브라함아, 네가 네 아들 독자까지도 내게 아끼지 아니하였으니 내가 이제야 네가 나를 경외하는 줄 알았노라. 그러니 네 아들에게 손을 대지 말아라."

이렇게 해서 이삭은 극적으로 살아나게 되고, 아브라함과 이삭은 그 산을 내려와서 고향으로 돌아갔다. 나중에 솔로몬은 그 자리에 성전을 지었다. 바로 현재의 성전산이 그곳이다.

현재는 성전이 있던 그 자리에 이슬람교 사원이 서 있는데 그 안에 큰 바위가 있다. 그 바위를 기념해서 그 사원을 지은 것인데, 전승에 따르면 바로 이 바위가 아브라함이 이삭을 제물로 바치려고 했던, 이삭이 꽁꽁 묶여 제물로 드려지기 위해서 누워 있었던 그 바위라고 한다(이슬람교에서는 아브라함이 이삭을 바친 것이 아니라 그들의 조상인 이스마엘을 바친 것이라고 주장한다). 이 바위는 높이가 1미터에서 2미터 정도가 된다. 길이는 약 18미터나 되고 너비는 약 13미터가 된다.

성전이 그곳에 있었을 때는 그곳에서 제물을 잡았다고 한다. 십자군 시대에는 유럽에서 원정 온 군인들이 집에 돌아갈 때 이 바위를 떼어 가지고 갔다. 그리고 유럽에 돌아가서 같은 양만큼의 금덩어리와 바꾸었다고 한다.

2천 년 전에 예수님은 골고다 언덕 위에서 하나님 앞에 속죄 제물로 바쳐졌는데, 이삭은 예수님보다 2천 년 전에 하나님이 원하셔서 성전산에서 제물로 드려졌다. 이 두 곳은 빤히 바라다보이는 곳이다. 같은 장소에서 둘 다 하나님께 제물로 드려진 것이다. 우연의 일치일까? 아니면 이삭의 이야기는 오실 메시아가 어디에서 어떻게 죽음을 당하실 것인지를 보여주는 예언적인 사건일까?

이삭은 제물로 드려지기 위해 모리아 산꼭대기 바위 위에 꽁꽁 묶여서 누워 있었다. 그때 그는 그 자리에서 죽음을 경험했다. 아니, 그가 제물로 드려지기 위해서 집을 떠날 때 그는 이미 죽은 목숨이었다. 이미 아브라함의 마음속에서 그는 살아 있는 사람이 아니었다. 그에게 있어서 이삭은 이미 죽은 것이나 다름없었다. 집을 떠나면서 이삭도 알고 있었다. 하나님 앞에 자신이 제물로 드려질 것이라는 사실을. 자기가 살아서 돌아오지 못할 것이라는 사실을. 그러면서도 이삭은 아무것도 모르는 체하면서 아버지를 따라갔던 것이다.

이삭은 모리아 산 바위에 제물로 바쳐지기 위해 눕기 사흘 전 이미 죽은 존재였다. 그런데 죽었던 그가 살아서 돌아가지 않았는가? 사흘 만에! 사흘 만에 다시 살아나는 경험을 한 것이다. 모리아 산 사건을 통해서 이삭은 죽음과 부활 모두를 경험한 것이다. 예수님처럼 말이다!

이삭을 묶으면서 양이 어디 있나 두리번거리지는 않는가?

이삭이 모리아 산에 올라가면서 아브라함에게 묻는다.

> 불과 나무는 있거니와 번제할 어린 양은 어디 있나이까 (창 22:7).

아버지가 대답한다.

> 내 아들아 번제할 어린 양은 하나님이 자기를 위하여 친히 준비하시리라 (창 22:8).

이 말은 아브라함이 그냥 한 말인지, 아니면 정말 그렇게 믿었는지 알 수 없다. 그런데 정말로 하나님이 제물로 드릴 숫양을 준비해 두셔서 그것을 이삭 대신 제물로 바치게 하지 않았는가? 그래서 그곳 이름을 '여호와 이레'라고 부르게 되었다.

'여호와 이레'는 '하나님께서 준비해 주신다(provide)'는 뜻이다.

하나님이 우리에게 필요한 것을 다 알아서 미리 준비해 주시니 얼마나 감사한 일인가? 그러므로 걱정할 필요가 없다. 그러나 이것을 이야기해 주려고 아브라함이 아들을 바치려고 했던 이야기가 성경에 기록된 것일까? 하나님이 우리를 위해 좋은 것을 준비해 놓고 계시다는 사실을 알려주려고 아브라함에게 아들을 바치게 하셨을까? "너희가 나에게 바치면 내가 가만히 있겠느냐? 내가 너희에게 더 좋은 것을 줄 것이다." 그런 교훈을 주려고 모리아 사건이 성경에 기록된 것일까?

> 내 아들아 번제할 어린 양은 하나님이 자기를 위하여 친히 준비하시리라 (창 22:8).
> 아브라함이 그 땅 이름을 여호와 이레라 하였으므로 오늘날까지 사람들이 이르기를 여호와의 산에서 준비되리라 하더라 (창 22:14).

여기에서 '준비하다'로 번역된 히브리어는 raah로 '보다'의 뜻을 갖고 있다. 성경에서 이 단어가 '준비하다'의 뜻으로 사용된 경우는 위의 구절 외에는 거의 없다. 그러나 여기에서는 문맥상 '준비하다'의 뜻을 갖고 있기 때문에 그렇게 번역한 것 같다.

창세기 22장 8절에 나오는 '준비하다'를 원래의 뜻인 '보다'로 대치하면 이렇게 된다.

> 내 아들아 하나님이 우리가 번제물로 양을 드리는 것을 보시게 될 것이다 (창 22:8).

구태여 '준비하다'로 의역하지 않아도 의미상 아무 문제가 없다. 그런데 '준비하다'로 번역한 이유는 하나님이 이삭을 대신해서 제물로 바칠 숫양을 준비해 주신 것을 염두에 두었기 때문이다.

"여호와의 산에서 준비되리라"(창 22:14)가 역사적으로 어떻게 번역되었는지 살펴보기로 하자.

히브리 단어들을 하나하나 옮기면 이렇다.

'in the mount, YHWH, it will be seen.'

이 단어들을 어떻게 조합하느냐에 따라 뜻이 달라진다.

1) 산에서 하나님이 보여지게 될 것이다. 즉 산에서 하나님이 나타나실 것이다.

"In the mount God will be seen, or God will appear."

히브리어 성서를 최초로 헬라어로 번역한 70인역 헬라어 성서에서 이렇게 번역하였다.

2) 산에서 하나님이 보실 것이다.

"In the mount God will see."

불가타라고 불리는 라틴어 성서에 이렇게 번역되어 있다. 유대인들이 사용하는 성서도 이 번역을 따르고 있다.

3) 하나님의 산에서 (…이) 보여지게 될 것이다. 즉 하나님의 산에서 보게 될 것이다.

"In the mount of God it will be seen."

KJV 성경이 이렇게 번역하고 있다.

4) 그러나 현대의 거의 모든 성경들은 '하나님의 산에서 준비될 것이다'(In the mount of God it will be provided)라고 번역하고 있다. 그러나 이것은 위에서 밝힌 대로 의역이다.

70인역 헬라어 성서를 살펴보자.

"하나님이 산에서 자신을 나타내실 것이다."

아브라함이 모리아 산에 올라가 아들을 바치려고 했을 때 하나님이 나타나셨다. 하나님이 말씀하셨고 그들은 하나님을 체험했다. 그래서 아브라함은 그곳 이름을 '여호와 이레', 즉 '하나님이 나타나셨다'라고 붙였다고 보는 것이다.

후에 그 산에 성전이 세워졌다. 그리고 하나님의 백성들이 그 성전산에 올라가 아브라함처럼 제사를 드렸다. 그리고 하나님은 아브라함에게 그러셨던 것처럼 그들이 드리는 제사(예배) 가운데 자신을 나타내셨다.

'여호와 이레'의 뜻은 단순히 우리가 필요한 것을 하나님이 다 아시고 채워주신다는 그런 의미를 넘어서 우리가 예배를 드릴 때 하나님이 그 예배 가운데 임재하시고 자신을 드러내신다는 의미이다.

불가타역 라틴어 성경을 살펴보자.

"산에서 하나님이 보실 것이다."

아브라함이 아들 이삭을 제물로 바칠 때 하나님은 다 보고 계셨다. 그러시다가 아브라함이 칼을 들어 아들의 심장을 찌르려고 하자 그의 손을 막으셨다. 그때 아브라함은 깨닫는다. '아, 하나님이 다 지켜보고 계셨구나.'

아브라함은 하나님의 백성들이 자기가 제사를 드렸던 바로 그 산에 올라와서 하나님께 제사(예배)를 드리는 모습을 하나님이 보시게 될 것임을 믿고 그곳 이름을 여호와 이레, 즉 하나님이 보시게 될 것이다라고 붙였다고 보는 것이다.

후에 솔로몬은 아브라함이 아들 이삭을 제물로 바쳤던 그 자리에 성전을 지었다. 그리고 이스라엘 백성들이 그 성전산에 올라가 하나님을 예배했다. 아브라함이 말한 대로 하나님은 그 산에서 당신의 백성들이 예배드리는 모습을 보시게 된 것이다.

하나님은 앞으로 모든 민족, 모든 백성이 하나님의 산에 올라가 모든 방언으로 하나님을 예배하는 모습을 보기를 원하신다. 예언자들은 마지막 때가 되면 그런 날이 올 것이라고 선포하고 있다. 아브라함이 그런 날을 바라보며 '여호와 이레'라는 이름을 붙였는지도 모른다.

아브라함이 정말 하나님이 이삭 대신에 숫양을 준비해 두실 것이라고 믿었다고 한다면, 그의 제사는 의미가 없다. 아브라함은 실제로 아들 이삭을 바치려고 모리아 산에 올라갔던 것이다. 아브라함은 하나님이 그를 위해서 숫양을 준비해 주시리라고는 꿈에도 몰랐을 것이다.

하나님은 우리의 필요를 아시고 다 채워 주시는 '여호와 이레'

의 하나님이시다. 그러나 아브라함은 그런 것을 전혀 기대하지 않고 모리아 산에 올라갔다. 하나님이 바로 그런 모습을 보시고 그를 위해서 '급하게' 숫양을 보내셨던 것이 아닐까? 그런데 우리는 우리의 '이삭'을 바치면서 두리번거린다. 하나님이 준비해 주신 양이 어디 있나 찾아보는 것이다.

하나님은 우리에게 자신을 보여주시고 자신을 나타내시는 여호와 이레의 하나님이시다. 이런 여호와 이레의 하나님을 아브라함은 모리아 산에서 체험했다.

또한 하나님은 우리를 보고 계시는 여호와 이레의 하나님이시다. 아브라함은 모리아 산에서 하나님이 그를 다 지켜보고 계시는 여호와 이레의 하나님을 체험했다.

하나님은 아브라함이 자신의 가장 소중한 것을 내려놓는 모습을 보셨다. 아브라함이 온전히 순종하는 모습을 보셨다. 아브라함이 하나님을 온전히 예배하는 모습을 보셨다. 아브라함이 하나님을 온전히 두려워하는 모습을 보셨다.

우리를 지켜보고 계시는 여호와 이레의 하나님이 보기를 원하시는 우리의 모습은 어떤 것일까?

기가 막힌 하나님의 타이밍

아브라함과 이삭, 야곱, 요셉은 헤브론과 브엘세바를 오가며 살았다. 헤브론은 유대 광야에 속해 있고, 브엘세바는 네게브 광야에 속해 있다. 아브라함의 가족이 그곳에 거주지를 정한 것은 양을 치는 유목민이었기 때문이다. 양을 치기 위해서는 광야에서 살아야 한다.

야곱이 헤브론에 살고 있을 때였다. 요셉은 형들이 양을 치러 멀리 나갔을 때에 아버지와 함께 집에 남아 있었다. 11형제들은 양을 치기 위해 세겜까지 올라가 있다. 세겜은 북쪽 사마리아에 속한 지역으로, 헤브론에서 북쪽으로 80여 마일 정도 떨어졌다. 양을 치는데 왜 그렇게 멀리 나가 있었던 것일까?

유목민들은 한 곳에 정착해서 살지 않고 계속 이동하면서 살아간다. 요르단의 와디 럼 광야에서 평생을 양을 치면서 산 베두인 장막에서 머문 적이 있었다. 그는 조상 대대로 그 광야에서 살아왔다고 한다. 그 당시 살고 있던 곳으로 한 달 전에 이사 왔다고 했다. 또 언제 이사 갈 거냐고 물어보았더니 다음 주가 될 수도 있고 한 달 후가 될 수도 있다고 했다. 양들에게 먹일 꼴이 다 떨어지면 풀이 있는 곳으로 이사를 갈 것이라고 했다. 이렇게 평생을 사막에서 살아가는 사람들이 베두인들이다. 아브라함이나 이삭, 야곱, 요셉, 모세 모두 다 그런 식으로 살았던 사람들이다. 이렇게 평생을 양들을 위해서 옮겨 다니며 살아야 하기 때문에 집을 짓고 살 수가 없다.

요셉의 형제들도 양을 치기 위해 세겜까지 올라가 있었다. 그들이 살고 있던 헤브론은 남쪽에 있기 때문에 풀이 북쪽보다 빨리 마른다. 그래서 양들에게 먹이를 주기 위해서 풀이 아직 마르지 않은 곳을 찾아서 올라가다 보니 세겜까지 가게 된 것이다.

이스라엘은 봄이 되면 천지가 다 푸르다. 광야에도 꽃이 핀다. 풀이 자란다. 겨울 내내 비가 왔기 때문이다. 그래서 목자와 양은 봄이 되면 행복하다. 어디 가나 먹을 것이 지천에 깔렸기 때문이다. 목자가 양들을 데리고 멀리까지 가지 않아도 된다.

그러나 4, 5월이 되면 풀들이 다 말라버리게 된다. 그러면 풀을 찾아서 집에서 점점 멀리 가게 된다. 그리고 온종일 꼴을 찾아 다니다가 저녁 늦게나 집으로 돌아오게 된다.

6월로 접어들게 되면 더 멀리 가야 한다. 그때는 아예 짐을 싸가지고 서너 달 동안 집에 돌아오지 않고 광야에서 돌아다닌다. 여름 내내 그렇게 목자들은 양들과 함께 하늘을 이불 삼고 돌을 베개 삼아 광야에서 산다. 한 번 집을 떠나면 서너 달 돌아오지 않는다. 얼마나 힘들고 고단하겠는가? 그런 것이 목자의 삶이었다. 요셉의 형제들도 세겜까지 올라가 있는 것으로 보아 집을 떠난 지 오래된 것을 알 수 있다. 그러니까 아버지 아브라함이 아들들의 소식이 궁금해서 요셉을 그들에게 보냈던 것이다.

형들은 이렇게 양을 치느라 고생하는데 요셉은 집에 있었다. 막내라서 그랬던 것일까? 야곱이 요셉을 편애한 것은 잘 알려진 사실이다. 요셉에게 '채색옷'을 입힌 것만 보아도 알 수 있지 않는가? 우리 성경에는 '채색옷'이라고 되어 있지만 반드시 물감을 들인 옷만을 뜻하는 것은 아니다. 장신구를 달거나 소매가 긴 옷일 수도 있다.

채색옷을 입한 것 말고도 야곱이 요셉을 편애했다는 증거가 또 있는데, 그것은 형들은 다 집을 떠나 먼 곳에 가서 양을 치고 있는데 요셉만 집에 있었다는 사실이다. 유목민들의 관습 가운데 하나는 양을 칠 수 있을 만한 나이가 된 아이들 가운데 가장 어린아이가 양을 치는 것이다. 지금도 베두인들은 막내에게 양을 치게 한다. 그렇기 때문에 사실은 다른 형들이 집에 있고 요셉이 양을 치러 나가 있어야 한다.

우리가 다윗에 대해 오해하고 있는 것이 있다. 사무엘이 그들을 보기 위해 방문했을 때 형들은 사무엘을 만나러 갔고 다윗만 혼자 남아서 양을 치고 있었다. 우리 상식으로는 막내가 아니라 맏이나 다른 형들이 집에 남아서 양을 치는 것이 맞다. 어떻게 막내에게 양치는 일을 맡기고 다 잔치에 간단 말인가? 이런 것만 보아도 다윗은 아버지가 보기에도 별볼일 없는 아들이었기 때문에 다윗에게 양치는 일을 맡기고 형들과 함께 사무엘을 만나러 간 것이라고 생각한다. 그러나 다윗이 양을 치기 위해 집에 남아 있던 것은 당연한 것이었다. 그것이 유목민들의 전통이기 때문이다.

요셉도 마찬가지다. 요셉이 어리기 때문에 집에 남아 있었던 것이 아니다. 요셉은 베냐민 말고는 가장 어렸다. 그리고 양을 칠 만한 나이가 되었다. 그렇다면 다른 형들이 다 집에 있어도 요셉은 혼자 들에 나가 양을 쳐야 한다. 그런데 거꾸로 요셉만 집에 남아 있고 형들은 다 나가 있지 않는가? 아버지가 편애를 했기 때문에 그랬던 것이다.

이렇게 드러내 놓고 편애를 하니까 형들이 요셉을 시기하고 미워했다. 그를 보자 형들이 죽이려고 구덩이에 던지지 않았는가? 그 구덩이에 대해 성경은 이렇게 묘사하고 있다.

> 그를 잡아 구덩이에 던지니 그 구덩이는 빈 것이라 그 속에 물이 없었더라 (창 37:24).

이 구덩이는 물웅덩이였다. 이스라엘은 지반이 암반으로 이루어져 있어서 비가 와도 물이 스며들지 않고 흘러가 버리고 만다. 그래서 샘이나 우물이 많지 않다. 그렇기 때문에 물 웅덩이를 많이 파놓았다.

이스라엘은 겨울과 봄에 비가 온다. 여름에는 비 한 방울 내리지 않는다. 그렇기 때문에 겨울과 봄에 웅덩이에 물을 모아 놓았다가 여름과 가을에 사용한다. 요셉이 던져진 웅덩이에는 물이 말라 있었다고 했다. 만일 봄이나 초여름쯤에 이런 일이 벌어졌다면 요셉은 웅덩이에 던져지자마자 죽고 말았을 것이다. 그러나 천만다행히도 그 웅덩이는 물이 다 말라 있었다. 웅덩이에 모아 놓은 물을 다 퍼서 썼기 때문이다.

여기서 우리는 이 일이 일어난 때를 짐작할 수 있다. 여름이 다 갈 무렵인 9, 10월경이었을 것이다. 만일 요셉이 7, 8월경에 이런 일을 당했다고 하면 그는 웅덩이에 던져지자마자 물에 빠져 죽고 말았을 것이다. 하나님의 기가 막힌 타이밍을 볼 수 있다.

그 웅덩이가 다 말라 있었다고 할지라도 그 시간에 그곳으로 약대상들이 지나가지 않았다면 요셉은 죽고 말았을 것이다. 물에 빠져 죽은 것이 아니라 굶주려서 죽고 말았을 것이다. 웅덩이들은 종 모양으로 만들어졌다. 그래서 절대로 혼자서는 그 웅덩이에서 빠져나올 수가 없다. 예레미야가 이런 웅덩이에 던져졌었다.

그 당시에는 이런 웅덩이들이 감옥으로 사용되었다. 그를 다시 꺼내 줄 때 위에서 밧줄을 내려 그것을 양쪽 겨드랑이에 끼게 하고 들어올렸다(렘 38:6) 요셉도 형들이 꺼내주지 않았다면 그 웅덩이에서 빠져나오지 못하고 죽고 말았을 것이다. 그런데 하나님은 요셉을 살리기 위해 그 시간에 맞춰 약대상들이 지나가게 하셨던 것이다. 타이밍이 정확하게 맞아떨어졌던 것이다.

대상들은 사우디아라비아나 요르단, 이라크, 이란 쪽에서 이집트와 물물 교역을 하기 위해 낙타들에게 짐을 싣고 사막을 건너 국제 무역을 하는 사람들이다. 그런데 그들이 왜 그곳을 지나가고 있었을까? 바빌론이나 페르시아에서 이스라엘을 거쳐 이집트에 이르는 국제 고속도로가 있었다. 이 길을 해변길(비아 마리스)이라고 불렀는데, 고대 시대에 유명한 길이었다. 이 길은 가버나움을 거쳐 나사렛 가까운 곳에 위치한 찌포리와 이즈르엘 평야에 위치한 므깃도를 거쳐 지중해 연안으로 나 있었다. 요셉이 구덩이에 던져진 곳은 도단이었는데, 므깃도와 가까운 곳에 위치하고 있다. 바로 이런 국제 무역로가 도단 가까운 곳을 지나고 있었기 때문에 요셉의 형제들이 대상들을 만날 수 있었던 것이다.

만일 이런 일이 도단이 아니라 세겜에서 일어났다면 요셉은 구덩이에 던져진 채로 죽고 말았을 것이다. 요셉의 형들이 예상을 깨고 세겜에 있지 않고 도단까지 갔던 것도 하나님의 섭리가 아닐 수 없다. 하나님이 요셉을 살리려, 요셉으로 하여금 이집트에 내려가도록 하기 위하여 요셉의 형들을 도단으로 가게 하셨던 것이다.

우리는 요셉의 삶을 통해서 하나님의 치밀한 섭리의 손길을 볼 수 있다. 우리도 요셉처럼 하나님의 섭리 가운데 살아가고 있다면 우리의 삶 속에 개입하시는 하나님의 타이밍이 얼마나 정확한지 깨닫게 될 것이다. 그리고 하나님이 우리를 어떤 곳으로 인도하실 때는 그곳으로 인도하시는 하나님의 섭리와 뜻과 목적이 있음을 발견하게 될 것이다.

요셉이 이집트의 총리가 된 후에 아버지를 장사 지내기 위해 가나안으로 잠시 돌아온 적이 있었다고 한다. 유대인들의 전승에 따르면, 그때 요셉은 그가 던져졌던 구덩이를 지나가게 되었다고 한다. 요셉은 잠시 가던 발걸음을 멈추고 그 구덩이에 가까이 가서 생각에 잠겼다. 그 구덩이가 어떤 구덩이인가? 형들이 그를 죽이려고 던져 넣은 구덩이가 아닌가? 요셉은 이집트에 내려가서도 종종 그 구덩이에 던져져서 살려달라고 몸부림치는 악몽을 꾸곤 했을 것이다. 두 번 다시 보기 싫은, 얼마나 저주스러운 구덩이인가?

그런데 요셉은 그 구덩이를 향해 축복을 하고 하나님께 감사를 드렸다고 한다. 어떻게 그럴 수가 있었을까? 그 구덩이는 요셉을 죽인 구덩이가 아니라 그를 구원해 준 구덩이였기 때문이다. 생각해 보라. 요셉이 구덩이에 던져졌기에 망정이지, 그렇지 않았더라면 어떻게 되었겠는가? 형제들이 다른 방법으로 그를 죽였을 것이다. 그 구덩이에 던져졌기 때문에 결국은 이집트로 내려가 꿈을 이룰 수 있었던 것이 아닌가?

우리도 살다 보면 혼자서는 도저히 빠져나올 수 없는 인생의 구덩이에 빠질 때가 있다. 그러나 그때도 하나님은 생각지도 않았던 누군가를 통해 구조의 손길을 보내실 것이다. 구덩이에 빠지는 것이 꼭 불행한 것만은 아니다. 언젠가는 구덩이에 빠졌던 것에 대해 감사하는 날이 오게 될 것이다.

출애굽과 가나안 정착 이야기

낯설게 읽기

그들 중 홍해를 갈라 달라고 기도한 사람은 단 한 사람도 없었을 것이다

살아가다 보면 앞으로 나갈 수도 없고 뒤로 물러설 수도 없는 상황에 직면할 때가 있다. 이집트에서 출애굽한 이스라엘 백성들이 그랬다. 뒤에서는 이집트 군대가 쫓아오고, 앞에는 홍해가 가로막혀 있다. 앞으로 나가면 바다에 빠져 죽는다. 뒤로 물러서면 이집트 군대의 칼에 죽게 된다. 그러면 위나 아래쪽으로 도망가면 되지 않겠는가? 그럴 수도 없다. 험한 산으로 막혀 있어서 불가능하다. 꼼짝달싹할 수 없게 된 것이다.

우리가 이런 상황을 만나게 되면 어떻게 하겠는가? 당연히 "하나님, 우리 앞에 놓여 있는 홍해를 갈라 주십시오"라고 기도할 것이다. 하나님은 넉넉히 홍해도 가르실 수 있는 분이다. 그리고 실제로 홍해를 갈라 주시지 않았는가?

이렇게 앞에는 홍해가 놓여 있고, 뒤에서는 이집트 군대가 쫓아올 때 이스라엘 백성들은 어떻게 했는가?

이스라엘 자손이 심히 두려워하여 여호와께 부르짖고 (출 14:10).

뭐라고 부르짖었겠는가? "하나님, 이 홍해를 갈라 주시옵소서. 그래야 우리가 살 수 있습니다"라고 간절히 밤을 새워가며 기도했는가? 당연히 그랬어야 하는데 그러지 않았다. 그들은 모세를 향하여 이집트에 우리를 파묻을 곳이 없어서 우리를 이 광야로 이끌어 내서 여기에서 죽게 만드는 거냐고 탄식하며 원망했다. 그들이 울부짖으며 기도를 하기는 했지만 아무리 생각해 봐도 살 수 있는 길이 보이지 않았다. 하나님이라도 어떻게 할 수 없는 상황 아닌가?

우리가 기도할 때 그래도 희망이 있으니까 기도하는 것 아닌가? 방법이 있으니까 기도하는 것 아닌가? 예를 들면, 암이 걸렸다. 고쳐달라고 기도한다. 그러면 된다. 그러나 암투병을 하다가 죽었다. 그러면 다 끝난 것이다. 살려달라고 기도하는 사람은 없을 것이다. 방법이 있어야, 희망이 있어야 기도하는 것이다.

홍해 앞에 서 있는 이스라엘 백성에게는 아무리 생각해 봐도 방법이 없었다. 그 상황을 벗어날 수 있는 길이 없는 것처럼 보였다. 그래서 기도를 하기는 했지만 하나님께서 그들을 살려주실 것이라는 믿음을 가지고 한 것이 아니었다. 그저 탄식하는 기도를 했던 것이다.

우리에게는 길이 보인다. 무슨 길? 홍해를 갈라주시면 모든 문제가 간단하게 다 해결된다. 그러나 이스라엘 백성에게는 길이 보이지 않았다. 그들이 홍해를 걸어서 건넌다는 것은 상상도 할 수 없는 일이었다. 하나님께 살려달라고 기도는 했겠지만 살 수 있는 길이 있으리라고는 아무도 기대하지 못했다. 기도를 하기는 했지만 홍해를 갈라달라고 기도한 사람은 200만 명 가운데 단 한 사람도 없었을 것이다. 하나님이 홍해를 가르셔서 홍해를 육지같이 건널 수 있으리라고 생각한 사람은 200만 명 가운데 단 한 사람도 없었을 것이다.

이스라엘 백성들은 아무리 생각해도 살아날 수 있는 방법이 없었다. 그러나 하나님께는 다 방법이 있었다. 이스라엘 백성에게는 길이 보이지 않았다. 그러나 하나님은 길을 알고 계셨다. 이스라엘 백성은 하나님이 홍해를 갈라주시리라고는 꿈에도 생각하지 못했다. 그런 방법이 있다는 것조차 전혀 몰랐다. 그러나 하나님은 홍해를 갈라주실 생각을 하고 이스라엘 백성들을 그곳으로 인도하셨다.

우리에게는 길이 안 보여도 하나님께는 길이 있다. 우리에게는 방법이 없는 것처럼 보여도 하나님께는 다 방법이 있다.

제자들이 갈릴리 호수를 지나다 큰 풍랑을 만났다. 그들은 세상 모르고 뱃고물에서 주무시고 계시는 예수님을 흔들어 깨웠다.

"예수님, 예수님, 지금 주무실 때가 아닙니다. 우리가 죽게 되었습니다. 일어나 어떻게 해보십시오."

예수님이 일어나서 "바람과 바다를 꾸짖으시매 잔잔케 되었더라." 제자들이 놀랐다.

"이분이 누구시기에 바람과 바다도 순종하는고?"

제자들만큼 예수님을 잘 아는 사람이 또 어디 있었겠는가? 그들은 예수님이 놀라운 기적을 행하시는 것을 많이 보았다. 또 수많은 사람들을 고쳐주시고, 오병이어의 기적을 행하시는 것을 직접 목격했다. 그러나 그 예수님이 바람과 바다도 잔잔케 하시리라고는 꿈에도 생각하지 못했던 것이다. 예수님을 잘 안다고 생각했지만 사실은 아직도 잘 모르고 있었던 것이다.

제자들은 예수님께 바람과 바다를 잔잔케 해달라고 부탁하지 않았다. 아니, 그런 생각은 하지도 못했다. 우리는 이렇게 생각할 것이다. 아니, 배 안에 예수님이 계신데 왜 두려워한단 말인가? 예수님이 바람과 바다를 잔잔케 해주실 수 있는데 뭐가 걱정이란 말인가? 우리가 그들보다 믿음이 더 좋아서 그렇게 생각하는 것일까? 아니다.

우리는 이미 스토리를 다 알고 있다. 예수님이 바람과 바다를 잔잔케 해주실 것을 잘 알고 있다. 그러나 제자들은 아직 그런 경험을 한 번도 해보지 못했다. 예수님이 하나님의 아들이신 것은 알고 있었지만, 바람과 바다까지 다스릴 수 있는 권세를 가지신 분이라고는 상상도 하지 못했던 것이다. 그렇기 때문에 풍랑 앞에서 두려워 떨 수밖에 없었던 것이다.

우리는 우리의 인생의 바다에 바람이 불고 파도가 몰려오면 기도한다.

"하나님, 이 바람과 바다를 잔잔케 해주시옵소서!"

그러나 제자들은 그런 기도를 할 생각을 전혀 하지 못했다.

모세가 태어날 당시 이집트의 바로는 새로 태어나는 히브리 사내아이들을 다 죽이도록 했다. 히브리인들이 점점 늘어나 위협을 느꼈던 것이다. 그러나 바로는 바보였던 것 같다. 인구가 늘어나지 못하도록 하려면 새로 태어나는 사내아이들이 아니라 여자아이들을 죽여야 한다. 생각해 보라. 남자가 1명이고 여자가 100명이라면 인구는 계속 늘어나게 되어 있다. 그러나 반대로 남자가 100명이고 여자가 한 명이면 인구는 늘어나지 않는다. 바로가 그런 미련한 정책을 세운 것도 하나님의 은혜이다.

히브리 아이들이 태어나면 곧바로 산파들이 달려와서 아들이면 죽이고 딸이면 살려두었다. 모세는 태어나자마자 죽을 수밖에 없는 운명을 갖고 태어났다. 모세를 살릴 수 있는 방법은 없다. 그러나 하나님께는 방법이 있었다. 그것이 무엇이었는가?

모세를 잉태한 요게벳은 임신한 기간 내내 불안했을 것이다. 아들이 아니기만을 빌었을 것이다. 그런데 불행하게도(?) 아들을 낳고 말았다. 그런데 어떻게 된 일인지 모세는 죽지 않았다. 더군다나 어머니가 모세를 몰래 집에서 석 달을 키웠다고 한다. 그러다가 모세를 집에서 '더 숨길 수 없게 되매' 아기 바구니에 넣어 나일 강에 띄웠다. 이런 일이 어떻게 일어날 수 있었을까?

모세의 어머니는 산파들에게 들키지 않게 숨겨서 모세를 석 달 동안 키웠다고 했다. 그러니까 산파들은 모세가 태어났다는 사실조차 모르고 있었던 것이다. 무슨 일이 있었던 것일까? 유대의 랍비들은 이렇게 가르친다. 산파들은 아이가 언제 태어나게 될지 다 알고 있었다. 그래서 그때가 되면 집에 들이닥쳐 남자아이면 죽이고 여자아이면 살려두었다. 그러니 모세가 태어나면 죽을 것이 뻔하다. 모세를 살릴 수 있는 방법은 없다.

그러나 하나님께는 방법이 있었다. 무슨 방법으로 모세를 살리셨던 것일까? 그를 석 달 먼저 태어나게 하신 것이다. 그러므로 산파들이 모세가 태어난 사실을 까마득히 모르고 있었던 것이다. 그리고 모세를 집에서 석 달 동안 키울 수 있었던 것이다.

왜 석 달 동안만 키웠는가? 더 이상 숨겨둘 수가 없어서였다고 성경은 말하고 있다(출 2:3). 왜 더 이상 숨겨둘 수가 없었던 것일까? 모세가 태어난 지 석 달 후면 원래 모세가 태어나기로 되어 있는 때이다. 그러니 산파들이 그 집에 들이닥치지 않겠는가? 산파들이 오기 전에 모세를 어떻게 해야 한다. 그래서 아기 바구니를 만들어 나일 강에 띄웠다고 랍비들은 설명한다.

그런데 문제는 어떻게 석 달이나 먼저 태어난 미숙아가 살 수 있었는가 하는 것이다. 우리는 그 단서를 다음의 구절에서 찾을 수 있을 것이다.

> 그 여자가 임신하여 아들을 낳으니 그가 잘생긴 것을 보고 석 달 동안 그를 숨겼으나 (출 2:2).

모세가 '잘생겨서' 숨겨서 키웠다는 것이다. 만일 모세가 잘생기지 않았다면 숨겨서 키우지 않고 어차피 죽을 아이니까 그냥 내다 버렸을 것이라는 말인데, 세상에 그런 부모가 어디 있겠는가? 이상하지 않는가?

'잘생기다'의 말은 히브리어로 tov인데 '좋다'는 의미다. 모세가 태어났는데 보니까 '좋았다'는 것이다. 그래서 살렸다는 것이다. 얼굴이 잘생겨서가 아니라(석 달 먼저 태어났는데도, 미숙아인데도) 건강했다는 것이다. 그래서 잘하면 살릴 수도 있을 것 같아서 숨겨서 키웠다는 것이다.

사실 여부를 떠나서 기가 막힌 해석 아닌가? 그러고 보면 모세는 이미 태중에서부터 하나님의 택

정하심을 입은 사람이다. 하나님께서 그를 출애굽의 리더로 세우시기 위해 그가 태어나기 전부터 그의 삶에 개입하셔서 석 달 먼저 나게 하셨던 것이다. 그러고 보면 출애굽의 계획은 이미 오래전 그러니까 정확하게 80년 전부터, 모세가 태중에 있을 때부터 시작되었던 것이다.

우리에게 때로 길이 안 보일 때도 있다. 방법이 전혀 없는 것처럼 보일 때도 있다. 기도해도 소용이 없을 것처럼 보일 때가 있다. 그러나 그때에도 하나님께는 길이 있다. 방법이 있다. 하나님은 우리가 상상도 하지 못했던 방법으로 문제를 해결해 주신다.

광야 학교 과목 중 가장 어려운 것은 '구름 기둥과 불 기둥 따라가기'이다

광야에는 길이 없다. 지도도 없다. 그러나 광야에도 보이지 않는 길이 있다. 그 길을 아는 사람들이 있다. 바로 베두인들이다. 그들은 평생을 광야에서 살아온 사람들이다. 그래서 광야 구석구석을 샅샅이 잘 알고 있다. 그들은 특별한 방향 감각을 가지고 있다. 20년 전에 한 번 가본 길도 기억할 수 있다고 한다. 광야에 들어갈 때는 이런 베두인과 반드시 같이 들어가야 한다. 같이 들어가려고 하지 않으면 납치라도 해서 들어가야 한다. 그래야 살아서 나올 수 있다.

베두인이 앞서서 길을 간다. 그에게 묻는다.

"어디가 길입니까? 길이 어디 있습니까?"

그러면 이렇게 대답한다.

"내가 곧 길입니다. 나를 따라오기만 하면 됩니다."

어디서 많이 듣던 소리 아닌가?

내가 곧 길이요 진리요 생명이니 (요 14:6).

모세는 40년간 사막에서 살았다. 그는 사막을 잘 알고 있었다. 그렇기 때문에 하나님이 그를 출애굽의 리더로 사용하셨던 것이다. 사막에서는 사막을 아는 사람이라야 리더가 될 수 있다. 모세가 이스라엘 백성을 인도해서 가나안에 들어갈 때까지 지났던 광야는 모세가 손바닥처럼 잘 알고 있는 곳이었다. 40년간 양을 치면서 광야 구석구석을 다 누비고 다녔던 바로 그곳이었다. 모세 말고도 그 광야를 눈감고도 갈 수 있는 사람이 또 한 사람 있었다. 모세의 장인 호밥이었다. 모세가 출애굽할 때 그에게 그들의 눈이 되어 달라고 부탁을 했다. 그는 모세와 함께 이스라엘 백성들을 광야에서 인도해 갔다(민 10:29-32).

이스라엘 백성이 40년의 광야 길을 걸어갈 때 하나님께서 구름 기둥과 불 기둥으로 인도하셨다. 그런데 정말 하나님은 이스라엘 백성들이 광야에서 길을 잃어버리지 않도록 하기 위해 구름 기둥과 불 기둥을 보내서 그들의 길을 인도해 주신 것일까?

그들은 목적지를 알고 있었다. 그리고 어떻게 하면 가나안 땅에 들어갈 수 있는지 길도 알고 있었다. 그들이 지났던 광야는 모세가 40년간 살았던 광야이다. 그는 손바닥 보듯이 그 광야를 잘 알고 있었다. 만일 모세에게 이스라엘 백성을 데리고 가나안 땅에 들어가라고 맡겨 놓으셨다면 모세는 40년이 아니라 40일 만에 가나안 땅에 들어갔을 것이다. 그런데 이스라엘 백성이 가나안에 들어가는 데 40년이 걸리지 않았는가? 왜? 구름 기둥과 불 기둥의 인도를 따라가다 보니까 그렇게 된 것이다.

하나님께서 구름 기둥과 불 기둥으로 '따라오너라' 해서 '할렐루야 아멘 감사합니다' 하고 따라갔다. 따라가다 보니까 좀 이상했다. 구름 기둥과 불 기둥의 인도를 따라가다 보니 홍해가 나오지를 않나, 또 한참 따라가다 보니 제자리를 빙빙 도는 것이 아닌가? 올라가야 하는데 내려가는 것이었다. 동쪽으로 가야 되는데 서쪽으로 가는 것이었다. 바로 가야 하는데 돌아가는 것이었다.

'어라, 하나님이 왜 이러시지? 하나님이 길을 잃으셨나?'

이해가 안 되었다. 모세가 따진다.

"하나님, 뭔가 잘못된 것 같습니다. 이 길이 아니지 않습니까?"

하나님은 이렇게 말씀하신다.

"잔말 말고 따라와!"

안 따라갈 수도 없고 답답한 노릇이었을 것이다. 그렇게 구름 기둥과 불 기둥의 인도를 따라가다 보니 40년이 걸린 것이다.

하나님이 구름 기둥과 불 기둥을 보내주신 것은 그들이 광야에서 길을 잃어버리지 않도록 하기 위해서가 아니라, 그들을 안전히 가나안 땅으로 인도해 가기 위해서가 아니라, 이스라엘 백성들을 광야에서 돌리고 돌리고 돌리기 위해, 바로 가나안에 들어가지 못하게 하기 위해, 광야에서 시간을 끌려고, 광야에서 훈련시키기 위해서였다. 이스라엘 백성들을 하나님이 원하시는 길로 인도하기 위해, 하나님이 원하시는 속도로 인도하기 위해, 하나님이 원하시는 방식으로 인도하기 위해 구름 기둥과 불 기둥을 보내주신 것이었다.

불 기둥과 구름 기둥이 멈추면 이스라엘 백성들도 멈춰야 했다. 그러다가 일주일 만에 다시 출발할 때도 있었다. 그럼 주섬주섬 장막을 거두고 짐을 챙겨서 떠나야 했다. 어떤 때는 1년 동안이나 움직이지 않고 멈춰 있기도 했다.

'갈 길이 바쁜데 빨리 가시지 왜 이렇게 오래 머무는 거야….'

마음이 조급해졌지만 그래도 참고 기다려야 했다.

이스라엘 백성들 마음대로 쉬고 싶을 때 쉬고, 가고 싶을 때 가고 할 수 없었다. 쉬고 싶어도 구름 기둥이 움직이면 따라가야 했고, 가고 싶어도 불 기둥이 멈춰 있으면 같이 멈춰 있어야 했다. 쉬었다 가면 좋겠는데 구름 기둥이 계속 움직이면 쉬지도 못하고 계속 같이 움직여야 했다. 이스라엘 백성은 광야에서 40년 동안 그렇게 살아야 했다. 그러면서 순종을 배웠을 것이다.

> 네 하나님 여호와께서 이 사십 년 동안에 네게 광야 길을 걷게 하신 것을 기억하라 이는 너를 낮추시며 너를 시험하사 네 마음이 어떠한지 그 명령을 지키지 않는지 알려 하심이라 (신 8:2).

무엇을 가지고 이스라엘 백성을 시험하셨는가? 무엇을 가지고 그들이 순종하는지 순종하지 않는지를 알아보셨는가? 바로 구름 기둥과 불 기둥이다. 하나님은 이스라엘 백성에게 순종 훈련을 시키시기 위해 구름 기둥과 불 기둥을 보내주신 것이다.

'내 길은 너희 길과 다르다. 그래도 내가 인도하는 길로 따라오겠느냐?'

'내 생각은 너희 생각과 다르다. 그래도 내 생각대로 따르겠느냐?'

'내 방법은 너희 방법과 다르다. 그래도 내 방법대로 하겠느냐?'

'내 속도는 너희 속도보다 느리다. 그래도 내 속도대로 따라오겠느냐?'

하나님이 움직이시면 우리도 같이 움직이고, 하나님이 멈추시면 우리도 멈추고, 하나님이 빨리 가시면 우리도 빨리 따라가고, 하나님이 속도를 줄이시면 우리도 속도를 줄여야 한다. 그래야 하나님의 인도를 따라갈 수 있다. 그래야 하나님과 동행할 수 있다. 하나님과 동행하지 않으면 하나님의 인도를 받을 수 없다. 하나님과 동행해야 하나님이 인도하신 곳으로 갈 수 있다.

"하나님, 빨리 갔으면 좋겠습니다" 그러면 하나님은 쉬었다 가자고 하실 때가 있다.

"하나님, 좀 쉬었다 가시지요" 그러면 하나님은 빨리 가자고 하실 때가 있다.

"하나님, 좀 더 머물렀다 가지요" 그러면 하나님은 빨리 짐 싸라고 하실 때가 있다.

이런 것이 구름 기둥과 불 기둥의 인도를 따라 살아가는 삶이다.

정말 하나님이 구름 기둥과 불 기둥으로 당신을 인도해 주시기를 원하는가? 정말 당신이 구름 기둥과 불 기둥이 인도하는 곳으로 따라갈 수 있겠는가? 4년이면 갈 수 있는 거리도 40년이 걸릴지 모르는데, 그래도 따라가겠는가?

광야 학교 과목 중 가장 어려운 것은 〈구름 기둥과 불 기둥 따라가기〉이다. 이 과목을 잘 수료하지 않으면 인생의 광야 학교를 졸업할 수 없다. 왜냐하면 구름 기둥과 불 기둥을 따라가야 광야를 무사히 통과해서 가나안에 들어갈 수 있기 때문이다.

가나안에 들어간 후 성막은 어떻게 되었는가?

40년 동안 광야 생활을 할 때 12지파를 하나로 묶어주었던 것은 성막이었다. 이스라엘 사람들이 행군을 하거나 머물러 진을 칠 때 항상 가운데 성막이 있었고 전후좌우로 4지파씩 자리를 잡고 있었다. 구름 기둥과 불 기둥이 움직이면 성막이 움직였고, 성막이 움직이면 이스라엘 백성들도 움직였다. 이렇게 성소와 함께 40년 광야 생활을 했다.

하나님은 이 성소를 가나안 땅에 들어갔을 때 만들라고 하지 않으시고 광야에서 만들라고 하셨다. 광야를 지나는 동안에도 매일 하나님께 예배를 드리기를 원하셨던 것이다. 그렇다. 인생의 광야를 지나는 동안에도 우리는 하나님을 예배해야 한다. 어떤 형편과 처지에서도 하나님께 예배를 드려야 한다. 그래서 광야에서 성막을 만들라고 하셨던 것이다.

성전과 성막의 차이는 무엇인가? 한마디로 성막은 이동하는 성전이었다. 그렇기 때문에 성막의 모든 기구들은 다 이동할 수 있도록 만들어졌다. 가나안에 들어가서는 더 이상 성막을 이동할 필요가 없게 되었다. 그러면 이 성막을 어디에 설치했는가?

한나라는 여인이 있었는데 아이가 없었다. 그러니 얼마나 기도를 많이 했겠는가? 1년, 3년, 5년…세월이 흘러도 하나님은 태의 문을 열어주시지 않았다. 한나는 하나님이 나에게는 자식을 주지 않는가 보다 생각하고 체념했다. 그리고 어느 때인가부터 기도도 하지 않았다.

남편 엘가나는 브닌나라는 여인을 들이게 된다. 브닌나는 아이를 쑥쑥 잘 낳았다. 그런 브닌나를 볼 때마다 한나는 분이 났다. 브닌나가 분이 나게 만들었던 것이다. 너무 서럽고 원통해서 한나는 성소에 올라가서 기도를 했다. 하나님 앞에 그런 마음을 쏟아놓았다. 하나님은 그 기도를 들으시고 태의 문을 열어주셨다. 그렇게 해서 얻은 아들이 바로 사무엘이었다.

한나가 아이가 없어서 오래 기도를 했다. 그런데도 응답이 없었다. 그래서 더 이상 기도를 하지 않고 있었다. 그러다가 다시 옛날에 했던 기도를 했다. 그러자 그 기도가 응답되었다. 한나가 단 한 번 기도했는데 그것이 직통으로 하나님 앞에 올라가 직통 응답을 받은 것이 아니었다.

사무엘상 1장을 보면 한나와 엘가나의 가족이 성소에 올라가고 있다. 성전에 올라가면서 한나는 울며불며 야단이었다. 브닌나 때문이었다. 또 자식을 주지 않는 하나님에 대한 원망과 서운한 마음이 왜 없었겠는가? 그리고 자신의 처지를 생각하니 성전에 올라가면서도 하나도 기쁘지 않았던 것이다. 기쁘고 즐거운 마음으로 은혜 받을 생각에 마음이 들떠서 성전에 올라갔던 것이 아니다. 가기 싫은데 억지로 갔다. 그런 한나 때문에 남편 엘가나도 해마다 성전에 올라갈 때 많이 힘들었을 것이다.

우리도 교회에 가고 싶지 않을 때가 있다. 교회에 가면서 싸울 때도 있다. 그러면 예배드리고 싶지 않다. 은혜 받기 어렵다. 다른 사람들 앞에서는 행복한 표정을 지어야 하지만 속으로는 분으로 가득 차 있다. 예배를 마치고 집에 돌아가면서 아침에 미처 마치지 못한 싸움을 계속한다. 교회에서 집이 멀수록 부부가 교회에 오가면서 싸울 확률이 많다고 한다.

다시 한나의 이야기로 돌아가 보자. 지금 전국 방방곡곡에서 수많은 사람들이 실로를 향해 올라가고 있는 중이다. 아마도 유월절이나 오순절이 되어 수천 수만 명의 사람들이 성소가 있는 실로를 향해 올라가고 있는 중이었을 것이다. 그런데 성경은 마치 한나의 가족만 성소에 올라가고 있는 것처럼 묘사되어 있다. 이 장면을 영화로 찍는다면 카메라는 끝없이 계속 이어지는 행렬을 보여주다가 곧바로 주인공 가족에게 줌을 맞추어 그들을 클로즈업시키는 식으로 만들 것이다. 하나님을 예배하기 위해 실로로 올라가는 수많은 인파 가운데 하나님의 렌즈는 한나의 가족에게 맞춰지고 있다. 하나님의 눈은 이름 없는 한 여인을 주목하신다. 한나가 사무엘 때문에 우리에게는 잘 알려진 사람이 되었지만 그 당시에는 무명의 여인에 지나지 않았다. 아무도 그 여인에게 관심을 두지 않았다. 그러나 하나님은 그 여인에게 주목하신다.

한나는 성전에 올라가면서 브닌나 때문에 매우 분이 났다. 그 원통한 마음을 가눌 길 없어 성소에 들어가 속으로 흐느껴 울면서 기도를 했다. 하나님은 그 기도를 들으시고 그에게 태의 문을 열어주셨다. 이 장면도 마찬가지다. 마치 성경은 성소에 한나만 있는 것처럼 묘사하고 있다. 그러나 그때 성막에는 절기를 지키러 온 사람들로 가득 찼을 것이다. 성소 여기저기서 기도하고 있는 사람들이 많았을 것이다. 한나는 많은 사람들 틈에 끼어서 기도하고 있었다. 그런데 하나님은 마치 그 성막에 한나가 혼자 기도하고 있는 것처럼 그녀의 기도에 귀를 기울이셨다.

일본에서 어떤 사람이 새로 교회를 나오기 시작했다. 교회에 가면 사람들이 기도를 하는데 어찌나 열심히 간절하게 기도하는지 그들 틈에 끼어서 같이 기도하면 하나님이 자기 기도 소리를 못 들으실 것 같아서 아무도 기도하지 않는 시간에 기도를 해야겠다고 생각했다. 그래서 교회에 아무도 없는 시간, 밤 12시를 넘어서 매일 교회에 가서 기도했다. 그 시간에는 기도하는 사람들이 없으니까 하나님이 자기 기도를 더 잘 들으실 수 있을 거라고 생각했던 것이다. 그러나 그 시간에 지구 어딘가에서는 더 많은 사람들이 기도하고 있다는 사실을 미처 생각하지 못했던 것이다.

한나는 그날 기도하기 위해 성전에 갔던 것이 아니다. 절기라 올라갔던 것이다. 또 가고 싶어 갔던 것이 아니다. 할 수 없이 간 것이었다. 안 갈 수가 없어서 간 것이었다. 그러나 하나님은 그런 여인을 외면하시지 않았다. 말하자면 그는 은혜 받을 준비가 전혀 되어 있지 않은 사람이었다. 그러나 하나님은 그날 그녀에게 엄청난 은혜를 주셨다.

한나는 기도하면서 오직 하나님께만 집중했다. 그랬더니 하나님께서도 그녀의 기도에 집중하셨다. 그렇다. 하나님은 우리가 기도할 때 우리에게 주목하신다. 우리가 골방에 들어가 홀로 기도할 때 하나님은 우리를 주목하신다. 우리가 아무도 없는 교회에 혼자 나와서 기도할 때 하나님은 우리의 기도 소리에 귀를 기울이신다. 우리가 대강 기도하면 하나님도 대충 들으시고 만다. 우리가 마지못해 기도하면 하나님도 듣는 척만 하실 것이다. 그러나 우리가 하나님께 집중해서 기도를 하면 하나님도 우리의 기도에 집중하실 것이다.

삭개오가 왜 뽕나무 위에 올라갔는가? 키가 작아서? 그것은 주일학교 수준의 대답이다. 삭개오는 예수님의 관심을 끌고 싶었다. 예수님의 주목을 받고 싶었다. 그래서 나무 위에 올라간 것이다. 생각해 보라. 그 수많은 군중들 가운데 누가 예수님의 눈에 확 띄겠는가? 당연히 나무 위에 올라가 있는 삭개오였다. 그래서 지나가시던 예수님이 삭개오를 보고 가던 발걸음을 멈추셨다. 그리고 그날 삭개오의 집에 심방 가지 않으셨는가? 또 그 집에서 그날 밤 머무시지 않았는가? 이렇게 하나님이 우리에게 주목하실 때 놀라운 일이 생긴다.

한나가 어디에서 기도했는가? 성전? 아니다. 성막이다. 아직 성전이 없었다. 광야에서 제사를 드렸던 그 성막에서 계속 이스라엘 백성들은 하나님을 예배하고 있었다. 솔로몬이 성전을 지을 때까지 광야에서의 성막을 계속 사용했던 것이다. 한나가 기도한 곳은 바로 이 성막이었다. 그리고 엘리도 그 성막에서 제사장으로 있었다. 이 성막이 어디에 있었는가?

> 이 사람이 매년 자기 성읍에서 나와서 실로에 올라가서 만군의 여호와께 예배하며 제사를 드렸는데 엘리의 두 아들 홉니와 비느하스가 여호와의 제사장으로 거기에 있었더라 (삼상 1:3).

라마에 살고 있던 한나는 실로에 있는 성막에 올라가서 기도를 했다. 제사장 엘리도 실로에 있는 성막에서 하나님을 섬기고 있었다. 지파 동맹체라서 오늘날처럼 수도가 있는 것은 아니었지만 가나안에 정착하기 시작한 이스라엘 백성들은 중요한 일이 있을 때

마다 실로에 모였다. 그리고 해마다 절기 때가 되면 12지파에 속한 수많은 사람들이 하나님께 예배하기 위해 실로에 올라왔다. 그곳에 성막이 있었기 때문이다.

실로에 성막이 있었기 때문에 모든 이스라엘 백성들에게 실로는 그들의 마음의 고향으로 자리잡고 있었을 것이다. 다윗이 예루살렘에 수도를 정하기 전 350여 년 동안 실로는 정치, 경제, 문화, 종교에 있어서 12지파의 수도와 같은 역할을 했을 것임이 분명하다. 이스라엘 민족의 중대사는 다 이곳에서 결정되었으며, 실로는 12지파를 하나로 묶는 역할을 했을 것이다.

이스라엘을 흔히 "단에서 브엘세바까지"(삿 20:1; 삼상 3:20)라고 표현하는데, 이곳은 가나안에서 사람이 살 수 있는 지역을 말한다. 사람이 거주할 수 있는 최북단은 단이고, 최남단은 브엘세바이다. 실로는 단에서 브엘세바의 거의 정중앙에 자리 잡고 있다. 그리고 동서로 봐도 거의 중앙에 위치하고 있다. 또한 산에 둘러싸여 있어 적의 침략으로부터도 비교적 안전하다.

실로는 교통의 요지이기도 했다. 세겜에서 시작해서 실로, 베델, 예루살렘, 베들레헴, 헤브론, 브엘세바에 이르는 길을 족장들의 길이라고 부르는데, 이 길을 따라서 족장들이 주로 활동했기 때문이다. 여호수아는 이곳에서 12지파에게 땅을 분배했다. 이런 여러 가지 이유에서 실로에 성소를 두었던 것으로 보인다.

가나안 정착 시기와 사사 시대에 이르는 350년의 세월 동안 실로는 모든 면에서 이스라엘 12지파의 수도와 같은 역할을 했던 곳인데, 우리는 이스라엘의 수도 하면 예루살렘만을 생각하지 않는가? 예루살렘이 수도로 정해지기 훨씬 전에 실로는 최초의 이스라엘의 수도 역할을 했던 곳이다.

이렇게 한때 전성기를 누렸던 실로가 블레셋에게 법궤를 빼앗긴 후에는 점차 쇠망의 길로 접어들게 된다. 블레셋이 법궤를 돌려주기는 했지만, 법궤는 실로로 돌아오지 않았다. 다른 곳에서 정처없이 떠돌다가 다윗 때에 가서야 예루살렘에 안치하게 된다. 왜 법궤가 돌아왔을 때 그것을 성막이 있는 실로로 가져가지 않았는가? 무슨 일이 실로에서 있었던 것인가?

블레셋은 법궤를 빼앗아 간 후, 실로에 쳐들어와 성막을 모두 불태워버렸다. 그래서 법궤가 돌아왔을 때에도 그것이 실로로 가지 않았던 것이다. 실로의 성막이 불타서 소실된 사실이 성경에는 나오지 않지만 고고학적으로 이 성읍이 화재로 전소되었음이 증명되었다.

실로의 성막이 불타버린 사실에 대하여 성경은 이렇게 말하고 있다.

> 사람 가운데 세우신 장막 곧 실로의 성막을 떠나시고 (시 78:60).
>
> 그러므로 내가 실로에서 한 것과 똑같이, 내 이름으로 불리며 너희가 의지하는 이 성전, 곧 내가 너희와 너희 조상에게 준 이 장소에, 내가 똑같이 하겠다 (렘 7:14, 새번역).

성막이 불타 없어진 것을 블레셋의 소행이라고 하시지 않고, 오히려 하나님이 하신 것이라고 말씀하고 있다. 성막을 불태운 블레셋을 저주하는 대신, 예루살렘 성전도 여차하면 성막과 같이 무너뜨려 버리겠다고 경고를 하신다. 이스라엘이 하나님을 거역하고 하나님에게서 돌아서면 성전이 아니라 그 어떤 것이라도 하나님의 손가락으로 다 무너뜨리겠다고 경고하시는 것이다.

이런 경고를 하셔야만 했던 하나님의 마음은 어떠하셨을까? 결국 이런 경고에도 불구하고 예루살렘 성전은 무너지고 말았다. 오죽하면 하나님이 자기 집을 무너뜨리셨을까?

사탄에 의해 교회가 무너지는 일은 절대로 없을 것이다.

> 이 반석 위에 내 교회를 세우리니 음부의 권세가 이기지 못하리라(마 16:18).

교회가 무너진다면, 그것은 우리 때문이다. 우리가 무너뜨리는 것이다.

우리는 성막이 불타 없어진 것을 기억해야 한다. 실로를 기억해야 한다. 그래야 우리 교회가 블레셋에 의해 불타 없어진 성막처럼, 로마에 의해 폐허가 된 성전처럼 되는 일이 없을 것이다.

하나님의 등불은 아직 꺼지지 않고 있었다?

엘리가 실로에 있는 성소에서 제사장으로 섬기고 있을 때의 영적인 상황을 성경은 이렇게 묘사하고 있다.

1) "여호와의 말씀이 희귀하여"(삼상 3:1).

'희귀하다'의 히브리어 '야카르'(yaqar)는 '귀중하다'와 '드물다'의 두 가지 의미를 갖고 있다. 여호와의 말씀은 귀하다. 소중하다. 이런 말씀이 풍성해야 하는데, 엘리 시대에는 드물었다. 하나님께서 말씀하시지 않았던 것이다. 말씀하고 싶지 않으셨던 것이다. 하나님의 말씀을 귀하게(yaqar) 여기지 않고 경홀히 여겼기 때문이다. 그래서 하나님이 말씀하시는 일이 아주 드물었던 것이다(yaqar).

2) "이상이 흔히 보이지 않았더라"(삼상 3:1).

하나님께서 말씀을 안 하셨을 뿐만 아니라 이상(비전)도 보여주시지 않았다. 사람들은 하나님의 음성을 들을 수도 없었고 이상

(비전, 환상)을 볼 수도 없었다. 성경에는 말씀이 희귀하여 이상도 드물었다고 번역되어 있는데, 이는 좋은 번역이 아니다. 말씀도 희귀했고 이상도 드물었다는 뜻으로 번역되어야 한다.

엘리는 눈이 안 좋아 거의 보지 못했다고 한다(삼상 3:2). 눈이 좋고 안 좋고가 뭐 그리 중요한가? 왜 구태여 눈이 안 좋았다는 사실을 밝히고 있는 것인가? 성경은 엘리의 눈이 안 좋은 사실을 당시의 시대적 상황과 연관해서 기술하고 있다.

> 여호와의 말씀이 희귀하여 이상이 흔히 보이지 않았더라 (삼상 3:1).
> 엘리의 눈이 점점 어두워 가서 잘 보지 못하는 그 때에 (삼상 3:2).
> 하나님의 등불은 아직 꺼지지 아니하였으며 (삼상 3:3).

세 구절 다 '보는 것'과 연관되어 있다. 환상을 보는 사람도 없고, 영적인 지도자인 엘리도 눈이 어두워 보지 못하고, 무엇보다 하나님의 등불마저 꺼져가고 있는 상황이다. 영적인 암흑기가 찾아온 것이다.

세상이 어두우면 영적인 지도자만이라도 볼 수 있는 안목이 있어야 하는데, 영안이 열려 있어야 하는데, 그래서 잠든 영혼들을 밝은 길로 하나님의 말씀으로 잘 인도해야 하는데, 엘리마저도 점점 영안이 어두워져 가고 있었다. 아니, 거의 보지 못하는 상태였다.

3) "그때에 그가 자기 처소에 누웠고"(삼상 3:2).

하나님의 등불이 꺼져가고 있으면 영적인 지도자만이라도 깨어서 기도하고 있어야 하는데 엘리는 자고 있었다. 지금 자고 있을 때가 아니지 않은가? "하나님, 저희가 잘못했습니다. 용서하시고, 마음을 푸시고 다시 우리에게 말씀하여 주시옵소서. 다시 한 번 하늘 문을 여시고 하늘의 환상을 보여주시옵소서"라고 기도해야 하는 것이 아닌가? "하나님, 저의 눈이 점점 어두워져 가고 있습니다. 제 눈을 활짝 열어 하늘의 신비한 것을 볼 수 있게 해주시옵소서. 영의 눈을 열어 주시옵소서"라고 기도해야 하는 것 아닌가?

지금 제단의 불이 꺼져가고 있다. 그러면 40일 철야 기도를 하면서 "하나님, 이 제단의 불이 다시 활활 불붙게 하여 주시옵소서. 기도의 불길이 다시 타오르게 하여 주시옵소서. 부흥의 불길이 타오르게 하여 주시옵소서. 성령의 기름으로 채워 주시옵소서"라고 기도해야 하는 것 아닌가?

그런데 엘리는 집에서 잠만 자고 있었다. 얼마나 한심한 일인가? 이런 사람이 제사장으로 있으니 하나님이 말씀도 안 하시고 이상도 보여주시지 않는 것이 당연한 것 아닌가?

어쩌면 남의 이야기가 아닐지도 모른다. 하나님이 우리에게 화가 나서 아무런 음성도 들려주시지 않고, 아무런 말씀도 주시지 않는데도 아무렇지 않게 잠만 자고 있는 우리는 아닌가? 역사의 어둠이 깊어갈수록 우리는 더욱더 깨어서 기도해야 한다. '하나님의 등불'이 꺼지지 않도록, 제단의 불이 꺼지지 않도록, 밤새도록 제단에 불을 밝혀놓고 기도해야 한다. 그런데 우리는 잠만 자고 있지는 않는가?

본문 관찰과 적용까지 다 뛰어나다. 이 정도의 묵상 수준이면 꽤 괜찮은 편 아닌가? 그런데 정말 그럴까? 하나하나 다시 살펴보자.

1) 엘리의 눈이 어두워 보지 못하게 되었다는 것을 우리는 단순히 육신의 눈이 어두워진 것이 아니라 영안이 어두워졌음을 암시하고 있는 것으로 이해했다. 정말 그럴까? 엘리의 눈이 어두워 이제는 더 이상 보지 못할 정도가 되었다는 것은 엘리의 나이가 그만큼 많았다는 것을 말해 주는 것이다. 나이가 들면 눈이 잘 안 보이게 된다. 자연적인 현상이다. 이삭도 그랬다(창 27:1). 그래서 아들 야곱과 에서를 구분하지 못하고 축복 기도를 바꿔서 해주지 않았는가? 누구도 이런 이삭을 보고 그의 영안이 어두워졌다고 말하지 않는다.

육신의 눈이 잘 보이지 않는 것을 가지고 영적으로 해석해서 영안이 어두워졌다고 보는 것은 오버이다. 육신의 눈이 어두워져 갈수록 영의 눈이 더욱더 밝아질 수도 있다.

영적인 해석을 한다고 하면서 모든 단어 하나하나에 영적인 의미를 갖다 붙이는 것은 성경을 바르게 묵상하는 방법이 아니다. 성경이 단순한 사실을 말할 때는 우리도 사실로 받아들이면 된다. 거기에 영적인 의미를 부여하게 되면 엉뚱한 묵상을 하게 되고 또 그러다 보면 엉뚱한 은혜를 받는다.

2) 엘리가 기도하지 않고 “처소에서”(집에서) 자고 있었다고 했다. 그런데 사무엘은 어디에서 자고 있었는가? 성전에서 자고 있었다. 어린 사무엘은 집에서 자고, 제사장 엘리는 성전을 지키기 위해 성전에서 자고 있어야 하는 것 아닌가? 엘리가 기도하지 않고 집에서 잔 것에 대해 우리는 비난을 퍼부었다. 그러나 제사장이 항상 성전에서 자야만 좋은 제사장인가? 사무엘은 엘리를 시종 드는 아이였다. 그러니까 성전을 지키기 위해 성전에서 자고 있었던 것이다. 기도한 것이 아니다. 철야 기도를 하기 위해 성전에서 자고 있었던 것이 아니다.

전에는 교회 안에 살면서 교회의 관리를 맡아서 하는 사찰이 있었다. 사찰은 매일 교회에서 잔다. 그러나 목사는 집에서 잔다. 집에서 자는 것이 잘못된 것은 아니다.

어느 목사님의 이야기다. 교회 안에 사택이 있었다. 그런데 밤마다 교인들이 와서 기도를 하는 것이었다. 교인들은 철야를 하면서 기도를 하는데 목사는 교회 사택에서 자려고 하니까 부담도 되고 미안한 마음도 들고 해서 잠을 제대로 잘 수가 없었다. 그렇다고 밤에 안 자고 교인들과 매일 교회에서 철야를 할 수도 없는 노릇 아닌가? 이런 고충을 교회에서 알고 사택을 교회 밖으로 옮겨 주었다고 한다.

엘리는 나이가 많아서 앞을 잘 보지 못했다. 또 나이가 많으니까 얼마나 피곤했겠는가? 집에서 자고 있었던 것에 대해 너무 뭐라고 하지 말자. 엘리가 좋은 사람이 아니라는 것은 잘 알지만, 그렇다고 집에서 자는 것까지 비난해서는 안 될 것이다. 그가 성전에서 자지 않고 집에서 자고 있었다는 사실을 가지고 기도하지 않는 사람으로 몰아서는 안 된다. 육신의 눈이 어두워진 것을 영의 눈이 어두워진 것으로, 육신의 잠을 잔 것을 영적인 잠을 잔 것으로 오버해서 묵상하면 곤란하다.

왜 그가 잤다는 말을 하고 있는 것인지, 정말 영적인 잠에 빠져 있었다는 것을 말하려는 것인지, "하나님의 등불"에 대해 살펴보면 그 대답이 분명해질 것이다.

3) "하나님의 등불은 아직 꺼지지 아니하였으며"(3:3).

하나님의 등불이 지금 꺼질락 말락 하고 있다. 언제 꺼질지 모른다. 위태위태하다. 바람 앞의 등불처럼 위험하다.

그런데 새번역 성경에는 이렇게 되어 있다.

> 하나님의 등불이 아직 환하게 밝혀져 있을 때에.

꺼져가는 등불인 줄 알았는데 정반대로 환하게 켜져 있다고 했다. 어떻게 된 것인가?

여기서 '하나님의 등불'은 상징적인 의미로 사용된 것이 아니다. 실제로 성전을 밝혔던 등불을 말한다. 성소에는 진설병과 분향단, 그리고 메노라(촛대)가 있었다. 이 등불은 밤새도록 밝히도록 되어 있었다. 성전에는 불이 꺼지지 않아야 했다. 언제나 환하게 밝혀져 있어야 했다. 이 등불은 24시간 켜놓는 것이 아니라, 아침이 되면 껐다. 그리고 저녁에 다시 켰다.

수전절에 얽힌 유명한 일화가 있다. 신·구약 중간기 시대에 성전이 이방 세력에 의해 짓밟혔었다. 그러다가 다시 성전을 되찾게 되어 성전을 정화하고 불을 밝히려고 하는데 문제가 생겼다. 올리브 기름이 하루치밖에 없었던 것이다. 그래서 부랴부랴 기름을 구해 보려고 백방으로 노력을 했지만 기름을 구하는 데 8일이 걸렸다. 그런데 놀랍게도 그 8일 동안 성전의 등불이 꺼지지 않고 타올랐다고 한다. 그래서 이 일을 기념하기 위해 수전절(하누카)을 지키게 된 것이다.

수전절이 되면 유대인들은 8개의 촛대가 있는 메노라에 하루에 하나씩 촛불을 밝혀 나간다. 그리고 8일째 되는 날에는 8개의 촛대에 불이 다 밝혀지게 된다. 이런 의미에서 수전절은 '빛의 축제'라고 할 수 있을 것이다.

하나님의 등불은 바로 이 성전을 밝히는 등불을 말한다. 기도의 불이나 성령의 불, 부흥의 불 같은 것을 의미하는 것이 아니다. 영적인 암흑기가 되었다는 것을 말하기 위해 하나님의 등불이 꺼져가고 있었다고 말한 것이 아니다.

> 하나님의 등불은 아직 꺼지지 아니하였으며 사무엘은 하나님의 궤 있는 전 안에 누웠더니 (삼상 3:3).

새번역 성경에는 이렇게 되어 있다.

> 사무엘은 하나님의 궤가 있는 주님의 성전에서 잠자리에 누워 있었

다. 이른 새벽, 하나님의 등불이 아직 환하게 밝혀져 있을 때에.

'이른 새벽'이라는 말이 원문에는 나오지 않는다. 독자들의 이해를 돕기 위해 첨가한 것이다. 아직 이른 새벽이다. 그래서 불을 끌 시간이 아직 안 되었다. 그래서 불이 환하게 성전을 밝히고 있었던 것이다. 그리고 사무엘도 아직 이른 새벽이었기 때문에 일어나지 않고 자고 있었던 것이다. 그런데 하나님이 그 '이른 새벽'에 "사무엘아, 사무엘아" 하고 부르셨다. 사무엘은 엘리가 부르는 줄 알고 엘리를 찾아갔다. 그러나 엘리 제사장이 부른 것이 아니라 하나님이 부르신 것이었다.

하나님이 한밤중에 사무엘을 부르신 것으로 생각하는 사람도 있다. 그러나 한밤중이 아니라 이른 새벽이었다. 그 이른 새벽의 상황을 설명하기 위해 성경은 엘리와 사무엘이 자고 있었으며, 성전의 불이 꺼지지 않고 켜져 있었다고 밝히고 있는 것이다. 새벽이었기 때문에 하나님의 등불이 아직 꺼지지 않고(개역) 환하게 밝혀져 있었던 것이다(새번역).

"하나님의 등불이 아직 꺼지지 아니하였으며"라는 말은 원래는 아직 이른 새벽이었다는 표현에 지나지 않는다. 영적인 암흑기와 같은 것과는 전혀 관계가 없다. 그런데 우리는 배경을 잘 모르니까 영적으로만 해석하려 하고 엉뚱한 방향으로 묵상을 하고 설교를 하게 된다. 그래도 은혜를 받기는 한다. 엉뚱한 은혜를 받아서 문제이지만.

하나님도 화가 나면 말씀을 안 하신다

창세기에는 족장들의 이야기가 상세히 기록되어 있는 데 반해, 창세기 마지막 장에서 한 장을 넘겨 출애굽기 1장으로 넘어가는 데는 450년이라는 세월을 훌쩍 건너뛴다. 그 450년 동안에 무슨 일이 있었는지 성경은 침묵하고 있다. 왜 그랬던 것일까?

이스라엘 백성이 이집트에 내려가 요셉 덕분에 배 부르고 등 따습게 사니까 하나님을 찾지 않았다. 하나님도 '그래, 너희가 언제까지 그러는지 두고보자' 하셨을 것이다. 그렇게 서로 등을 돌린 채로 450년의 세월이 흘렀다. 하나님이 이스라엘 백성들에게 아무런 역사도 하지 않으시고 아무런 말씀도 하지 않으셨던 것이다. 그러니까 성경에 기록할 만한 것이 아무것도 없었던 것이다.

구약 마지막 책인 말라기 마지막 장에서 마태복음 1장으로 넘어가는 데 몇 년 동안의 역사적인 공백이 있는지 아는가? 350년이다. 이 기간을 신·구약 중간기라고 하는데, 성경은 이 기간 동안의 일에 대해 침묵하고 있다. 그전에는 하나님께서 많은 예언자들을 통해 계속 말씀하셨다. 그러나 이스라엘 백성들은 귀를 기울이지 않았다. 그러자 하나님도 지치셨는지 더 이상 아무 말씀도 하지 않으셨다. 그러니까 성경에 아무것도 기록할 것이 없었던 것이다.

이렇게 350여 년 동안 아무 말씀도 주어지지 않았다. 예언자들도 사라지게 되었다. 마지막 예언자가 말라기 아닌가? 그러다가 오랜 기간 동안의 침묵을 깨고 하나님이 말씀하셨다. 성령님이 한 사람에게 임하셨다. 예언자가 드디어 다시 나타난 것이다. 그 사람이 바로 세례자 요한이다.

> 디베료 황제가 통치한 지 열다섯 해 곧 본디오 빌라도가 유대의 총독으로, 헤롯이 갈릴리의 분봉 왕으로, 그 동생 빌립이 이두래와 드라고닛 지방의 분봉 왕으로, 루사니아가 아빌레네의 분봉 왕으로, 안나스와 가야바가 대제사장으로 있을 때에 하나님의 말씀이 빈 들에서 사가랴의 아들 요한에게 임한지라 (눅 3:1–2).

당대에 세상을 움직이고 다스리던 로마 황제, 유대 총독, 분봉 왕, 그리고 대제사장들의 이름이 쭉 거론되다 갑자기 어울리지 않는 사람 한 사람이 나온다. 바로 세례자 요한이다. 이 사람에 대해서는 소개할 것이 없으니 어떻게 소개를 하는가? 사가랴의 아들 요한, 그것이 전부다. 이 사람은 더 이상 다르게 소개할 방도가 없는 아무것도 내세울 것이 없는 사람이었다.

그런데 왜 세례자 요한을 소개하는 데 그런 대단한 사람들을 등장시킨 것일까? 이유가 있다. 단순히 세례자 요한이 활동하던 시대적인 상황을 설명하기 위한 것이 아니다. 세상적인 기준이나 상식으로 생각하면, 누구에게 하나님의 말씀이 임해야 하는가? 세상 역사를 주관하는 로마 황제나 본디오 빌라도 총독이나 헤롯 왕 같은 사람에게 말씀하시는 것이 훨씬 효과적이고 영향력이 있을 것이다. 그런데 하나님은 그렇게 유명하고 영향력 있는 사람들에게 나타나시지 않고 세례자 요한에게 나타나서 그에게 말씀을 주셨다.

하나님은 하나님과 말이 통하는 사람들에게만 말씀하신다. 하나님은 황제, 총독, 왕, 심지어는 대제사장과도 말이 통하지 않으셨던 것이다. 그러니까 빈들에 나가 있는 이름 없는 한 사람, 세례자 요한에게 말을 걸으신 것이었다. 세례자 요한과는 말이 통하였다. 그래서 그에게 말씀하셨던 것이다.

엘리 시대에는 여호와의 말씀이 희귀하였고, 이상이 잘 보이지 않았다고 한다(삼상 3:1). 이유가 무엇이었을까? 엘리 시대 바로 전에는 사사 시대였다. 사사 시대는 사람들이 자기 소견에 옳은 대로 행하던 때였다(삿 17:6). 하나님의 말씀에 귀 기울이지 않고 자기 생각대로 살아가던 시대였다. 그러니까 하나님이 말씀하시지 않았던 것이다. 그런 시대가 400년 동안 계속되었다. 그러다가 사무엘이 등장하게 되고 하나님이 드디어 다시 그를 통해 말씀하기 시작하셨다.

하나님께서 제사장인 엘리에게 말씀하지 않고 어린 사무엘에게 말씀하셨다. 하나님도 얼마나 말씀을 하고 싶으셨겠는가? 하나님도 너무 답답하셨을 것이다. 누군가에게 말을 하고 싶은데 할 사람이 없는 것이다. 다 엘리 같은 사람들만 있으니. 그래서 할 수 없이 사무엘에게 말씀하신 것이다.

사무엘은 아직 어린아이였다. 영적 분별력도 없다. 그는 하나님의 음성을 들었을 때 깨닫지도 못했다. 그래서 엘리에게 달려가서 "저를 찾으셨습니까?"라고 묻지 않았는가? 오히려 영적 분별력을 갖고 있던 사람은 엘리였다. 그가 사무엘에게 다시 한 번 부르시면 "예, 하나님, 제가 여기 있습니다. 말씀하옵소서"라고 말하라고 일러주지 않았는가?

사무엘은 "아직 여호와를 알지 못했다"고 했다(삼상 3:7). 그런데도 하나님을 너무 잘 아는 엘리에게 말씀하시지 않고, 하나님을 잘 알지도 못하고 아직 어려서 모든 면에 있어 미숙한 사무엘에게 말씀하셨다.

사무엘에게 들려주신 하나님의 말씀은 엘리의 가문에 관한 것이었다. 그렇다면 당사자인 엘리에게 직접 하셔야 맞는 것 아닌가? 그런데 엘리에게 하시지 않고 사무엘을 통해서 말씀하셨다. 하나님이 엘리에게는 말씀하고 싶지 않으셨던 것이다. 오죽하면 그러셨을까?

누구라 하면 다 알 수 있는 어떤 목사님의 이야기다. 그 목사님은 다른 사람들(주로 목사님들)과 함께 한자리에 앉아서 식사를 하더라도 그분이 싫어하는 사람과는 단 한 마디도 하지 않는다고 한다. 주변 사람들이 민망할 정도로 아무 말도 하지 않고 식사만

한다고 한다.

하나님도 마찬가지신 것 같다. 하나님이 속이 상하거나, 우리에게 크게 실망하거나, 하다하다 안 되면 아무 말씀도 안 하신다. 침묵 모드로 접어든다. 하나님이 침묵을 지키시면 영적인 암흑기에 접어들게 된다. 창세기 마지막 장부터 출애굽기 1장 사이가 바로 그런 시대였고, 사사 시대가 그런 시대였고, 말라기 마지막 장부터 마태복음 1장 사이가 그런 시대였다.

지금은 어떤 시대일까? 설교는 넘쳐나지만 하나님이 침묵을 지키시는 그런 시대는 아닌가? "하나님이 이렇게 말씀하셨습니다"라고 외치는 사람은 많아도 "하나님이 이렇게 말씀하시고 있습니다"라고 외치는 예언자는 없는 시대가 아닌가?

하나님이 계속 우리에게 말씀하시게 해야 한다. 하나님이 우리 가운데 계속 역사하시게 해야 한다. 하나님의 음성이 계속 들려와야 한다. 그렇게 하려면 우리가 하나님의 음성에 귀를 기울여야 한다. 하나님의 말씀에 순종해야 한다. 그러면 성령께서 계속 우리에게 하나님의 음성을 들려주실 것이다.

성경의 인물들 이야기

낯설게 읽기

룻기의 진짜 주인공은 따로 있다

베들레헴에 10년 동안 기근이 있었다. '베들레헴'은 '빵집'이라는 뜻이다. 빵집에 빵이 떨어지게 된 것이었다. 그래서 나오미의 가정은 결국 이민을 결심한다. 살기 위해 고향을 떠나기로 작정한 것이다. 생계형 이민이라고 할 수 있을 것이다. 그랬다가 이민 간 지 얼마 안 되어 남편이 덜컥 죽고 만다. 그러나 아직 '남은 것'이 있었다.

> 그의 두 아들이 남았으며 (룻 1:3).

그러나 그 두 아들마저 죽고 말았다. 청상과부가 된 것이다. 한 집에 남편 없는 여자 셋만 살게 된 것이다.

"고향 땅이 여기서 얼마나 되나? 푸른 하늘 끝 닿은 저기가 거긴가?"

나오미는 날마다 떠나온 고향 하늘을 바라보면서 눈물과 한숨으로 보냈을 것이다. 고향인 베들레헴과 모압은 그리 멀지 않다.

모압은 지금의 요르단의 암만 근처이다. 고원 지대로서 해발 1천 미터 정도 된다. 그곳에 느보 산이 자리 잡고 있다. 거기에서 내려다보면 사해가 보이고 건너편으로는 여리고가 한눈에 들어온다. 사해 건너편으로는 유대 광야가 펼쳐진다. 거기서 가장 높은 곳에 예루살렘과 베들레헴이 자리잡고 있다. 모압에서 베들레헴이 저 멀리 희미하게 보인다. 그러나 나오미는 "고향이 그리워도 못 가는 신세"가 되고 말았다.

베들레헴은 하나님의 약속의 땅이다. 하나님의 언약이 있는 곳이다. '빵집'이다. 말씀이 있는 곳이다. 구원과 축복과 약속과 은혜와 생명이 있는 곳이다. 오늘날 우리의 베들레헴은 교회이다. 예수 그리스도이시다. 말씀이다. 믿음이다. 은혜다.

베들레헴 가까운 곳에 있는, 아모스의 고향 드고아에서 찍은 사진.
저 멀리 보이는 산이 모압이다.

모압은 이방 땅이다. 세상이다. 불신이다. 사탄이다. 거기에는 심판과 저주와 죽음과 불행과 절망과 고통만이 있을 뿐이다.

나오미가 베들레헴에 거할 때는 나오미('기쁨')의 인생을 살았다. 그러나 기근이 들자 베들레헴을 버리고 모압으로 갔다. 그렇게 해서 어떻게 되었는가?

> 나를 나오미라 부르지 말고 나를 마라라 부르라 이는 전능자가 나를 심히 괴롭게 하셨음이니라 (룻 1:20).

가나안을 떠나게 되면, 말씀을 떠나게 되면, 믿음을 떠나게 되면, 예수님을 떠나게 되면, 믿음을 떠나게 되면, 교회를 떠나게 되면 나오미의 인생이 마라의 인생이 되고 만다. 인생의 쓴맛을 보게 된다.

아브라함이 믿음으로 그의 고향과 친척과 아버지 집을 떠나 가나안까지 왔지만, 가나안에 들어오자마자 흉년이 들었다. 약속의 땅을 찾아와서 처음 만난 것이 기근이었다. 그래서 이집트로 내려갔다가 바로에게 자기 아내를 누이라고 속였다가 아내를 빼앗길 뻔하지 않았는가? 아마 사라는 부부싸움을 할 때마다 그 레퍼토리를 평생 써먹었을 것이다.

탕자가 아버지 집을 떠나 '먼 나라'로 갔다. 말하자면 베들레헴을 떠나 모압으로 간 것이다. 강도 만난 사람처럼 예루살렘을 떠나 여리고로 간 것이다. 교회를 떠나 세상으로 간 것이다. 그래서 어떻게 되었는가? 인생의 흉년을 만났다. 하나님을 떠나면 흉년을 만나게 된다. 그리고 "천부여 의지 없어서 손 들고 옵니다" 하면서

돌아오게 된다.

나오미가 이렇게 고백한다.

> 내가 풍족하게 나갔더니 여호와께서 내게 비어 돌아오게 하셨느니라 (룻 1:21).

룻기를 이야기할 때면 나오미와 룻과 보아스를 이야기한다. 룻기는 그들이 무대 위에서 펼쳐나가는 드라마다. 그런데 무대 위에 등장하지는 않지만 정말 중요한 인물들이 있다. 누군가? 그들은 이름도 나오지 않는다. 지나가는 사람 1, 지나가는 사람 2, 그런 역할밖에 하지 않는다. 그들이 무대에 나와서 하는 일은 나오미가 돌아왔을 때 그를 성문에서 환영해 주는 일밖에 없다. 누군가? 베들레헴 사람들이다.

나오미의 가정은 살기가 어렵다고 베들레헴을 떠났다. 그러나 다른 베들레헴 사람들은 베들레헴을 떠나지 않았다. 끝까지 그곳에서 버티고 있었다. 얼마나? 1년? 2년? 3년? 5년? 10년! 오늘날은 2-3년 흉년이 들어도 견딜 수 있다. 그러나 우리나라도 1950년대에는 먹을 것이 없어서 보릿고개를 넘었다고 하지 않는가? 그런데 그 옛날, 3천 년 전에 10년씩이나 내리 흉년이 들었을 때는 얼마나 어렵고 힘들었겠는가?

우리가 잘 아는 사렙다 과부의 이야기는 흉년이 얼마나 끔찍한 것인가를 잘 보여주고 있다. 먹을 것이 없어서 마지막 빵 한 조각을 만들어 먹고 죽으려고 하지 않았는가? 3년 동안 흉년이 들었을 때도 그랬는데, 10년이 넘게 베들레헴에 흉년이 들었으니 가히 그 고통이 얼마나 컸겠는가 상상이 되지 않는가?

그런데 베들레헴 사람들은 그 10년 동안 버텨냈다. 베들레헴을 떠나지 않았다. 우리는 베들레헴에 흉년이 들었을 때 그곳을 떠난 나오미의 가정만 생각하는데, 그들을 빼놓고는 아무도 베들레헴을 떠나지 않았다고 하는 사실이 더 놀랍지 않은가?

베들레헴 사람들이 그 10년 기근을 어떻게 견뎌냈을까? 성경에는 나오지 않지만 기도로 버텨냈을 것이 분명하다. 누구라도 그런 상황에서는 기도할 수밖에 없지 않는가? 다른 방법이 없지 않는가?

얼마나 기도했는가? 한 달? 1년? 2년? 5년? 10년을 기도했다!

그런데 10년을 기도해도 하나님이 비를 내려주시지 않았다. 그래도 그들은 계속 기도했다. 아니, 기도할 수밖에 없었을 것이다. 다른 방법이 없지 않는가?

그들이 얼마나 간절하게 기도했겠는가? 우리도 기도한다. 그러나 하나님이 우리의 기도를 응답해 주시면 살고 그렇지 않으면 죽을 수밖에 없는 그런 절박한 기도를 하는 경우는 드물 것이다. 그러나 베들레헴 사람들은 그렇지 않았다. 죽느냐 사느냐의 문제를 놓고 기도했다. 10년 동안이나 그렇게 했다. 그렇게 오랫동안 기도 응답이 없었어도 그들은 계속 기도했다. 왜? 응답해 주시지 않아도 응답해 주실 때까지 기도할 수밖에 없는 상황이었기 때문이다.

우리는 어느 정도 기도하다 응답이 없으면 포기한다. 한나도 처음에는 자식을 달라고 열심히 기도했을 것이다. 그렇게 1년, 3년, 5년 기도해도 응답이 없자 하나님이 자식을 주시지 않는가 보다 생각하고 더 이상 태의 문을 열어달라고 기도하지 않았을 것이다. 그러다가 나중에 브닌나 때문에 너무 속상해서 다시 기도를 했다. 그러자 하나님이 그 기도를 들으시고 사무엘을 주셨다.

베들레헴 사람들은 10년 동안이나 기도를 했다. 그런데도 응답이 없었다. 정말 간절하게 절박한 심정으로 기도를 했다. 그런데도 응답이 없었다. 그래도 그들은 계속 기도했다. 기도를 포기하지 않았다. 끝까지 기도했다. 그러자 어떤 일이 일어났는가?

> 여호와께서 자기 백성을 돌보시사 그들에게 양식을 주셨다 함을 듣고 (룻 1:6).

마침내 기근이 끝나게 된 것이다. 닫혔던 하늘 문이 활짝 열리게 된 것이다. 하나님이 축복의 비를 내려주신 것이다.

"여호와께서 자기 백성을 돌보시사 그들에게 양식을 주셨다"(룻 1:6)라고 번역되었는데, 이 번역은 너무 밋밋하다. 히브리어 원문에는 "하나님께서 자기 백성에게 양식을 주시기 위해 paqad 하셨다"라고 되어 있다. 파카드(paqad)는 '찾아오다'라는 뜻이다. 하나님께서 베들레헴 사람들을 '심방 가셔서' 그들에게 양식을 주셨다고 되어 있다. 재미있는 표현 아닌가? 하나님께서 그들을 찾아가셨을 때 기근이 끝났다. 흉년이 끝났다.

하나님이 언제 그들을 찾아오셨는가? 10년 동안 흉년이 계속될 때에도 참고 견디며 기도하고 있었을 때이다. 1년이 아니라, 3년이 아니라, 5년이 아니라, 10년 동안 참고 또 참고 견디며 기도하며 기다렸더니 하나님이 마침내 찾아오셨던 것이다. 그리고 하늘 문을 열어주시고 비를 내려주셨다. 10년 기근이 끝난 것이다. 10년 동안이나 믿음을 떠나지 않고, 낙심하지 않고, 포기하지 않고 하나님을 바라보며 기도하는 그들을 보시고 하나님이 감동을 받아서 그들을 찾아가셨던 것이다. 그리고 그들의 형편을 돌보시사 하늘 문을 열어주시고 다시 비를 내려주신 것이다.

아이를 낳지 못하던 사라가 잉태했다. 그때 남편 아브라함의 나이가 99세였다.

여호와께서 말씀하신 대로 사라를 돌보셨고 여호와께서 말씀하신 대로 사라에게 행하셨으므로 (창 21:1).

여기서도 '돌보셨다'고 번역된 히브리어는 paqad로 '찾아가셨다'라고 번역하는 것이 훨씬 낫다. 하나님이 사라에게 심방 가신 날 사라가 이삭을 잉태했다.

> 하나님이 반드시 너희를 찾아오시리니 너희는 내 유골을 여기서 가지고 나가라 (출 13:19).

요셉의 유언이었다. 요셉은 하나님이 이스라엘 백성들을 찾아오시게 될 텐데, 그래서 출애굽을 하게 될 텐데, 그때 자기 유골을 가지고 가 달라고 하는 유언을 남겼다. 이 유언은 유언이자 예언이었다. 이스라엘 백성들이 이집트에서 노예 생활을 할 때에 그들이 살려달라고 하나님께 부르짖었다. 그러자 하나님께서 그들을 찾아오셔서 바로의 치하에서 그들을 해방시켜주시지 않았는가?

하나님이 우리를 찾아오시는 날 모든 것이 달라지게 된다. 모든 문제가 해결된다. 닫혔던 것이 열리게 된다. 비었던 곳간이 채워지게 된다. 매였던 것이 풀려진다. 막혔던 것이 열리게 된다.

성탄절은 예수님이 세상에 심방 오신 날이다. 예수님이 이 세상에 심방 오심으로 인류 역사의 방향이 달라지게 되었다. 인류의 운명이 달라지게 되었다. 역사가 바뀌게 되었다.

인생의 기근이 닥쳐올 때 참고 견디며 기도하면 하나님이 마침내 우리를 찾아오실 것이다. 심방 오실 것이다. 그러면 닫혔던 하늘 문이 다시 열리게 될 것이다.

어린 다윗의 무엇을 보고 왕감으로 찍으셨던 것일까?

사무엘이 다윗에게 왕으로 기름을 부을 때 대략 다윗은 15세 정도였을 것으로 보인다. 30대나 40대-사울처럼-가 아닌 중학생 정도 되는 아이의 무엇을 보고 왕으로 정하셨던 것일까? 분명 하나님의 눈에 들었기 때문에 그를 왕으로 세우셨을 텐데, 그것이 무엇이었을까?

다윗이 자기에게 맡겨진 양을 지키기 위해 사자와 곰과 싸웠던 이야기가 성경에 나온다.

> 주의 종이 아버지의 양을 지킬 때에 사자나 곰이 와서 양 떼에서 새끼를 물어가면 내가 따라가서 그것을 치고 그 입에서 새끼를 건져내었고 그것이 일어나 나를 해하고자 하면 내가 그 수염을 잡고 그것을 쳐죽였나이다 (삼상 17:34-35).

양을 사랑하는 목자가 있다고 하자. 성실하게 양을 잘 지키는 사람이다. 그런데 곰이나 사자가 나타났다면 어떻게 해야 할까? 맞서 싸우는 것은 위험천만한 일이다. 그냥 양 한 마리 물어가도록 내버려두는 것이 현명하다. 맹수와 싸우다가 목숨을 잃으면 그를 위해서 공덕비를 세워줄까? 다른 목자들에게 귀감이 될까? 다른 목자들도 그 목자처럼 목숨의 위험을 무릅쓰고서라도 양을 지키자고 다짐을 할까? 천만의 말씀이다.

이렇게 생각해 보자. 세탁소에서 종업원이 일을 하고 있는데 강도가 들어와서 돈을 내놓으라고 했다. 그러면 그 강도와 싸워서 주인의 재산을 지켜야 할까? 아니면 납작 엎드려서 원하는 대로 다 해줘야 할까? 만일 강도와 싸우다 죽으면 그 세탁소 주인이 좋아할까? 아니, 강도와 격투를 벌이다 심한 부상을 입었다고 하자. 주인이 고마워서 어쩔 줄 몰라 할까?

탈무드에도 보면, 양을 지키고 있는데 늑대가 한 마리 나타나면 싸워야 하지만 두 마리가 나타나면 도망 가야 한다고 되어 있다. 괜히 싸우다가 다치거나 죽으면 안 되기 때문이다. 양의 목숨보다 사람 목숨이 훨씬 귀하기 때문이다.

그런데 우리는 좋은 목자라면 당연히 어떤 위험을 무릅쓰고서라도 양을 지킬 것이라고 생각한다. 왜냐하면 예수님이 선한 목자는 자기 양을 위해 목숨을 버리지만 삯꾼 목자는 위험한 일을 당하면 나 몰라라 도망 간다고 하셨기 때문이다.

그러나 실제적으로 생각해 보자. 양을 지키기 위해 맹수와 싸우다 죽은 목자는 한 사람도 없을 것이다. 양을 아무리 사랑한다고 해도 양을 위해 죽는 목자는 없다. 예수님 외에는! 예수님은 하나님의 아들이시다. 신이시다. 신이 인간을 위해 죽는다고 하는 것은 있을 수 없는 일이다. 그것은 목자가 양을 위해 죽는 것보다 더 말도 안 되는 일이다. 그런데 예수님은 그렇게 하셨다.

다윗은 아버지의 양들을 지키기 위해 목숨을 걸고 싸웠다. 아마 하나님은 그런 모습을 보고 '아, 저런 정도로 책임감이 있고 신실한 사람이라면 내가 내 백성을 맡겨도 되겠구나!' 하고 생각하지 않으셨을까?

그때 다윗의 나이가 열 두서너 살이 되었을 텐데 어떻게 그런 맹수들과 싸워 이길 수 있었을까? 성경이 다윗을 너무 과장하고 미화시킨 것이 아닐까?

목자에게는 막대기와 지팡이 그리고 하나가 더 있다. 바로 물매이다. 막대기는 맹수들이 가까이 왔을 때 사용하는 것이고, 물매는 맹수들이 멀리서 어슬렁거리고 있을 때 그들을 돌로 위협해서 쫓아내기 위해 사용한다. 다윗은 이 물매 실력이 뛰어났다. 그는 광야에서 양을 치면서 양들이 그늘에서 쉬고 있을 때도 끊임없이 물매 연습을 했다. 물매 실력을 갈고닦았던 것이다. 자기 양을 더 잘 지키기 위해서!

하나님은 그런 다윗의 모습을 눈여겨보셨을 것이다. 그리고 마침내 하나님은 다윗에게 물매 실력을 발휘할 수 있는 기회를 주셨다. 골리앗과의 대결이 바로 그것이다. 양을 치기 위해 갈고닦은 물매 실력을 나라와 민족을 구하는 데 사용하게 된 것이다.

물맷돌로 골리앗의 이마에 타격을 가하자 골리앗이 기절해서 엎어지고 말았다. 다윗은 재빨리 달려가 골리앗의 칼을 꺼내서 그의 목을 베었다.

아무도 보지 않는 곳에서, 광야에서, 홀로 있을 때, 쉴 수 있는 데도 쉬지 않고 끊임없이 양들을 위해 물매 실력을 갈고닦는 그 모습을 하나님은 눈여겨보셨을 것이다. 그의 신실함(integrity)에 감동을 받으셨을 것이다. 자기에게 맡겨진 양들을 신실하게 돌보는 모습을 보시고 하나님께서 그의 양 떼인 이스라엘 백성들을 맡기기로 작정하셨던 것으로 보인다. 이렇게 해서 양을 치던 목자였던 다윗은 이스라엘의 목자인 왕이 되었다. 작은 일에 신실했더니 큰일을 맡기신 것이다.

양을 치던 목자에서 이스라엘의 목자가 된 사람이 또 하나 있다. 모세다. 40년간 미디안 광야에서 양을 치던 모세를 하나님은 이스라엘의 목자로 부르셨다. 랍비들은 모세가 성심을 다해 신실하게 자기 양 떼(더 정확하게는 장인 이드로의 양 떼)를 지키는 모습을 보시고 하나님께서 그를 이스라엘의 목자로 세우셨다고 가르친다.

> 그 주인이 이르되 잘하였도다 착하고 충성된 종아 네가 적은 일에 충성하였으매 내가 많은 것을 네게 맡기리니 네 주인의 즐거움에 참여할지어다 (마 25:21).

다윗 같은 사람도 쓰셨다?

다윗은 시냇가에서 돌 5개를 주워 들었다. 그러고는 기도한 다음 그것을 들고 골리앗을 향해 뛰어가면서 던졌다. 그 돌은 골리앗의 이마 정중앙에 맞았고, 골리앗은 그 자리에서 고꾸라져 죽고 말았다.

다윗과 골리앗은 1:1로 붙었다. 이런 싸움을 일기토(一騎討)라고 부른다. 고대에는 이런 형태의 전쟁이 많았다. 《삼국지》에도 많이 나온다. 이런 전쟁이 훨씬 휴머니즘적일 수 있다. 그러면 수많은 사람들이 희생을 당하지 않아도 되기 때문이다.

다윗이 지면 이스라엘이 블레셋에 항복해야 한다. 나라의 운명이 다윗 한 사람에게 달려 있다. 그런데 다윗은 무엇을 믿고 골리앗과 맞장 떠 보겠다고 했던 것일까? 하나님에 대한 믿음? 물론이다. 그러나 그것이 다는 아니다.

골리앗은 갑옷을 입고 투구를 쓰고 있었다. 긴 칼을 들고 있었다. 그렇다면 그와 맞붙는 다윗도 갑옷을 입고, 투구를 쓰고, 긴 칼을 갖고 있어야 한다. 똑같은 조건에서 맞붙는 것이 일기토의 규칙이었기 때문이다. 그러나 다윗은 사울이 건네준 칼을 내려놓았다. 갑옷과 투구도 쓰지 않았다. 너무 커서가 아니었다. 너무 클 것 같으면 애초부터 사울이 자기 것을 벗어서 다윗에게 주지 않았을 것이다. 그래도 맞을 만하니까 벗어서 준 것이 아니었겠는가? 그러나 다윗은 한 번도 그런 것을 입어본 적도 없고 칼을 써본 적도 없다. 그러니 칼을 가지고 나갔다가는 백전백패할 것이 뻔하다. 그래서 그는 전쟁의 룰을 깨고 칼을 내려놓고 막대기와 돌을 가지고 나갔다.

그러자 골리앗이 자존심이 상해서 "네가 나를 개로 여기고 막대기를 들고 나에게 덤비느냐?"(삼상 17:43)고 소리쳤다. (당시에는 개를 죽일 때 막대기를 사용했었다. 두들겨 패서 보신탕을 해먹었던 것이다. 이런 사실이 이스라엘에서 고고학적으로 증명되었다.) 그러나 다윗에게는 칼보다는 돌을 사용하는 것이 훨씬 더 승산이 있었다. 그러기에 칼을 내려놓고 돌을 사용했던 것이다.

다윗이 돌을 사용한 이유가 있다. 다윗은 무릿매 실력이 대단했다. 양을 치던 목자였던 다윗은 막대기와 지팡이뿐만 아니라 무릿매를 항상 가지고 다녔다. 골리앗과 대결하던 그날도 그는 무릿매를 가지고 있었다(삼상 17:40). 그리고 골리앗을 쓰러뜨릴 때 바로 이 무릿매를 사용했다. 다윗이 돌팔매로 골리앗을 쓰러뜨린 것이 아니었다.

무릿매는 멀리서 양을 노리고 있는 짐승들을 쫓을 때 사용했다. 다윗은 자기 양을 더 잘 지키기 위해서 양들이 쉬고 있을 때에도 그늘에 앉아서 피리를 불고 있었던 것이 아니라 무릿매 실력을 갈고닦았다. 그는 뛰어난 물맷돌 실력을 갖고 있었다. 그래서 그날도 자신이 골리앗과 맞붙어 보겠노라고 했던 것이다.

다윗이 아무 준비도 없이 그냥 믿음 하나로 골리앗을 향해 나갔던 것이 아니다. 그냥 땅바닥에 돌이 있어서 그것을 들고 '믿습니다' 하고 던져서 우연히(?) 골리앗의 이마 정중앙에 맞춘 것이 아니다. 그는 무릿매를 가지고 있었다. 그것을 가지고 나갔다. 그리고 그것을 사용하기 위해 돌을 주워들었던 것이다. 그냥 돌이 눈에 띄니까 그것을 집어서 던졌던 것이 아니다.

다윗은 칼을 가지고는 적장을 쓰러뜨릴 수가 없다. 다윗의 무술 솜씨는 0점이다. 그리고 키에서 차이가 나서 칼로는 승부를

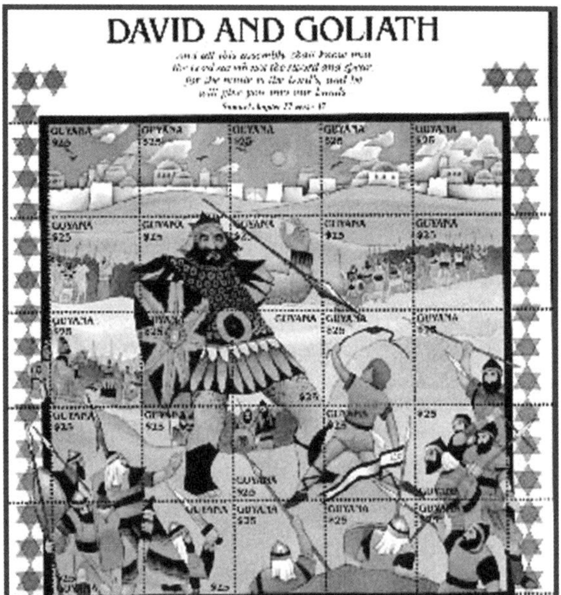

걸 수가 없다. 더군다나 칼을 가지고는 갑옷을 입은 골리앗을 찌를 수가 없다. 칼이 갑옷을 뚫고 들어갈 수 없기 때문이다. 그러나 무릿매는 그렇지 않다. 무릿매는 던지면 굉장한 속도로 날아가 부딪히게 된다. 그 돌에 맞게 되면 그 충격에 의해 쓰러지게 된다. 그때 달려가서 쓰러진 적장의 목을 베면 끝나는 것이다. 다윗은 그런 전법을 사용했다.

다윗이 던진 무릿매를 맞고 골리앗이 쓰러졌다. 그러자 다윗이 잽싸게 달려가 골리앗의 칼로 그의 목을 베었다. 돌에 맞아 쓰러져 죽은 것이 아니었다.

> 다윗이 달려가서 블레셋 사람을 밟고 그의 칼을 그 칼 집에서 빼내어 그 칼로 그를 죽이고 그의 머리를 베니 (삼상 17:51).

다윗은 아무 무기도 가진 것이 없으니까 돌이라도 집어 던져보자 해서 돌을 던진 것이 아니었다. 고대 시대에는 무릿매(물매)가 무기였다. 골리앗의 손에 들려진 칼만 무기가 아니라 다윗의 손에 들려 있던 돌(물매, 무릿매)도 무기였다.

성경에는 전쟁 이야기가 많이 나온다. 그 전쟁 장면을 상상할 때 우리는 칼과 칼이 쨍하고 부딪히는 소리, 칼로 목을 베는 장면 등을 상상하면 안 된다. 사울은 다윗을 골리앗에게 내보내면서 자신이 입고 있던 갑옷을 벗어주고 자신의 칼을 다윗에게 주었다. 왕은 어떤 상황에서도 자신의 칼을 남에게 주면 안 된다. 전쟁터에서 왕이 자신의 갑옷을 벗어서 남에게 준다는 것은 있을 수 없는 일이다. 그런데 왜 사울은 다윗에게 자기 칼을 주었을까? 그만큼 사랑했던 것일까? 그렇지 않다.

그때에는 칼을 가진 사람이 사울 왕과 그의 아들 두 사람뿐이었기 때문이다.

> 싸우는 날에 사울과 요나단과 함께한 백성의 손에는 칼이나 창이 없고 오직 사울과 그의 아들 요나단에게만 있었더라 (삼상 13:22).

블레셋과 싸우러 나온 이스라엘 사람들의 손에는 칼과 창이 아니라 막대기와 낫과 곡괭이가 들려 있었다. 그리고 군인들의 손에는 돌이 들려 있었다.

> 이 모든 백성 중에서 택한 칠백 명은 다 왼손잡이라 물매로 돌을 던지면 조금도 틀림이 없는 자들이었더라 (삿 20:16).
>
> 물매꾼이 두루 다니며 치니라 (왕하 3:25).
>
> 웃시야가 그의 온 군대를 위하여 방패와 창과 투구와 갑옷과 활과 물매 돌을 준비하고 (대하 26:14).

고대 시대에는 물매(무릿매)가 중요한 무기였다. 그리스나 로마 시대에도 물매가 전쟁에 많이 사용되었다. 동전 같은 곳에 물매를 사용하는 군인들의 모습이 많이 남아 있다. 북이스라엘이 앗시리아에 의해 멸망당할 때에도 앗시리아의 물매 부대가 동원되었음을 부조를 통해 확인할 수 있다.

물매는 테니스 볼 사이즈의 돌을 사용한다. 200미터 거리에 있는 목표물은 쉽게 명중시킬 수 있으며 500미터 거리에 있는 목표물까지도 맞출 수 있다. 활이 뚫고 들어갈 수 없는 것도 물매를 사용해서 처치했다. 날아가는 속도(시속 약 100km)로 인한 충격을 통해 적을 쓰러뜨릴 수 있기 때문이다.

다윗이 사용한 돌은 장난감이 아니라 무기였던 것이다. 다윗이 '믿습니다' 하고 던진 것이 우연히 적장의 이마에 명중한 것이 아니다. 다윗이 골리앗을 쓰러뜨릴 수 있었던 것은 '믿음+실력'이었다. 우리에게 다윗과 같은 믿음이 있다고 할지라도 다윗과 같은 물맷돌 실력이 없다면 우리 앞에 있는 골리앗을 쓰러뜨리기 어렵다. 우리에게 부족한 것은 믿음이 아니라 실력이다. 믿음은 대단하다. 그런데 실력이 없어서 골리앗을 넘어뜨리지 못할 때가 얼마나 많은가?

다윗은 이 일로 인해 드디어 이스라엘 사람들에게 영웅으로 부각된다. 사울도 그를 눈여겨보게 된다. 이미 이 일 전에 다윗은 비밀리에 왕으로 기름 부음을 받았다. 그리고 하나님은 그를 왕으로 세우시기 위해 절차를 밟아가고 계셨는데, 그것 가운데 하나가 골리앗을 쓰러뜨려 이스라엘을 위기에서 구하는 것이었다.

다윗은 나라와 민족을 구하기 위해 무릿매 실력을 갈고닦은 것이 아니었다. 단지 자기에게 맡겨진 양들을 더 잘 돌보기 위해 무릿매 실력을 갈고닦은 것이었는데, 하나님은 그 실력을 나라와 민족을 구하는 데 사용하게 하셨다. 그리고 양을 지키던 목자에 지나지 않았던 다윗을 이스라엘의 목자(왕)로 세워주셨다. 작은 일에 신실했더니 큰일을 맡기신 것이었다.

다윗은 이름 없는 어린 소년에 지나지 않았다. 양을 치는 목자에 지나지 않았다. 그는 양들과 함께 광야에서 지내고 있었다. 아무도 그에게 눈길 한 번 주지 않았다. 아무도 그가 장차 왕이 되리라고는 상상도 못했다. 그러나 하나님은 광야에서 양을 치는 이름 없는 한 소년을 주목하고 계셨다. 그가 자기 양을 더 잘 치기 위해 물맷돌 던지는 실력을 갈고닦는 모습을 보시면서 '저런 사람이라면 내 양을 맡겨도 되겠다'고 생각하시고 그를 왕감으로 점찍으셨던 것이다.

엘리야가 기도해서 비가 온 것일까?

엘리야는 기도로 하늘 문이 닫히게도 하고, 기도로 그 닫힌 하늘 문을 다시 열기도 했다.

> 엘리야는 우리와 성정이 같은 사람이로되 그가 비가 오지 않기를 간절히 기도한즉 삼 년 육 개월 동안 땅에 비가 오지 아니하고 다시 기도하니 하늘이 비를 주고 땅이 열매를 맺었느니라 (약 5:17–18).

어떻게 하늘 문을 열기도 하고 닫기도 할 수 있었을까?

1) 간절히 기도했다.

> 그가 비가 오지 않기를 간절히 기도한즉 (약 5:17).

일곱 번씩이나 기도했다. 7은 완전수다. 그만큼 최선을 다해서 간절히 기도했다는 뜻이다.

2) 끝까지 기도했다.

비가 올 때까지 기도했다. 여섯 번 기도할 때까지도 비가 오지 않았다. 그러나 엘리야는 포기하지 않았다. 한 번 더 기도했다. 그랬더니 마침내 하나님이 하늘 문을 열어주시고 비를 내려주셨다. 한 번 더 기도하면 응답받았을지도 모르는데, 한 번 더 기도하지 않아서 응답받지 못한 기도가 얼마나 많을까?

어떤 인디언들은 기우제를 드리면 반드시 비가 온다고 한다. 왜냐하면 그들은 한 번 기우제를 드리기 시작하면 비가 올 때까지 기도하기 때문이다. 끝까지 낙심하지 않고 기도하는 것이 중요하다.

3) 믿음으로 기도했다.

엘리야는 아합 왕에게 '오늘' 비가 올 것이라고 호언장담했다. 지금 왕이 비가 오기를 얼마나 기다리고 있는가? 그런데 비가 온다고 했다가 오지 않으면 엘리야는 왕을 능멸한 죄로 능지처참을 당할 수도 있다. 그런데도 그는 자신있게 오늘 비가 올 것이라고 장담했다. 그만큼 엘리야는 하나님이 자신의 기도를 반드시 들어주실 것이라는 확신이 있었던 것이다. 그런 믿음을 가지고 기도할 때 하나님이 그의 기도를 들으시고 응답해 주셨다.

지중해 쪽에서 조각 구름이 올라오는 것을 보고 그는 '큰 비의 소리'를 들었다. 이것이 믿음이다. 비가 온 다음에 빗소리를 듣는 것은 믿음이 아니다. 믿음은 비가 오기 전에 빗소리를 듣는 것이다. 그는 하나님께서 반드시 그의 기도를 들어주실 것을 믿고 기도했다. 그랬기 때문에 일곱 번씩이나 낙심하지 않고 기도할 수 있었던 것이 아니겠는가?

1세기에 호니(Honi the Circle-Drawer)라고 하는 유명한 사람이 있었다. 그는 엘리야처럼 기도의 능력이 있는 사람이었다. 이스라엘에 가뭄이 들었다. 사람들이 그를 찾아와 비를 내려달라고 기도해 줄 것을 부탁했다. 그는 많은 사람들이 지켜보는 가운데 둥그렇게 원을 그렸다. 그리고 그 원 안에 들어가서 기도했다.

"하나님이 비를 내려주실 때까지 이 원 밖으로 나가지 않겠습니다."

그러자 이슬비가 내리기 시작했다. 모든 사람들이 놀랐다. 과연 하나님의 사람이구나 하는 탄성이 쏟아져 나왔다. 그러나 호니는 "하나님, 이 정도 비 가지고는 안 됩니다. 더 큰 비를 내려주시옵소서"라고 기도했다. 그러자 큰 비가 내리기 시작했다. 유대 문헌에 나오는 유명한 이야기다.

엘리야의 기도도 바로 이런 기도였다.

"하나님, 오늘 당장 비를 내려주시옵소서. 그렇지 않으면 이 산에서 내려가지 않겠습니다."

이런 대담한 기도에 하나님이 "내가 졌다" 하면서 비를 내려주셨던 것이다. 이런 대담한 기도, 끈질긴 기도, 매달리는 기도가 우리에게 필요하다.

대부분 우리는 이런 식으로 묵상을 하고 설교를 한다. 그러나 다시 한 번 생각해 보자.

우리도 엘리야처럼 기도하면 하늘 문이 열리고 비가 내릴까? 그런 일은 드물다. 엘리야니까 그럴 수 있었던 것일까? '엘리야는 우리와 성정이 같은 사람'이었다. 그럼에도 불구하고 그런 기도의 역사가 일어났는데, 왜 우리에게는 그런 일이 일어나지 않는 것일까?

엘리야는 그가 기도하면 하나님이 들어주실 것이라는 확신을 갖고 기도했기 때문에 하나님이 그의 기도를 들어주신 것일까?

이런 예화가 있다. 가뭄이 크게 들었다. 그래서 어느 시골 교회에서 비를 내려달라고 기도하러 산으로 올라갔다. 그때 한 아이가 우산을 들고 따라나섰다. 목사님이 물었다.

"이렇게 해가 쨍쨍 내리쬐는 날에 웬 우산이냐?"

그 소년이 대답했다.

"비가 오면 쓰려고요."

그 아이가 내려올 때 우산을 쓰고 내려왔을까? 그렇지 않았을 것이다.

엘리야는 하나님이 즉시로 그의 기도를 응답해 주실 것이라는 확신을 갖고 있었다. 그래서 왕에게 당장 왕궁으로 돌아가도록 하지 않았는가? 그리고 기도하자 정말 비가 오지 않았는가? 정말 대단한 사람 아닌가? 엘리야이기 때문에 가능한 일이었을까?

그런데 사실 그날 비가 온 것은 엘리야의 기도나 믿음 때문이 아니었다. 그가 3년 6개월 동안이나 그를 찾아다니던 아합 왕을 만나 '오늘' 비가 올 것이라고 호언장담한 이유가 있었다. 그가 그날 비가 오게 해달라고 기도한 이유가 있었다. 그가 비가 올 때까지 일곱 번이나 기도한 이유가 있었다. 기도할 때마다 구름이 떠오르는지 알아보도록 한 이유가 있었다. 조각 구름이 떠오르는 것을 보고 이제 비가 올 것이라고 확신을 갖게 된 이유가 있었다.

> 많은 날이 지나고 제삼년에 여호와의 말씀이 엘리야에게 임하여 이르시되 너는 가서 아합에게 보이라 내가 비를 지면에 내리리라 (왕상 18:1).

그날 아침 하나님이 엘리야에게 "아합 왕을 더 이상 피해 다니지 말고 가서 만나라. 그리고 오늘 비가 올 것이라고 전하거라. 내가 오늘 비를 내려주겠다"고 말씀하셨다. 그래서 엘리야가 아합 왕을 찾아갔던 것이고, 비가 올 것이라고 선포했던 것이다. 그리고 기도하기 시작한 것이다. 무엇을 믿었는가? 하나님이 그날 아침에 주신 약속을 믿은 것이다!

만일 그날 아침 하나님이 그런 약속을 하시지 않았다면 그는 3년 6개월 동안이나 피해 다닌 아합 왕을 찾아가지 않았을 것이다. 그리고 비가 오게 해달라고 기도도 하지 않았을 것이다. 그리고 그날 비도 오지 않았을 것이다.

만일 엘리야가 자신이 기도하면 하나님이 비를 내려주실 것이라는 믿음을 가지고 기도해서 하나님이 응답해 주신 것이라면,

또는 엘리야가 기도의 능력이 있는 사람이라서 그가 비를 내려달라고 기도하자 하나님이 비를 내려주신 것이라고 한다면, 그는 벌써 그런 기도를 했어야 마땅하다. 만일 그런 기도의 능력이 있으면서도 3년 6개월 동안이나 기도를 하지 않아서 수많은 사람들이 굶어 죽었다고 한다면 엘리야는 기도하지 않은 죄의 책임을 면할 수가 없을 것이다.

엘리야가 열심히 기도해서 응답해 주신 것이 아니다. 엘리야가 끈질기게 기도해서 응답해 주신 것이 아니다. 엘리야가 믿음으로 기도해서 응답해 주신 것이 아니다. 엘리야가 대담하게 기도해서 응답해 주신 것이 아니다. 엘리야는 다만 하나님의 약속을 붙들고 기도한 것뿐이다. 하나님의 약속에 의지해서 기도했을 뿐이다.

하나님이 3년 6개월 만에 비를 내려주신 것은 엘리야의 기도 때문이 아니었다. 하나님은 비를 내려주기로 결정하신 다음 그런 사실을 엘리야게 알려주셨고, 엘리야는 그런 사실을 아합 왕에게 알렸다. 그런 다음 기도를 했다. 그러자 "조금 후에 구름과 바람이 일어나서 하늘이 캄캄해지며 큰 비가"(왕상 18:45) 내리기 시작했다.

하나님이 엘리야에게 비를 내려줄 것을 미리 알려주셨다. 그러면 비를 기다리면 되지, 기도는 왜 했던 것일까? 하나님이 비를 내려주겠다고 엘리야에게 미리 알려주신 이유가 있다. 그리고 아합에게 그 사실을 알리도록 하신 이유가 있다. 그리고 엘리야가 기도한 이유가 있다.

만일 하나님이 엘리야에게 비를 내려줄 것을 알려주시지 않았다고 하자. 그러면 엘리야는 왕에게 하나님이 오늘 비를 내려주실 것이라고 알려주지 않았을 것이다. 그리고 비가 오게 해달라고 기도하지 않았을 것이다. 그러면 그날 비가 왔어도 사람들은 하나님이 비를 내려주신 것을 알지 못했을 것이다. 그리고 여전히 바알 신앙에서 떠나지 않았을 것이다.

3년 6개월 동안 하늘 문이 닫힌 이유가 그들이 하나님을 섬기지 않고 바알을 섬겼기 때문이 아닌가? 하늘 문을 닫으신 분도 하나님이고 하늘 문을 열어주신 분도 하나님이라는 것을 온 백성들에게 깨닫도록 하기 위해 이런 '복잡한 절차'들을 따라 비를 내려주신 것이다. 비가 오는 것이 우연이 아니고, 바알에게 기도해서가 아니고, 하나님께서 비를 내려주신 것임을 백성들에게 깨닫도록 하기 위해서 그렇게 하신 것이다.

엘리야가 기도의 사람이라서, 기도의 능력이 있는 사람이라서, 그가 기도했을 때 비가 온 것이 아니었다. 만일 그날 하나님이 비를 내려주겠다는 약속을 하시지 않았다면, 엘리야가 일곱 번이 아니라 70번을 기도했어도 손바닥이 아니라 손톱만한 구름도 떠오르지 않았을 것이다. 엘리야가 끈질기게 간절히 기도했기 때문에 비가 온 것이 아니다. 엘리야가 기도한 것은 하나님이 비를 내려주시는 분임을 보여주기 위해서였다.

엘리야는 우리와 성정이 같은 사람이었지만 우리와 다른 점이 하나 있었다

의인의 간구는 역사하는 힘이 큼이니라 엘리야는 우리와 성정이 같은 사람이로되 그가 비가 오지 않기를 간절히 기도한즉 삼 년 육 개월 동안 땅에 비가 오지 아니하고 (약 5:16–17).

탈무드에서는 하나님만이 갖고 있는 3가지 열쇠가 있다고 가르친다. 태의 문을 여는 열쇠, 무덤 문을 여는 열쇠, 그리고 하늘 문을 열고 비를 내려주는 열쇠가 그것이다(랍비 요하난). 이 세 가지는 하나님만이 하실 수 있는 일이라는 것이다.

한나가 태의 문이 닫혔을 때 기도했더니 하나님이 그 문을 열어주셨다. 한나뿐만 아니라 사라와 엘리사벳(세례자 요한의 어머니)도 하나님께서 닫혔던 태의 문을 열어주셨다. 어떻게 닫혔던 태의 문이 열렸는가? 기도로 열렸다!

엘리야는 죽은 사람을 살렸다. 예수님도 죽은 나사로를 살리시고 과부의 아들을 살리셨다. 그리고 예수님 자신이 무덤 문을 열고 나오셨다. 베드로도 죽은 사람을 살렸다. 어떻게 그들이 죽은 사람들을 무덤에서 나올 수 있게 했는가? 기도로 했다!

엘리야는 닫혔던 하늘 문을 열었다. 열었을 뿐만 아니라 닫기도 했다. 어떻게 그럴 수 있었는가? 기도로 가능했다!

하나님만이 갖고 있는 열쇠를 하나님은 기도하는 사람들에게 주신 것을 볼 수 있다. 이것이 기도의 능력이다!

탈무드에 따르면, 하나님만이 갖고 있는 열쇠를 '가장 의로운 사람들'에게 주신다고 한다. 엘리야는 유대인들이 가장 좋아하고, 존경하고, 가장 높이 사는 예언자이다. 성경에서 가장 많은 기적을 행한 사람이 바로 엘리야다. 엘리야는 메시아의 선구자이기도 하다. 메시아가 오기 전에 먼저 엘리야가 올 것이라고 하는 말씀도 성경에 나온다. 그런 엘리야에게 하나님은 하나님만이 갖고 있는 열쇠를 맡기셨다고 랍비들은 가르치고 있다. 왜냐하면 그는 '가장 의로운 사람'이었기 때문이다.

탈무드의 가르침과 야고보서의 말씀은 서로 깊은 연관이 있다. 탈무드에서 '가장 의로운 사람'에게 하나님만이 갖고 계시는 열쇠를 맡긴다고 했는데, 야고보도 이렇게 말하고 있다.

> 의인의 간구는 역사하는 힘이 큼이니라 엘리야는 우리와 성정이 같은 사람이로되 그가 비가 오지 않기를 간절히 기도한즉 삼 년 육 개월 동안 땅에 비가 오지 아니하고 (약 5:16-17).

엘리야의 기도에 대해서 이야기할 때 우리는 그가 갈멜 산 위에서 일곱 번씩이나 끈질기게 기도한 것에 대해서만 이야기한다. 그러나 야고보는 그가 의인이었기 때문에 그의 기도가 능력이 있었던 것이라고 가르치고 있다.

야고보는 엘리야가 특별한 사람이 아니었다고 하면서 우리도 기도하면 엘리야와 같은 기도의 능력이 나타날 것이라고 했다. 그런데 왜 우리에게는 엘리야와 같은 기도의 역사가 나타나지 않는 것일까? 엘리야는 우리와 성정이 같은 사람이지만, 그가 우리와 다른 것이 하나 있다. 그는 '의인'이었지만 우리는 그렇지 못하다는 것이다. 이 점을 우리는 간과하고 있는 것이다. 그저 갈멜 산상의 엘리야처럼 열심히 끈질기게 기도만 하면 응답받을 수 있다고 굳게 믿고 매달리는 기도만 해온 것이다.

하나님은 의인의 간구를 들으신다. 하나님은 의인에게 하늘의 열쇠를 맡기신다. 그랬기 때문에 엘리야는 하늘 문을 열기도 하고 닫을 수도 있었던 것이다.

의인의 간구는 역사하는 힘이 큼이니라 (약 5:16).

하늘 문이 닫히게 해달라고 기도하는 사람도 있을까?

엘리야는 우리와 성정이 같은 사람이로되 그가 비가 오지 않기를 간절히 기도한즉 삼 년 육 개월 동안 땅에 비가 오지 아니하고 다시 기도하니 하늘이 비를 주고 땅이 열매를 맺었느니라 (약 5:17-18).

엘리야가 기도를 통해 3년 (6개월) 동안 닫혔던 하늘 문을 열게 했다는 것은 엘리야를 아는 사람은 누구나 다 아는 사실이다. 그러나 그가 기도를 통해 하늘 문을 닫은 사실에 대해 이야기하는 사람은 별로 없다. 언제나 설교나 묵상의 초점은 그가 하늘 문을 열었다는 데 모아져 있었다.

야고보는 엘리야가 하늘 문이 닫히게 해달라고('열리게 해달라고'가 아니라) '간절히' 기도했다고 말하고 있다. 문이 닫혀 있으면 당연히 열리게 해달라고 기도를 한다. 그런데 문이 열려 있는데, 그 문이 닫히게 해달라고 기도하는 사람은 없다. 그런데 엘리야가 그랬다는 것이다. 어떻게 된 것인가?

엘리야가 기도해서 3년 동안 비가 오지 않았다. 한 해만 흉년이 들어도 수많은 사람들이 굶어 죽어야 하는 시절에, 3년 동안이나 흉년이 들었으니 얼마나 많은 사람들이 비참하게 굶어 죽었을까? 그런데 야고보에 의하면 이런 일이 엘리야의 기도로 생긴 것이라고 한다. 세상에 어떻게 이런 일이 있을 수 있단 말인가? 어떻게 재앙을 불러일으키는 기도를 할 수 있단 말인가?

소돔과 고모라 성의 죄악이 하늘에 사무쳐 하나님이 참다 참다 못해 그 성을 멸망시키기로 작정하셨다. 그때 아브라함은 하나님께 사정을 한다.

"그 성에는 그래도 의인 몇 사람은 있지 않겠습니까? 그들을 어찌 죄인들과 함께 멸망시키신단 말입니까? 그 성에 살고 있는 의인들을 봐서라도 그 성을 멸망시키지 말아 주십시오."

예수님이 제자들과 사마리아 지방을 지나가시게 되었다. 그때 제자들이 예수님께 사마리아 사람들은 복음도 잘 받아들이지 않고 그러니 하늘에서 불을 내려 이 성들을 불살라 버리자고 말씀드렸다. 그러자 예수님은 그들을 호되게 야단치셨다. 엘리야의 기도도 이들의 기도와 다르지 않다.

만일 하나님이 이스라엘 백성들을 징벌하기 위해 비를 내려주시지 않으려고 한다 하더라도, 엘리야는 하나님 앞에 그들의 죄를 용서해 주시고 그 결정을 철회해달라고 기도했어야 하는 것 아닌가? 그런데 야고보는 오히려 그 반대로 하나님은 가만히 계신데 엘리야가 '간절히' 기도해서 3년 동안 비가 오지 않은 것이라고 한다.

어떤 교회 바로 옆에 술집이 있었다. 그래서 술집에 불이 나서 다 타버리게 해달라고 기도를 했다고 한다. 그런데 정말 그 술집에 불이 나게 되었다. 어떻게 알았는지 술집 주인이 교인들이 기도해서 불이 난 것이라고 하면서 교회를 상대로 손해 배상을 청구했다. 교인들이 판사 앞에 나서서 변호했다.

"우리가 술집에 불이 나게 해 달라고 기도한 것은 사실이지만 판사님, 생각해 보십시오. 우리가 그런 기도를 했다고 해서 불이 났다는 것이 어디 말이나 됩니까? 말도 안 되는 소리입니다."

그러자 판사가 이렇게 말했다고 한다.

"교인들보다 술집 주인이 더 믿음이 좋습니다. 교인들은 술집 주인의 믿음을 배우십시오."

수년 동안 하늘 문을 닫고 비를 내려주시지 말라고 기도했다니, 그것은 말도 안 되는 기도가 아닌가? 그런 기도를 들어주신다는 것도 말도 안 되는 것 아닌가?

> 내가 섬기는 이스라엘의 하나님 여호와께서 살아 계심을 두고 맹세하노니 내 말이 없으면 수년 동안 비도 이슬도 있지 아니하리라 (왕상 17:1).

엘리야는 앞으로 수년 동안 비가 오지 않을 것이라고 하나님의 이름에 맹세를 하면서 선포했다. 하나님의 이름에 맹세할 정도로 그는 수년 동안 비가 오지 않을 것임을 확신하고 있었다. 그런 확신이 어디서 온 것일까?

이 구절 앞에 무엇인가 있었을 것이 분명하다. 그것이 어떤 일이었는지 성경은 알려주지 않고 있다. 아마 이런 일이 있지 않았을까? 하나님이 이스라엘 백성들에게 진노하셔서 비를 내려주지 않겠다고 하셨을 것이다. 그러자 엘리야는 하나님 앞에 사정을 하면서 '간절히' 뜻을 돌이켜달라고 기도했을 것이다. 그러나 하나님은 끝내 뜻을 돌이키시지 않았다.

"너는 내 백성에게 가서 앞으로 수년 동안 내가 비를 내려주지 않을 것이라고 선포하라. 그리하면 그들이 비가 오지 않는 것을 보고 내가 진노해서 징벌을 내리는 것임을 깨닫고 회개하고 내게 돌아올 것이다. 때가 되면 다시 비를 내려주겠다. 그때가 되면 내가 먼저 너에게 알려주겠다. 네가 그들에게 비가 올 것이라고 선포한 후 내가 비를 내려주겠다. 그래야 바알이 비를 내려주는 것이 아니라 내가 비를 내려주는 것임을 알게 되지 않겠느냐?"

이런 추리가 무리가 있는 것일까?

엘리야가 비가 오지 않기를 기도했다고 하면 그렇게 기도할 수밖에 없었던 이유가 있었을 것이다. 가나안에 들어간 이스라엘 백성들은 농사를 짓게 되면서 가나안의 농경 신(神)인 바알을 섬기기 시작했다. 하나님도 섬기고 바알도 섬긴 것이다. 혼합주의가 된 것이다. 그렇게 되면 하나님이 반드시 벌을 내려서 비를 내려주시지 않을 것이라고 경고했음에도 불구하고 바알 신을 섬겼다.

이스라엘 백성들은 점점 더 영적으로 타락해가고 하나님으로부터 멀어져 갔다. 엘리야는 이스라엘 백성이 하나님께 돌아오는 방법은 하나밖에 없다고 생각했을 것이다. 그것은 하나님께서 이스라엘 백성에게 비를 내려주시지 않는 것이다. 비를 내려주는 신이 바알이 아니라 하나님이시라는 사실을 보여주기 위한 것이다. 이스라엘 백성을 징벌해 달라고, 하늘 문을 닫아 달라고 기도했던 것이 아니다.

하늘 문을 닫아 달라고 기도하는 것이 결코 쉬운 일은 아니었을 것이다. 엄청난 희생이 따르기 때문이다. 3년 동안의 기근으로 인해 수많은 사람들이 굶어 죽었을 것이다. 그러나 그렇게 하는 것만이 이스라엘 백성이 사는 길이라고 믿었을 것이다. 그래서 엘리야도 할 수 없이 하나님 앞에 하늘 문을 닫고 비를 내려주시지 말라고 기도했던 것이 아닐까?

사업이 너무 잘되어서, 시간이 도무지 없어서 주일에 예배를 드리지 못하는 교인이 있다고 하자. 그 교인은 어떤 기도를 할까? "하나님, 조금만 더 봐주세요. 조금만 사업이 잘되고 안정이 되면 그때는 주일 잘 지키겠습니다"라고 기도할 것이다.

그러나 엘리야가 그 집에 심방 가서 기도해 준다면 이렇게 기도했을 것이다.

"하나님, 이분이 지금 사업이 너무 잘되어서 주일도 못 지키는데, 사업이 망하게 하셔서 정신 차리고 주님 앞에 돌아오게 해주시옵소서."

그러나 목사는 감히 그렇게 기도하지 못할 것이다.

수험생을 둔 부모들은 한결같이 이런 기도를 한다.

"하나님, 제 아들이 고 3입니다. 앞으로 1년이 매우 중요합니다. 주일날 학원에 안 가면 안 됩니다. 죄송합니다만 올 1년 동안만 봐주시면 대학교 가서 교회 잘 나오게 하겠습니다. 그러니 꼭 좋은 대학 가게 해주세요."

엘리야라면 이렇게 기도했을 것이다.

"하나님, 고 3이라고, 좋은 대학 가겠다고 주일날 교회도 안 나오는 아이들, 다 이번 시험에 떨어지게 해주시옵소서. 그래야 정신을 차릴 것입니다. 하나님께서도 공부한답시고 교회도 안 나오는 아이들이 좋은 대학에 가면 교회 잘 나오리라고 생각하시지는 않겠지요?"

엘리야가 기도한 대로 하나님은 하늘 문을 3년 동안 닫고 비를 내려주시지 않았다. 수많은 사람들이 엄청난 고통을 당해야 했다. 비참하게 굶주려 죽어가야 했다. 성경에도 사렙다 과부의 이야기가 나오지 않는가? 마지막 남은 밀가루를 득득 긁어서 빵 한 조각 만들어 먹고 죽으려고 했었다. 그것이 사렙다 과부만의 이야기는 아니었을 것이다.

그런데 그 모든 일들이 엘리야의 기도 때문이었다. 자기의 기도로 말미암아 먹을 것이 없어 죽어가는 사람들을 보면서 엘리야의 심정이 어떠했을까? 그가 한 기도가 어떤 기도인가를 깨달았을 때 그 정신적 충격이 얼마나 컸을까? '내가 왜 그런 기도를 했단 말인가?' 얼마나 후회를 했을까? 아마 하나님께서도 하늘 문을 닫을 경우에 어떤 일이 생길지 너무 잘 아셔서 하나님께서도 '감히' 하늘 문을 닫는 결단을 내리시지 못했던 것인지도 모른다. 그런데 엘리야는 '멋도 모르고' 감히 하늘 문을 닫아달라는 기도를 했던 것이 아닐까?

우리가 지금 하고 있는 기도가 그대로 이루어진다면 어떤 일이 생길까? 세상이 더 좋아질까? 아니면 엉망진창이 될까? 어떤 영화에서, 기도 이메일에 대해 모두 ok라고 클릭을 해서 보냈다. 어떻게 되었을까? 난리가 났다. 복권에 당첨이 되어서 신이 났는데, 당첨금을 보니까 1불밖에 안 되는 것이었다. 1등 복권에 당첨된 사람들이 너무 많아서 다 나눠 갖다 보니 1불씩밖에 돌아가지 않는 일이 벌어진 것이다.

우리도 사실은 우리가 하는 기도가 그대로 다 이루어지면 어떤 일이 생기게 될지 잘 모르면서 하는 기도가 많을 것이다.

엘리야가 기도해서 하늘에서 불이 내린 것일까?

나사렛에서 보면 이즈르엘 평야를 가로질러 높은 산이 하나 보인다. 바로 갈멜 산이다. 예수님은 아침에 일어나서 맨 먼저 이 산을 바라보셨을 것이다. 일하다가도 허리를 펴고 보면 이 산이 보였을 것이다. 예수님은 이 산을 바라보면서 30년을 사셨다.

예수님은 이 산을 바라볼 때마다 무슨 생각을 하셨을까? 아마 엘리야를 생각하셨을 것이다. 갈멜 산에서 엘리야가 바알의 선지자들과 대결해서 승리한 일이 떠올랐을 것이다. 예수님은 거의 매일 엘리야를 생각하면서 사신 것이다.

엘리야는 갈멜 산에서 450:1(850:1로 알고 있다면 열왕기상 18장을 국어책 읽듯이 다시 한 번 읽어보라)로 바알의 선지자들과 맞대결을 벌였다. 바알이 참 신인지 하나님이 참 신인지 내기를 했던 것이다. 바알의 선지자들은 하루종일 바알에게 불을 내려달라고 야단법석을 떨면서 빌었지만 '주무시는지', 아니면 '외출하셨는지' 응답이 없었다.

엘리야의 차례가 되었다. 엘리야의 단 한 방의 기도에 하나님이 하늘로부터 불을 내려서 제물을 싹 다 태워버렸다. 누가 참 신인지 증명이 된 것이다. 이렇게 엘리야가 통쾌한 승리를 거두게 되고, 기손 시내는 바알의 선지자 450명이 흘린 피로 붉게 물들여졌다.

엘리야는 갈멜 산에서 제사를 드렸다. 있을 수 없는 일이다. 제사는 예루살렘 성전에서만 드리게 되어 있다. 절대로 이 규례는 범할 수 없는 것이었다. 지금도 유대인들은 제사를 드리지 않는다. 예수님이 제사를 완성하셔서가 아니라 제사를 드릴 수 있는 성전이 없기 때문이다. 제의법의 제1수칙은, 제사는 예루살렘 성전에서만 드려야 한다는 것이다. 그런데 산에서 제사를 드리다니 있을 수 없는 일이다. 더군다나 엘리야는 하나님의 사람이 아닌가? 누구보다 하나님의 말씀을 잘 지켜야 하는 사람이 아닌가? 그런 사람이 어떻게 하나님께 드리는 제사를 산에서 드릴 수 있단 말인가?

또 제사는 제사장만이 드릴 수 있다. 그런데 엘리야는 선지자였지 제사장은 아니다. 선지자가 제사를 드렸다는 것을 알게 되면 제사장들이 절대로 가만히 있지 않을 것이다. 그는 거짓 선지자로 낙인 찍히고 말 것이다. 그런데 엘리야는 그런 위험성을 무릅쓰고 자신이 제사를 드렸다. 이유가 무엇일까?

문제는 여기서 끝나지 않는다. 제사는 하나님께 드리는 것이다. 다른 어떤 목적으로 드려서도 안 된다. 엘리야가 제사를 드린 목적은 바알 선지자들에게 하나님만이 참 신임을 증명해 보이기 위해서였다. 하나님이 참 신이심을 세상 사람들에게 알게 하는 것도 중요하지만, 그 목적을 위해서 제사를 드려서는 안 된다. 그런데 엘리야는 하나님께 영광을 돌리기 위해 제사를 드린 것이 아니었다.

이렇게 엘리야가 갈멜 산에서 제사를 드린 것은 있을 수 없는 일이다. 그런데 왜 엘리야가 그런 '짓'을 한 것일까? 그 대답은 열왕기상 18장을 국어책 읽듯이 읽어보면 알 수 있다. 우선 이 이야기는 이쯤하고 다음 문제로 넘어가 보자.

일제시대에 평양에 박 모 장로가 있었는데, 그가 신사 참배를 반대하며 조선 총독에게 면담을 요청했으나 번번이 거절을 당했다. 그러자 그가 이렇게 제안을 했다.

"나무 백 단을 쌓고 그 위에 내가 누울 테니 거기에 불을 지르시오. 내가 믿는 하나님은 살아 계신 분이기 때문에 결코 내가 불에 타게 내버려두시지 않을 것이오. 내가 불에 타지 않으면 여호와 하나님이 참 신이시라는 증거니 더 이상 신사 참배를 하지 말고 하나님을 섬기시오."

결과는 어떻게 되었을까? 일본 정부에서는 미친 노인네가 하는 소리라고 무시하고 아무 반응을 보이지 않았다. 참으로 애석한 일이 아닐 수 없다. 하나님이 시퍼렇게 살아 계신 것을 온 천하에 멋있게 보여줄 수 있는 절호의 기회였는데…. 아마 그 장로는 그렇게 생각했을 것이다.

그러나 사실은 천만다행이 아닐 수 없다. 만일 그분이 모든 사람들이 지켜보는 가운데 장작더미 위에 올라가 눕고 거기에 불을 붙였더라면 어떻게 되었을까? 다니엘처럼 불 가운데서도 눈썹 하나 그을리지 않고 살아났을까? 그래서 온 천하에 하나님이 살아 계시다는 것을 통쾌하게 보여주었을까?

그분의 제안이 무모했던 것처럼 사실 엘리야가 한 일도 얼마나 무모한 일인가? 만일 엘리야에게 그날 하늘에서 불이 내리는 일이 일어나지 않았다면 하나님이 참 신이 아니라는 것이 온 세상에 증명된 것이 된다. 그러면 얼마나 하나님이 망신인가? 도대체 엘리야가 무슨 배짱으로 바알의 선지자들과 그런 대결을 벌인 것일까? 그가 기도하면 하나님이 불을 내려줄 것이라는 확신을 어디에서 얻게 된 것일까? 얼마나 그가 확신에 차 있었으면 제물에 불이 잘 붙도록 기름을 부어도 모자랄 판에 물을 부었겠는가? 이런 확신이 어디에서 나온 것일까?

> 선지자 엘리야가 나아가서 말하되 아브라함과 이삭과 이스라엘의 하나님 여호와여 주께서 이스라엘 중에서 하나님이신 것과 내가 주의 종인 것과 내가 주의 말씀대로 이 모든 일을 행하는 것을 오늘 알게 하옵소서 (왕상 18:36).

여기서 바알의 선지자들과 대결을 한 이유를 세 가지로 말하고 있다. 첫째, 바알의 선지자들에게 하나님이 참 신이시라는 것을 증명하기 위해, 둘째, 바알의 선지자들에게 엘리야가 하나님의 종이라는 사실을 알게 하기 위해서였다. 하나 더 있다. 이것이 중요하다. "내가 주의 말씀대로 이 모든 일을 행하는 것을 알게 하옵소서"(왕상 15:36)라는 말씀이다.

여기에서 우리는 갈멜 산상의 대결이 엘리야의 아이디어에서 나온 것이 아니었음을 알 수 있다. 그것은 하나님의 아이디어였다. 엘리야가 하나님이 참 신이라는 것을 증명하기 위해 생각해낸 것이 아니라, 하나님이 자신이 참 신임을 알리기 위해 생각해내신 아이디어였다. 하나님께서 엘리야에게 그렇게 하도록 시키신 것이었다. 불을 내려주겠다고 약속하신 분도 하나님이고, 이런 맞대결이 붙도록 지시하신 분도 하나님이다. 엘리야가 한 일은 하나님의 지시대로 순종한 것이 전부다. 하나님이 지시하신 것이기 때문에 엘리야는 조금도 주저하지 않고 믿음의 확신을 가지고 제단을 쌓고 불을 내려달라고 기도했던 것이다. 그리고 하나님이 약속하신 대로 불을 내려주신 것이다.

엘리야가 제사장이 아니면서도 제사를 드렸던 이유는, 그리고 성전에서만 제사를 드릴 수 있는데도 갈멜 산에서 제사를 드렸던 이유는 바로 하나님이 그렇게 하도록 지시하셨기 때문이다.

> 저녁 소제 드릴 때에 이르러 선지자 엘리야가 나아가서 말하되 아브라함과 이삭과 이스라엘의 하나님 여호와여 주께서 이스라엘 중에서 하나님이신 것과 내가 주의 종인 것과 내가 주의 말씀대로 이 모든 일을 행하는 것을 오늘 알게 하옵소서 (왕상 18:36).

우리가 엘리야와 같은 하나님에 대한 열정과 믿음을 갖고 있다고 할지라도 불을 내려주시겠다는 하나님의 약속이 없으면 아무리 기도해도 하늘에서 불이 내리지 않을 것이다. 우리는 이 부분을 간과하고 있다. 엘리야는 하나님의 약속에 대한 믿음을 갖고 기도했다. 그러나 우리는 하나님이 내 기도를 들어주실 것이라는 확신을 가지고 기도하면 하나님이 응답해주실 것이라고 생각한다. 그것이 믿음으로 기도하는 것일까? 성경에서 말하고 있는 믿음은 그런 자기 확신이 아니라 하나님의 약속에 대한 믿음이다.

하나님의 뜻대로 구하면 하나님이 이루어주실 것이라는 믿음을 가지고 기도하는 것이 믿음의 기도이다. 하나님의 약속에 의지해서 기도하면 하나님이 들어주실 것이라고 믿고 기도하는 것이 믿음의 기도이다. 내가 기도하면 하나님이 들어주실 것이라고 하는 믿음(자기 확신)을 가지고 기도하는 것이 믿음의 기도라고 오해해서는 안 된다.

만일 앞에서 말한 그분이 그날 장작더미 위에 올라갔더라면 불에 타 죽었을 것이다. 왜냐하면 하나님이 그분에게 그런 지시를 하신 일이 없기 때문이다. 그분이 장작더미 위에 올라갔더라면 "하나님이 내 기도를 들어주시지 않으면 저도 불에 타 죽는 것은 물론이고 하나님도 망신 당하십니다. 그러니 제가 불에 타 죽지 않게 해주시옵소서"라고 기도했을 것이다. 그러면 하나님이 얼마나 난처하셨겠는가? 그 기도를 들어주실 수도 없고 안 들어주실 수도 없고…. 그 일이 성사되지 않은 것이 얼마나 다행인가?

하나님을 위한다고 하면서 하나님을 난처하게 만드는 일을 해서는 안 된다. 교회를 위해서 한다고 하면서 오히려 교회를 난처하게 만들고, 목사를 위해서 한다고 하면서 목사를 난처하게 만드는 일을 하는 사람들이 있다. 엘리야와 같은 유명하다는 분들이 하는 발언이 하나님과 교회를 난처하게 만드는 일들이 가끔 있지 않는가? 그래서 세상 사람들 가운데서 하나님과 교회가 업신여김을 당할 때가 있다. 참으로 안타까운 일이 아닐 수 없다.

추수감사절 때마다 단골 메뉴로 등장하는 성경 구절

추수감사절 때마다 단골 메뉴로 등장하는 성경 구절이 있다.

> 비록 무화과나무가 무성하지 못하며 포도나무에 열매가 없으며 감람나무에 소출이 없으며 밭에 먹을 것이 없으며 우리에 양이 없으며 외양간에 소가 없을지라도 나는 여호와로 말미암아 즐거워하며 나의 구원의 하나님으로 말미암아 기뻐하리로다 (합 3:17).

무화과, 포도, 올리브(감람)는 이스라엘에서 가장 많이 나는 과일이다. 무화과는 성경에서 가장 먼저 나오는 나무이다. 하와가 그 잎으로 부끄러운 곳을 감추려 옷을 해 입지 않았는가? 무화과는 일 년 내내 열매를 맺는다. 그런 나무가 무성하지 못하다고 했다. 아니 (원어를) 그대로 옮기면, 새순도 내지 못하고 있다.

올리브 나무는 30년이 지나야 제대로 된 열매를 얻을 수 있는 나무이다. 그러나 한 번 열매를 맺기 시작하면 200년, 300년,

500년은 너끈히 열매를 맺는다. 그야말로 "늙어도 진액이 마르지 아니하고 그 잎이 청청한" 나무이다. 그리고 척박한 땅에서도 잘 자란다. 이스라엘은 거의 다 돌산이다. 그래서 나무들이 자랄 수 없다. 그런데 이 나무는 아주 잘 자란다. 이렇게 척박한 환경에서도, 특별히 물이 많이 없어도 잘 자라는 나무이기 때문에 흉년이 들어도 잘 이길 수 있는 나무이다. 그런데 이런 나무조차도 열매를 맺지 못하게 되었다.

과일 농사는 흉년이라고 해서 안 되는 것이 아니다. 이스라엘에서 가꾸는 곡식은 보리와 밀이다. 곡식 농사는 우기철인 겨울과 봄에 짓는다. 4월로 접어들면서 건기가 시작되어 10월까지 계속 이어진다. 여름에는 비 한 방울 내리지 않는다. 그런데 무화과, 포도, 석류, 올리브 같은 과일나무들은 여름에 자란다. 비가 오지 않아도 이런 과일나무들은 잘 자란다. 아니 비가 많이 오지 않아야 당도가 높은 열매를 맺을 수 있다. 흉년이 들었다고 해서 과일 농사가 안 되는 것이 아니다. 흉년과는 관계가 없다. 그런데 무화과나무와 포도나무, 올리브 나무에 열매가 없다고 했다. 무슨 일일까?

이런 나무들은 비를 맞고 자라는 것이 아니라 이슬을 먹고 자란다. 그래서 이스라엘에서는 이슬이 매우 중요하다. 우리는 '비와 이슬'이라고 표현하지만, 성경에서는 '이슬과 비'라고 표현한다(삼하 1:21; 왕상 17:1). 비 못지않게 이슬도 중요한 역할을 하기 때문이다. 엘리야 시대에 3년 6개월 동안 비만 내리지 않은 것이 아니다. '이슬과 비'를 내려주시지 않았다(왕상 17:1). 우리 성경에는 '비도 이슬도' 내려주시지 않았다고 되어 있으나 원문에는 '이슬도 비도' 내려주시지 않았다고 되어 있다.

비가 안 내려도 여름 농사(과일 농사)는 별로 문제가 없다. 그런데 이슬마저 내리지 않아서 과일 농사도 망하게 된 것이다. 비가 오지 않을 수는 있어도 이슬마저 내리지 않는 경우는 거의 없다. 그런데 이슬마저 내리지 않아 과일 농사마저도 망하게 되는 최악의 상황이 벌어지게 된 것이다. 실제로 그랬다는 것이 아니라 최악의 상황을 그렇게 표현한 것이다. 시편 기자는 그런 최악의 상황이 닥치더라도 나는 여호와를 인하여 기뻐하고 즐거워하겠다고 고백하고 있다.

우리에 양이 없으며 외양간에 소가 없을지라도 (합 3:17).

가뭄이 들면 우리는 농사 걱정부터 한다. 그러나 이스라엘은 그렇지 않다. 성경 시대에 이스라엘의 주업은 목축업이었다. 아브라함, 이삭, 야곱, 요셉, 모세, 다윗 모두 다 목자들이었다. 이스라엘의 반 이상이 광야다. 광야에서 살아갈 수 있는 길은 양을 치는 길밖에 없다. 그래서 성경의 문화는 유목 문화이다.

베들레헴에 10년이 넘게 흉년이 들었다. 그러면 우리는 '농사를 못 지었겠구나, 사람들이 다 굶어 죽었겠구나' 하는 생각부터 먼저 하게 된다. 그러나 베들레헴에서는 농사 짓는 사람보다는 양을 치는 사람들이 훨씬 많았다. 베들레헴은 광야이기 때문이다. 그곳엔 농사 지을 땅이 거의 없다. 그래서 양을 주로 쳤다. 가뭄이 계속되면서 사람들만 먹을 것이 없어 굶어 죽는 것이 아니라 양들도 죽어 나갔을 것이다. 목자들이 지켜보는 앞에서 양들이 먹지 못해 쓰러져 죽어갈 때 그것을 바라보는 목자의 심정이 어떠했겠는가?

하박국의 고백을 이해하기 위해서는 컨텍스트를 잘 살펴보아야 한다.

> 내가 들었으므로 내 창자가 흔들렸고 그 목소리로 말미암아 내 입술이 떨렸도다 무리가 우리를 치러 올라오는 환난 날을 내가 기다리므로 썩이는 것이 내 뼈에 들어왔으며 내 몸은 내 처소에서 떨리는도다 (합 3:16).

사실 과일 농사가 망하고 양들이 다 죽는 것보다 더 큰 문제가 있다. 흉년이 들고, 농사가 망하고, 우리에 양이 없고 하는 것은 한두 해가 지나면 해결된다. 내년에 과일 농사가 잘 되고 양들이 다시 새끼를 낳으면 되는 것 아닌가?

지금 이스라엘이 망하게 되었다. 앗시리아의 통치가 끝나는가 싶더니 이제 바빌론이라는 나라가 점점 세계를 정복해 가고 있다. 이제 얼마 있지 않으면 바빌론 군인들의 군화로 이스라엘 나라도 짓밟히게 될 운명에 처해 있는 것이다.

온 백성들은 마음을 졸이며 불안해하고 있다. 지금 그들의 군화 소리가 점점 가까이서 크게 들려오고 있다. 그 소리를 들으면서 창자가 뒤틀리고, 입술이 떨린다고 했다. 뼈가 속에서부터 타

들어가고 다리가 후들거린다고 했다.

이제 그들이 들이닥치면 곳간에 쌓인 곡식들을 다 탈취해 갈 것이고, 외양간에서 소들을 다 끌어갈 것이고, 양우리에도 양 한 마리 남기지 않고 다 잡아갈 것이다. 나라가 폐허가 되는 것이다. 지금 이스라엘 나라의 운명이 풍전등화인 것이다.

"내가 들었으므로."

무엇을 들었다는 말인가? 전쟁의 소문을 들은 것이다. 적군의 군화 소리가 들려오는 것이다. 우리라도 그런 소리를 듣게 되면 창자가 떨리고, 입술이 떨리고, 온몸을 부들부들 떨게 될 것이다. 지금 하박국이 그런 것이다. 이스라엘 백성들이 불안해하고 있다. 두려워하고 있다. 어쩔 줄 몰라하고 있다. 그런데 하박국은 이렇게 말하고 있다.

"무리가 우리를 치러 올라오는 환난 날을 내가 기다리므로."

이게 무슨 말인가? 뭔가 이상하지 않은가?

새번역을 보자.

> 그 소리를 듣고 나의 창자가 뒤틀린다. 그 소리에 나의 입술이 떨린다. 나의 뼈가 속에서부터 썩어 들어간다. 나의 다리가 후들거린다. 그러나 나는, 우리를 침략한 백성이 재난당할 날을 참고 기다리겠다.

무슨 차이가 있는가? 여기에서는 이스라엘을 쳐들어오는 적군을 하나님이 쳐부수어주실 날을 기다리고 있는 것으로 되어 있다. 적군이 쳐들어올 날을 기다리는 것이 아니라, 쳐들어오는 적군을 하나님이 쳐부수어주실 것을 기다리고 있다. 상식적으로 어느 것이 맞겠는가?

영어 성경을 살펴보자.

> When he cometh up unto the people, he will invade them with his troops. I will wait quietly for the coming day (KJV).
>
> I will wait quietly for the coming day when disaster will strike the people who invade us (NLT).
>
> Yet I will wait patiently for the day of calamity to come on the nation invading us (NIV).
>
> Yet I will quietly wait for the day of trouble to come upon people who invade us (ESV).
>
> Because I must wait quietly for the day of distress, For the people to arise who will invade us (NASV).
>
> Because I must wait quietly for the day of trouble, For the coming up of the people that invadeth us (ASV).

대강 이런 뜻이다: 적군이 쳐들어와도 내 마음은 평안할 것이다. 왜냐하면 하나님께서 적군을 심판하실 것이기 때문이다.

바로 앞 구절들에서도 이스라엘을 구원하러 오시는 하나님이 생생하게 시적인 용어들로 묘사되어 있다. 하나님이 오셔서 구원해 주실 것임을 하박국 선지자는 확신하고 있다.

> 주님께서 주님의 백성을 구원하시려고 오십니다. 친히 기름 부으신 사람을 구원하시려고 오십니다. 악한 족속의 우두머리를 치십니다. 그를 따르는 자들을 뿌리째 뽑아 버리십니다. 그들이 우리를 흩으려고 폭풍처럼 밀려올 때에, 숨어 있는 가엾은 사람을 잡아먹으려고 그들이 입을 벌릴 때에, 주님의 화살이 그 군대의 지휘관을 꿰뚫습니다. 주님께서는 말을 타고 바다를 밟으시고 큰 물결을 휘저으십니다 (합 3:13-14, 새번역).

처음 전쟁의 소문을 들었을 때는 심장이 떨리고, 다리가 떨리고, 온몸이 사시나무 떨듯이 떨렸지만, 구원의 하나님이 반드시 그들을 속히 심판하실 것이므로 이제는 마음이 평안해지게 되었고, 그뿐만 아니라 하나님이 적들을 멸망시키시고 우리를 구원해 주실 생각을 하니 기쁘고 즐겁다고 하박국은 고백하고 있다.

하박국에게 있어서 전쟁의 소문은 현실이다. 그러나 "무화과나무가 무성하지 못하며 포도나무에 열매가 없으며… 외양간에 소가 없을지라도"는 가정이다. 실제 상황이 아니다. 그런데 우리는 하박국이 실제로 당한 일에 대해서는 관심이 없다. 흉년이 든 이야기만 한다. 하박국은 지금 적군의 군화 소리가 들려오는 상황에서도 하나님 때문에 감사하다는 것을 말하고 있는데 우리는 부차적인 것에만 매달리고 있다. 무화과나무에 소출이 없어도 감사하다는 것만 이야기하고 있다. 핵심을 비켜가고 있는 것이다.

하박국의 고백을 풀어보면 이런 것이다.

"전쟁의 소문을 들었을 때 나는 창자가 뒤틀리는 것 같았다. 입술도 부르르 떨렸다. 나의 뼈가 속에서부터 썩어 들어가는 것처럼 느껴졌다. 그러나 하나님이 오셔서 반드시 그들을 심판하실 것이다. 우리를 구원해 주실 것이다. 그러므로 나는 편안한 마음으로 하나님이 오셔서 그들을 멸망시키실 날을 기다리겠다(합 3:16). 적군의 말발굽 소리가 점점 가까이 들려와도 '나는 여호와로 말미암아 즐거워하며 나의 구원의 하나님으로 말미암아 기뻐하리로다'(합 3:18). 왜냐하면 그분이 속히 우리에게 달려오사 그들을 쳐부수어 주실 것이기 때문이다(합 3:3–15). 그렇기 때문에 '나의 구원의 하나님으로 말미암아 기뻐하리로다'(합 3:18)."

다리가 후들후들 떨리는 경험을 한 적이 있는가? 하박국은 전쟁의 소문을 듣고 다리가 후들거렸다. 그러나 하나님이 구원해 주실 것이기 때문에 '나의 발을 사슴의 발과 같게 하셔서, 산등성이를 마구 치닫게' 하실 것이라고 고백하고 있다(합 3:19). 다리가 후들거리는 일을 당할 때 우리가 기억해야 할 말씀이다.

> 주 여호와는 나의 힘이시라 나의 발을 사슴과 같게 하사 산등성이를 마구 치닫게 하실 것이라 (합 3:19).

계속 down, down, down, down 하기만 하는 요나

하나님은 요나에게 앗시리아의 수도였던 니느웨에 가서 하나님의 말씀을 외치라고 명령하셨다. 그러나 요나는 니느웨로 가지 않고 다시스로 가는 배를 타기 위해 욥바로 내려갔다.

> 그러나 요나가 여호와의 얼굴을 피하려고 일어나 다시스로 도망하려 하여 욥바로 내려갔더니 (욘 1:3).

여기서 '내려가다'는 동사를 주목하라. 이것은 히브리어로 야라드(yarad)인데, 요나서에서 요나의 행적을 기술할 때 많이 사용된 단어이다.

욥바는 누구나 다 안다. 요나 때문이다. 그러나 실제로 욥바가 어디인지 아는 사람은 많지 않다. 욥바는 이스라엘에서 가장 큰 도시이다. 어디인가? 봄의 언덕이라는 뜻을 가진 아름다운 항구도시 텔아비브이다. 텔아비브의 공식 이름은 텔아비브-욥바이다.

욥바는 텔아비브에 붙어 있는데, 텔아비브의 남쪽에 위치하고 있다.

욥바로 내려간 요나는 다시스로 가는 배를 탔다. 다시스는 지중해 서쪽 끝에 위치하고 있는 스페인의 항구였다. 그곳으로 가는 배를 탔던 것은 그곳이 이스라엘에서 가장 멀리 떨어진 곳이었기 때문이다. 하나님에게서 가장 안전하게 가장 멀리 도망을 가기 위해 다시스로 가는 배를 탔던 것이다. 요나는 배삯을 지불하고 배에 올라탔다.

> 다시스로 가려고 배삯을 주고 배에 올랐더라 (욘 1:3).

영어 성경에는 "He went down into the ship"이라고 되어 있다. 배로 내려갔다고 했는데, 우리는 배를 탈 때 배에 올라탄다는 표현을 한다. 그러나 히브리어 성경에는 "배로 내려갔다"고 되어 있다. 배 밑창으로 내려갔다는 것이 아니라 배에 올라탔다는 것을 배로 내려갔다고 표현한 것이다. 여기에 사용된 동사도 위에서 말한 'go down'이라는 뜻을 가진 야라드(yarad)이다.

요나는 욥바로 '내려갔고' 지금 배로 '내려갔다.' down, down.

배에 올라탄 요나는 이제 마음이 좀 놓였을 것이다. 배가 떠나기만 하면 하나님의 손에서 벗어날 수 있다고 믿었던 것이다. 그는 피곤하기도 하고 긴장이 풀렸는지라 배 가장 밑 칸으로 내려가서 깊은 잠에 빠졌다.

그러나 요나는 배 밑층에 내려가서 누워 깊이 잠이 든지라 (욘 1:5).

여기에서도 yarad라는 동사가 나타나는데, 요나서는 요나의 행적을 한마디로 계속 '내려가는' 것으로 묘사하고 있다. 그는 욥바로 내려갔다. 배로 내려갔다. 이번에는 배 가장 밑 칸으로 내려갔다. 계속 내려가고 있다. down, down, down.

이렇게 배 가장 밑 칸으로 내려가서 세상 모르고 자고 있는데, 배 위에서는 난리가 났다. 예상치 못했던 폭풍이 몰려와서 배가 파선될 지경에 처하게 되었다. 물론 요나 때문에 생긴 일이다. 그런데 당사자인 요나는 세상 편하게 잠만 자고 있었던 것이다. 선장이 그런 요나를 보고 이렇게 말했다고 한다.

자는 자여 어찌함이냐 일어나서 네 하나님께 구하라 (욘 1:6).

마도로스는 옛날이나 지금이나 다 신사인 것 같다. 지금 배의 운명이 어떻게 될지 모르는 순간에 자빠져 잠만 자고 있는 사람에게 점잖게 이렇게 말한다.

"자는 자여, 어찌함이냐?"

평정심을 잃지 않고 점잖게 흔들어 깨운다. 정말 그랬을까? 다들 살려달라고 자기들이 믿는 신들에게 빌고 야단인데 세상 모르고 잠만 자고 있는 요나를 보고 "자는 자여, 어찌함이냐?" 그렇게 말했을까? 아니면 구둣발로 툭툭 차면서 "여보시오, 당신 지금 제정신이오? 당신도 빨리 일어나서 당신이 믿는 하나님에게 빌어보아야 할 것 아니오?" 하면서 화를 냈을까?

결국 선원들은 그 모든 일이 요나 때문에 생긴 일임을 알게 되고 그를 바다에 던지게 된다.

요나를 들어 바다에 던지매 (욘 1:15).

이렇게 해서 요나는 바닷속에 던져졌다. 깊은 바닷속으로 가라앉게 된 것이다. 점점 그는 깊은 바닷속으로 빠져들어 갔다.

요나는 욥바로 내려갔다. 배로 내려갔다. 배 가장 밑 칸으로 내려갔다. 그리고 이번에는 바닷속 깊은 곳으로 던져졌다.

물이 나를 영혼까지 둘렀사오며 깊음이 나를 에워싸고 (욘 2:5).

내가 산의 뿌리까지 내려갔사오며 (욘 2:6).

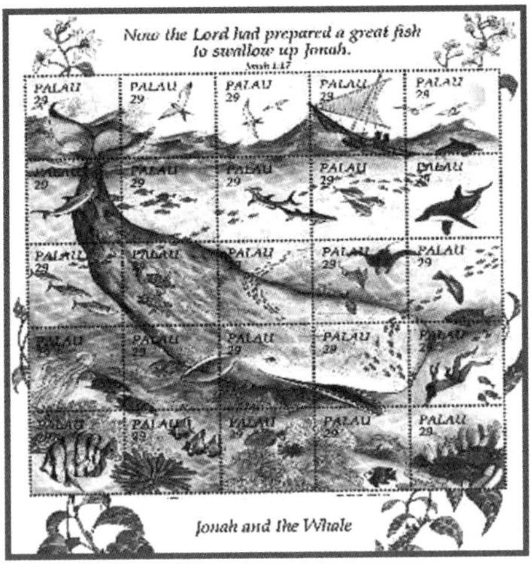

어디까지 내려갔다고 했는가? '산의 뿌리.' 깊은 바닷속을 산의 뿌리라고 표현하고 있다. 요나는 깊은 바닷속으로 '산의 뿌리'까지 내려가고 말았다. down, down, down, down.

요나가 바다에 던져지자 그를 기다리고나 있었다는 듯이 큰 고기가 다가와서 그를 삼켰다. 이 고기는 물론 고래가 아니다. 성경은 어떤 고기였는지 밝히지 않고 있다. 다만 '큰 고기'였다고만 말해 준다.

우리는 하나님이 요나를 벌 주기 위해 고기 뱃속에 들어가게 한 것이라고 생각한다. 그러나 꼭 그렇지만은 않다. 만일 그때 그 고기가 그 자리에 있지 아니했다면 요나는 물에 빠져 죽고 말았을 것이다. 그런데 감사하게도 때마침 큰 물고기가 그 곳을 지나가다가 요나를 삼켰다. 알고 보면 하나님이 바다에 던져진 요나를 구조하기 위해 급하게 보내신 119 구급대였던 것이다. 요나를 벌 주기 위해서가 아니라 살리기 위해서 큰 고기 뱃속에 들어가게 하신 것이다.

요나는 가장 깊은 곳에 내려가 있다. 바닷속보다 더 깊은 고기 뱃속에 들어가게 되었다. 얼마나 캄캄했겠는가? 얼마나 숨막혔겠는가? 고기 뱃속에 잠시 동안 보관되어 있는 것이나 마찬가지였다. 언제 이 물고기의 소화 기관으로 내려가 고기밥 신세가 될지 모르는 상황이었다. 그곳은 요나의 무덤이나 마찬가지였다. 가장 깊은 절망의 구덩이에 빠지게 된 것이다. 계속 내려가기만 하던 요나는 이제 더 이상 내려갈 곳이 없는 곳까지 내려가게 되었다. 지금까지 계속 요나는 'down, down, down, down, down' 하고 있다.

요나는 살려달라고 울부짖으며 기도했다. 고기 뱃속에서 아무리 소리쳐도 아무도 들을 수 없다. 그런데 하나님은 들으셨다. 그리고 그를 구원해 주셨다.

> 내가 스올의 뱃속에서 부르짖었더니 주께서 내 음성을 들으셨나이다 (욘 2:2).

고기 뱃속을 스올의 뱃속이라고 표현했다. 스올은 음부를 말한다. 음부는 무저갱을 뜻한다. 끝이 없는 구덩이라는 뜻이다. 한 번 던져지면 누구도 나올 수 없는 구덩이가 바로 스올이다. 지옥이다. 요나에게는 고기 뱃속이 지옥이었던 것이다. 고기 뱃속에 들어가 지옥을 경험했던 것이다. 내려가고, 내려가고, 계속 내려가더니 마침내 지옥까지 내려가게 된 것이다. 니느웨로 올라가지 않고 욥바로 내려간 요나는 결국은 계속 내려가서 음부(무덤)까지 내려가고 말았다. down, down, down, down, down, down.

그 고기 뱃속에서 요나는 무엇을 했을까? 거기서는 아무리 소리 질러도 소용이 없다. 살려달라고 해도 살려줄 사람이 없다. 발로 고기의 배를 차고 야단이었을 것이다. 그러니 그 고기가 속이 불편했을 것이다. 그러나 참았다. 조금 있으면 소화가 되겠지…. 그렇게 하루 이틀 사흘이 지났다. 그런데 배가 더 아파오는 것이었다. 요나가 뱃속에서 발로 차고, 손으로 때리고, 머리로 박고 하지 않았겠는가? 결국 그 고기는 참다 못해 그 먹이를 토해내고 말았다. 이렇게 해서 요나가 살아나오게 된 것이다.

주께서 내 생명을 구덩이에서 건지셨나이다 (욘 2:6).

죽음의 구덩이에서, 음부에서 건져주신 것이다.

인생의 가장 밑바닥까지 내려갔던 또 다른 한 사람이 있다. 그는 바로 요셉이다. 요셉을 시기한 형들이 그를 죽이려고 구덩이에 던졌다. 그런데 마침 대상들이 지나가는 것을 보고는 그를 구덩이에서 꺼내서 그들에게 팔아버렸다. 이렇게 해서 요셉은 이집트에 노예로 팔려가게 되었다. 이집트 또한 요셉에게 있어서는 빠져나올 수 없는 구덩이였다.

이집트로 끌려간 요셉은 보디발 장군의 집에 노예로 팔려가게 된다. 다시 한 번 빠져나올 수 없는 절망의 구덩이에 던져지게 된 것이다.

그는 또 보디발의 아내에게 모함을 받아 깊은 지하 감옥에 던져지게 된다. 또다시 구덩이에 던져진 것이다. 살아서는 빠져나올 수 없는 죽음의 구덩이에 던져지게 된 것이다. [형들에 의해 던져졌던 구덩이나 이집트에서 갇혔던 감옥은 같은 단어(bor)가 쓰이고 있다(창 37:24, 40:15, 41:15). 예레미야도 이런 구덩이 감옥에 던져졌었다(렘 37:16, 38:6).]

요셉은 하나님의 인도하심에 따라서 계속 '안 되고 안 되며 안 되고 안 되니 안 되고 안 되었더라'의 인생을 살았다. 계속 'down' 하는 삶을 살았다. 그러나 마지막에 하나님이 한 번 'upside down' 시키시니까 인생의 가장 밑바닥에 있던 요셉이 인생의 정상의 자리로 올라가지 않았는가?

하나님에게서 도망치려고 '욥바로 내려가면' 결국 '고기 뱃속'에 들어가게 되고 말 것이다. 그러나 하나님의 인도와 섭리 가운데 '이집트'로 내려가게 되면 언젠가는 인생의 정상의 자리로 올라가게 될 것이다. 내려가더라도 어디로 내려가느냐가 중요하다. 당신의 삶이 지금 계속 내려가고 있는가? 그렇다면 어디로 내려가고 있는가? 욥바로 내려가고 있는가? 이집트로 내려가고 있는가? 욥바로 내려가면 인생의 가장 밑바닥에서 하나님을 만나게 될 것이고, 이집트로 내려가고 있다면 인생의 정상의 자리에서 하나님을 만나게 될 것이다.

에스겔이 본 환상에서 우리가 보지 못하는 것

에스겔이 환상을 보았다. 성소에서 흘러나온 물이 사해로 흘러 들어가 사해가 다시 살아나는 환상이었다(겔 47장). 에스겔이 환상 가운데 본 곳은 천상의 세계가 아니라 지상의 세계이다. 현실 세계이다. 환상이긴 하지만 구체적인 지명까지 나온다(겔 47:10). 그 환상의 무대는 에스겔이 잘 아는 곳이었다. 성전이 어디에 있는가? 예루살렘이다. 성전에서 흘러나온 물이 어디로 흘러간다고 했는가? 동쪽이다. 동쪽이면 어떻고 서쪽이면 어떤가? 그런데 성경에는 동쪽으로 흘러갔다는 표현이 네 번이나 반복되어 나온다(겔 47:1, 2, 3, 8). 예루살렘에서 동쪽으로 가면 여리고가 나온다. 그리고 사해가 나온다. 성전에서 흘러나온 물이 예루살렘에서 여리고로 흘러갔던 것이다.

예루살렘에서 여리고로 내려가다 보면 한국에서는 보지 못하는 풍경이 나타난다. 예루살렘을 벗어나자마자 광야가 나타난다. 이곳이 바로 유대 광야이다. 예루살렘, 베들레헴, 여리고, 헤브론이 다 이 유대 광야에 위치하고 있는 도시들이다.

성전에서 흘러나온 물이 흘러갔던 곳은 바로 광야였다. 강이 광야 한가운데를 흘러갔던 것이다. 에스겔의 환상을 읽으면서 머릿속으로 그림을 그려보았을 것이다. 그러나 우리가 그린 그림에는 광야가 없었을 것이다. 왜냐하면 에스겔 47장을 아무리 읽어봐도 강과 바다는 나오지만 광야라는 말은 나오지 않기 때문이다.

성경은 아는 만큼 보인다. 모르면 봐도 모른다. 성경 지리나 문화를 아는 사람이 보면 보이는데, 그것을 모르는 사람이 보면 아무리 봐도 안 보이는 것들이 있다. 배경을 모르면 성경에 기록된 단어들만을 가지고 묵상하게 된다. 시편 23편을 그림으로 그리라고 하면 대부분 '푸른 초장'을 그릴 것이다. 그러나 잘못된 그림이다. 시편 23편에는 '푸른 초장' 같은 것은 없다. 암갈색 광야를 그려야 한다. 그런데 우리는 '푸른 초장'에 대해서만 열심히 묵상한다. 우리의 묵상의 한계가 바로 여기에 있다.

예루살렘에 비가 오면 동쪽이나 서쪽으로 흘러가게 된다. 동쪽으로 흘러가면 사해로 흘러들어 가고, 서쪽으로 흘러가면 지중해로 흘러들어 가게 된다. 성전에서 흘러나온 물은 동쪽으로 흘러가게 되어 있다. 성전산에서 흘러나온 물은 감람산 아랫자락에 위치하고 있는 기드론 골짜기를 타고 베들레헴을 굽이 돌아 유대 광야를 거쳐 여리고 쪽으로 흘러내려가 마침내 사해로 들어가게 된다. 이곳을 와디 키드론이라고 부르는데 에스겔은 그 메마른 골짜기가 물로 가득 차 강을 이루는 것을 본 것이다. 그리고 그 황량한 광야, 풀 한 포기 없고 나무 한 그루 자라지 않는 광야에서

예루살렘 기드론 골짜기에서 시작해서 유대 광야를 거쳐 사해로 흐르는
키드론 강. 에스겔은 바로 이 강에 물이 넘쳐 흐르며
그 강 좌우에 오아시스가 펼쳐지는 환상을 보았다.

나무가 무성하게 자라고 숲을 이루는 환상을 본 것이다.

> 강 좌우 가에는 각종 먹을 과실나무가 자라서 그 잎이 시들지 아니하며 열매가 끊이지 아니하고 달마다 새 열매를 맺으리니 그 물이 성소를 통하여 나옴이라 그 열매는 먹을 만하고 그 잎사귀는 약 재료가 되리라 (겔 47:12).

성소에서 흘러나온 물이 흘러가면서 강 좌우편에 숲을 이룬다.

그 나무들은 시절을 좇아 열매를 맺는 것이 아니라 달마다 열매를 맺는다. 이상한 나무다. 그런데 이 나무들이 자라는 곳이 어디인가? 광야다. 광야는 죽은 땅이다. 파종을 할 수 없는 땅이다. 나무가 자랄 수 없다. 나무가 자라도 열매를 맺지 못한다. 그런데 그런 광야에 물이 흐르자 나무들이 자라기 시작한다. 그 나무들이 숲을 이룬다. 그 나무들에서 열매가 맺힌다. 그러니까 짐승들이 찾아온다. 사람들이 몰려들게 된다. 죽은 땅이 살아나게 되는 것이다. 이런 곳을 보고 무엇이라고 하는가? 오아시스다.

오아시스에 가면 물이 있다. 종려나무들이 있다. 사막을 지나는 사람들은 반드시 그 오아시스에 들렀다 간다. 사막에 오아시스가 없으면 아무도 사막에 들어갔다 살아서 나올 수 없다. 사막을 지나는 사람이 오아시스를 만나면 살고, 만나지 못하면 죽는다. 사막을 지나는 사람은 누구나 다 다음 목적지가 똑같다. 오아시스다. 이런 곳이 오아시스다.

에스겔 47장에는 바로 이런 오아시스가 나타난다. 에스겔 47장 12절은 바로 오아시스에 대한 묘사이다. 그러나 성경에는 오아시스라는 단어가 없기 때문에 에스겔의 환상을 묵상하면서 우리는 오아시스를 꿈에도 생각지 못했을 것이다.

하나님은 에스겔에서 이 오아시스를 보여주셨다. 광야가 오아시스로 변하는 환상을 보여주신 것이다. 죽은 땅이 살아나는 환상을 보여주신 것이다. 그런데 우리는 사해가 살아난 것만 이야기하지 않는가?

하나님은 에스겔에게 세 가지 죽은 것이 다시 살아나는 환상을 보여주셨다. 골짜기의 뼈들이 다시 살아나는 환상, 사해가 다시 살아나는 환상, 그리고 죽은 땅인 사막이 다시 살아나는 환상이 그것이다. 그런데 대개는 두 가지밖에 보지 못한다. 배경을 모르기 때문이다.

사막에도 물이 흐르는 곳이 있다. 비가 오면 물이 잠깐 흐르다가 이내 말라버리고 마는 그런 강이 있다. 그런 곳을 와디(건천)라고 한다. 이 와디는 거의 1년 내내 말라 있다. 그래서 사막을 지나는 이들의 길이 된다. 그런데 이 와디를 따라 나무들이 자란다. 1년에 한두 번 물이 흘러가니까 거기에 나무들이 뿌리를 내리고 살아가는 것이다. 물이 흐르는 곳에 나무가 자란다.

성소에서 흘러나온 물이 광야를 지나니까 광야가 오아시스로

여리고 근처의 와디켈트. 광야에도 물이 흐르면 나무가 자란다.

변하고, 나무들이 자라고, 그 나무들이 숲을 이루고, 그 나무들은 1년에 열두 번 열매를 맺고, 그 잎사귀도 약재로 귀중하게 사용된다. 우리의 신앙도 마찬가지다. '말씀의 강이 흐르는 곳에 믿음의 나무가 자란다.' 말씀에 뿌리를 박을 때 우리는 시냇가에 심은 나무처럼 철을 따라 열매를 맺을 수 있다.

중국에 인위쩐이라는 사람이 있다. 그녀는 얼굴 한 번 못 보고 아버지가 정해 준 남자와 결혼을 했다. 결혼하고 신랑을 따라가 사막 한가운데 토굴을 파고 거기에서 살았다. 한 달이 지나도 지나가는 사람을 한 사람도 만나지 못했다. 그런데 하루는 저 멀리서 사람이 다가오는 것이었다. 너무 반가워서 달려갔지만, 그 사람은 말 한마디 없이 지나쳐 가고 말았다. 그녀는 멍하니 그 사람을 바라보고 있다가 집에 달려가서 대야를 가져왔다. 그것으로 그 지나간 사람의 발자국을 덮어 놓았다. 그러고는 매일 와서 그 대야를 열고 발자국을 바라보았다고 한다. 얼마나 외로웠으면 그랬겠는가?

그러던 그녀가 이렇게 살면 안 되겠다 싶어 나무를 심기 시작했다. 어디에? 사막에! 보통 사람들은 상상도 하지 못하는 일이다. 누가 봐도 불가능한 일이다. 그러나 그녀는 미친 듯이 사막에 구덩이를 파고 나무 묘목을 심고 물을 주었다. 물을 사흘에 한 번씩 적어도 1년을 줘야 겨우 뿌리를 내린다고 한다. 양동이에 물을 담아서 어깨에 메고 다니면서 하루 종일 수천 그루의 묘목에 물을 주었다. 사막에 물을 부어가면서 나무를 심는 것이 그야말로 밑 빠진 독에 물 붓는 것과 무엇이 다르겠는가?

그렇게 해서 그녀는 여의도 면적 6배에 해당하는 곳에 20만 그루의 나무를 심었다. 지금도 해마다 20만 그루씩 나무를 심고 있다고 한다. 그녀는 지금도 사막에 나무를 심고 있다. 사막이 살아나고 있다. 사막이 숲으로 바뀌어 가고 있다. 사막에 오아시스를 만들어 나가는 것이다.

성소에서 흘러나온 물이 흘러들어 가는 곳마다 살아나는 역사가 일어나게 된다. 심령이 살아나고, 가정이 살아나고, 교회가 살아나고, 세상이 살아나게 된다. 죽어가는 세상을 살리려면, 광야와 같은 세상을 오아시스로 변화시키려면, 말씀의 생수가 교회 안에만 고여 있으면 안 된다. 광야와 같은 가정으로, 삶의 현장으로, 세상 속으로 흘러들어 가게 해야 한다. 그래야 죽어가던 것들이 살아나게 된다. 회복하게 된다.

우리의 심령에 말씀의 생수가 흘러들어 오게 되면, 사막과 같이 메마른 우리의 심령이 오아시스처럼 변하게 될 것이다.

우리의 가정에 말씀의 생수가 흘러들어 오게 되면 광야와 같은 우리의 가정이 오아시스로 변화될 것이다.

우리의 삶 속에 말씀의 생수가 흘러들어 오게 되면 광야와 같은 우리의 삶이 오아시스처럼 변하게 될 것이다.

광야와 같이 삭막한 우리의 인생에 말씀의 생수가 흘러들어 오게 되면 기쁨이 넘치는 오아시스와 같은 삶을 살 수 있게 될 것이다.

광야와 같이 삭막한 세상으로 말씀의 생수가 흘러들어 가게 되면 이 세상도 오아시스처럼 변하게 될 것이다.

사해는 죽은 바다인가?

사해는 지구상에서 가장 낮은 곳(해저 400미터)에 위치하고 있으며 깊이가 400m나 된다. 그렇지만 지금까지 단 한 사람도 익사해서 죽은 사람이 없다. 사해에서는 코끼리도 빠져 죽지 못한다. 또한 사해에서는 누구도 수영을 할 수 없다. 그렇지만 누구나 다 물에 뜰 수 있다. 소금 바다이기 때문이다. 염도가 일반 바다보다 10배 이상 된다. 거의 35% 정도 된다. 그래서 염해라고도 부른다. 사실상 사해라는 말은 성경에 나오지 않는다. 이스라엘에서는 사해라고 부르지 않는다. 지도상에도 사해라고 표기하지 않는다. 우리가 사해라고 부르는 것뿐이다.

사해는 죽은 바다라는 뜻이다. 그래서 정말 죽은 바다인 줄로만 알았다. 물이 고여서 썩어서 냄새가 진동하는 상상을 했었다. 갈릴리 호수는 끊임없이 위로부터 물을 공급받으면서 동시에 물을 아래로 내려주기 때문에 살아 있는 바다가 되었지만, 사해는 위로부터 끊임없이 물을 공급받지만 아래로 내려보내 주지 않기 때문에 죽게 된 것이라고 배웠다. 고인 물은 썩는다. 그래서 사해가 죽은 바다가 된 것인 줄로 알았다. 그러나 다시 한 번 생각하면 사해는 염해라 부를 정도로 염도가 높은데, 그렇다면 썩을 수 없는 것이 아닌가?

그러나 실제로 사해는 죽어가고 있다. 갈릴리 호수에서 물을 내보내면 요단 강을 타고 사해로 흘러들어 갔는데, 지금은 갈릴리 호수에 댐을 만들어서 거의 물을 내보내지 않는다. 위로부터 물이 유입되지 않기 때문에 물이 점점 줄어들 수밖에 없다. 그런 데다 1년 내내 쾌청한 날씨에다 기온도 높다. 물이 계속 증발되기만 하고 유입이 안 되다 보니 점점 뭍이 드러나고 있는 것이다. 이대로 가다 보면 2050년에는 지구상에서 사해가 사라지고 말 것이라고 한다. 그래서 이스라엘과 요르단이 홍해의 물을 끌어올려서 사해를 살리는 프로젝트를 진행하고 있다.

실제로 가서 보면 사해는 그렇게 물이 맑을 수 없다. 세계적인 휴양지이다. 클레오파트라도 와서 쉬었다고 하지 않는가? 사해는 온천수이다. 그래서 피부병 치료를 위해 전 세계에서 몰려든다. 사해는 단순히 소금 바다가 아니다. 어마어마한 광물질을 포함하고 있다. 절대로 사해는 죽은 바다가 아니다. 쓸모없는 바다가 아니다. 버려진 바다가 아니다. 살아 있는 바다이다.

'사해'라는 이름은 유럽 사람들이 이곳에 왔다가 붙인 이름이다. 유럽이 얼마나 아름다운가? 그런 나라에 살다가 이곳에 와서 보니 살아 있는 것이 하나도 없는 것이다. 바다라고는 하지만 고기 한 마리 없지, 고기가 없으니 어부들도 없고, 더군다나 주변은 황량한 광야가 아닌가? 사방 어디를 봐도 살아 있는 것이 없는 것이었다. 그래서 '사해'라는 이름을 붙인 것이라고 한다.

성경에서는 이 바다를 사해라고 부르지 않는다. 염해라고 부른다. 그런데 새번역 성경에는 딱 한 번 사해라는 말이 나온다.

> 그러나 사해의 진펄과 개펄은 깨끗하게 고쳐지지 않고, 계속 소금에 절어 있을 것이다 (겔 47:11).

그러나 히브리어 원문에는 '사해'라는 말이 안 나온다.

> 그 진펄과 개펄은 되살아나지 못하고 소금 땅이 될 것이며 (겔 47:11).

이것이 원문에 충실한 번역이다. 여기서 말하는 진펄과 개펄은 사해의 진펄과 개펄을 가리키는 것임에 틀림없다. 그래서 사해라고 생각 없이 번역했던 것 같다. 차라리 일관성을 위해서는 다른 구절에서와 같이 '염해'라고 번역했어야 마땅하다. 왜냐하면 성경에서는 이 바다를 단 한 번도 사해라고 표기하지 않고, 이스라엘도 사해라고 부르지 않기 때문이다.

에스겔이 성소에서 물이 흘러나와 강을 이루며 이 바다로 들어가는 환상을 보았다. 성소에서 흘러나온 물이 유대 광야와 아라바(역시 광야 지역이다) 한가운데를 흘러가게 된다. 그러자 그곳에 나무가 무성하게 되고 숲을 이루게 된다. 죽었던 땅이 살아나게 된 것이다. 광야가 오아시스로 변하게 된 것이다. 그 물이 계속 흘러 마침내 사해로 흘러들어 간다. 그러자 사해가 살아나게 되고, 고기들이 살게 되고, 어부들이 모여들게 되고, 동네가 생기게 된다. 성소에서 흘러나온 물이 흘러들어 가는 곳마다 '되살아나는' 역사가 일어나는 환상을 본 것이다.

이 흘러내리는 물로 그 바다의 물이 되살아나리라 (겔 47:8).

이 강물이 이르는 곳마다 번성하는 모든 생물이 살고 (겔 47:9).

이 물이 흘러들어 가므로 바닷물이 되살아나겠고 (겔 47:9).

이 강이 이르는 각처에 모든 것이 살 것이며 (겔 47:9).

그 진펄과 개펄은 되살아나지 못하고 소금 땅이 될 것이며 (겔 47:11).

여기에 계속해서 반복되어 나타나는 단어가 있다. '살아나다'라는 단어이다. 성소에서 흘러나온 물이 흘러들어 가는 곳마다 살아나는 역사가 일어났다. 땅이 살아났다. 바다가 살아났다. 그렇다면 이 바다는 사해라는 직접적인 표현은 하지 않았어도 정말 죽은 바다가 아닌가?

이 강물이 이르는 곳마다 번성하는 모든 생물이 살고 (겔 47:9).

이 강이 이르는 각처에 모든 것이 살 것이며 (겔 47:9).

"살다"로 번역된 히브리어 하야(chayah)는 생명에서 유래된 단어이다. 살아 있는 것을 가리킬 때 사용하는 단어이다. 위 구절들은 성소에서 흘러나온 물이 흘러들어 가는 곳마다 죽었던 것들이 살아나는 역사가 일어났다는 뜻이다.

> 이 흘러내리는 물로 그 바다의 물이 되살아나리라 (겔 47:8).
>
> 이 물이 흘러들어 가므로 바닷물이 되살아나겠고 (겔 47:9).
>
> 그 진펄과 개펄은 되살아나지 못하고 소금 땅이 될 것이며 (겔 47:11).

여기서 '되살아나다'로 번역된 히브리어는 위에서 말한 하야(chayah)가 아니다. 여기에 사용된 단어는 우리에게 잘 알려진 라파(rapha)라는 단어이다. '여호와 라파', 무슨 뜻인가? 치료하시는 하나님! 바로 라파라는 단어가 여기에 사용되었다. 원뜻대로 옮기면 이렇다.

> 이 흘러내리는 물로 그 바다의 물이 치유(고침)를 받겠고 (겔 47:8).
>
> 이 물이 흘러들어 가므로 바닷물이 치유(고침)를 받겠고 (겔 47:9).
>
> 그 진펄과 개펄은 치유(고침)를 받지 못하고 (겔 47:11).

사해는 죽은 바다가 아니라, 병든 바다였다. 아픈 바다였다. 그래서 그 바다로 성소에서 흘러나온 물이 흘러들어 가자 '고침'(rapha)을 받게 되었다고 한 것이다. 불행하게도 우리 성경에서는 '고치다, 치유하다'의 단어를 '살아나다'로 옮겼다. 분명히 원문에서는 이 두 단어를 구분해서 사용하고 있는데도 말이다. 이렇게 번역한 것은 그 바다가 '사해'라고 하는 선입견을 갖고 있었기 때문인 것으로 보인다. 그러나 성경에서 그 바다는 죽은 바다가 아니라 병든 바다였는데, 성소에서 흘러나온 물이 흘러들어 가자 다시 소성케 된 것이라고 말하고 있다.

죽은 것이 살아나는 것과 아픈 것이 치유를 받는 것은 분명히 다르다. 죽은 자를 살리시는 하나님에 대해서 설교하거나 묵상하려면 골짜기의 뼈들에게 생기를 불어넣어 마른 뼈들이 살아나 큰 군대를 이루게 하시는 환상(겔 37장)을 본문으로 택해야 한다. 그러나 회복에 대해서 설교하거나 묵상하려면 에스겔 47장을 본문으로 택해야 한다.

지금 지구가 병들고 있다. 신음하고 있다. 사해처럼. 하나님은 죽어가는 지구를 치유하시는 하나님이시다. 병든 영혼을 치유하시는 하나님이시다. 병든 육체를 치유하시는 하나님이시다. 병든 가정을 치유하시는 하나님이시다. 병든 사회를 치유하시는 하나님이시다. 말씀의 생수로! 성령의 생수로! 은혜의 생수로!

성소에서 흘러나온 물이 사해로 흘러들어 가자 그 바다가 치유되었다. 고침을 받게 되었다. 회복하게 되었다. 그런데 이상한 구절이 있다.

> 그 진펄과 개펄은 되살아나지 못하고 소금 땅이 될 것이며 (겔 47:11).

다 고침을 받았는데 고침 받지 못한 곳도 있다는 것이다. 사실 이 구절은 없어도 무방하다. 지금 고침 받는 이야기를 하고 있는

데, 치유해 주시는 하나님에 대해서 말씀하고 있는데, 뚱딴지같이 고침 받지 못한 곳도 있다는 말씀을 하고 있는 것인가? 그리고 왜 고침 받지 못한 것일까?

여기서 진펄과 개펄은 사해 주변에 있는 웅덩이들을 말한다. 이 웅덩이들은 사해가 넘쳐나면 물이 그곳으로 흘러들어 간다. 그러나 물이 마르면 웅덩이만 따로 남는다. 성소에서 흘러나온 물이 사해로 흘러들어 갔다. 그래서 사해는 치유를 받았다. 그러나 이 웅덩이까지는 성소에서 나온 물이 흘러들어 가지 않았던 것 같다. 그래서 고침을 받지 못한 채로 남아 있게 되었던 것으로 보인다.

은혜를 받는다고 다 은혜를 받는 것이 아니다. 똑같은 말씀을 듣고도 은혜 받고 치유 받는 사람이 있는가 하면, 그렇지 못한 사람도 있다. 교회 안에 있다고 다 구원받는 것은 아니다. 구원받는 사람이 있고 구원받지 못하는 사람이 있다. 기도한다고 다 응답받는 것이 아니라 응답받는 사람이 있고 응답받지 못하는 사람이 있다. 우리가 전도를 하지만 전도를 받고 응답하는 사람이 있는가 하면, 복음을 받아들이지 않는 사람도 있다.

성소에서 물이 흘러나오지만 그 물이 흘러들어 가는 곳만 치유를 받는다. 그 물이 흘러들어 가지 않으면 아무런 역사도 일어나지 않는다. 말씀을 받는 사람만이 치유를 받을 수 있다. 이 세상에 예수님이 오셨지만, 그렇다고 모든 세상 사람이 다 하나님의 자녀가 되어 구원받는 것은 아니다. 예수님을 영접하는 사람만이 하나님의 자녀가 된다. 그렇지 않은 사람은 그 진펄과 개펄처럼

'되살아나지 못하고' 소금 땅으로 남아 있을 수밖에 없다.

사해는 고침을 받았는데, 그 주변에 있는 '진펄과 개펄은 되살아나지 못하고 소금 땅'으로 남아 있다. 우리가 그 진펄과 개펄이 되어서는 안 될 것이다. 성소에서 흘러나온 물이 우리 심령 속으로, 우리 가정 속으로, 우리 삶 속으로 흘러들어 오게 해야 한다. 그래야 치유의 역사가, 회복의 역사가 일어나게 된다. 그렇지 않으면 계속 '소금 땅'으로 남아 있게 된다.

시편

낯설게 읽기

'율법'을 율법이라 읽지 않고 하나님의 말씀이라고 읽는 이유

율법을 즐거워하여 그의 율법을 주야로 묵상하는도다 (시 1:2).

《율법? 그건 알아서 뭐해?》를 출판하기 위해 준비하고 있을 때의 일이다. 아는 목사님이 이렇게 핀잔을 주었다. "율법? 그건 알아서 뭐해?" 율법에 대해서 책을 쓰면 팔리겠느냐는 것이었다. 율법에 대해서 설교하면 교인들이 은혜 받겠느냐는 것이었다. 교인들에게 율법을 가르쳐서 교회가 부흥되겠느냐는 것이었다.

그 말을 듣고 기가 죽어서 10년 동안 원고를 묻어두고는 "율법? 그건 알아서 뭐할까?"라는 문제를 놓고 곰곰이 고민을 했다. 그러다가 다시 낸 책이 《율법? 그건 알아서 뭐해?》라는 책이다. 그 목사님이 내게 비아냥대면서 던진 말이 그 책의 제목이 된 것이다. 그 책을 냈을 때 한국에서 전혀 모르는 목사님에게서 전화가 왔다. 고맙다는 말을 하기 위해서 국제 전화까지 걸어주셨던 것이다.

'율법' 하면 많은 사람들이 부정적으로 생각한다. 목사님들도

다 부정적으로 설교하지 긍정적으로 설교하는 목사님을 별로 보지 못했다. 그런데 시편 1편은 이렇게 말하고 있다.

> 복 있는 사람은… 율법을 즐거워하여 그의 율법을 주야로 묵상하는도다.

요즘은 말씀 묵상이 대세다. 말씀 묵상의 축복을 이야기할 때 시편 1편은 단골 메뉴처럼 인용된다. 말씀 묵상하는 사람은 시냇가에 심겨진 나무와 같은 인생을 살 것이라고 말하고 있기 때문이다. 무엇을 묵상하는 사람인가? 하나님의 말씀을 묵상하는 사람? 다시 한 번 보라. 무엇을 묵상하는 사람인가? 하나님 말씀? 율법이다! 다윗은 두루뭉술하게 하나님 말씀을 묵상하는 사람이 복이 있다고 하지 않고, '율법'을 묵상하는 사람이 복이 있다고 구체적으로 꼭 찍어서 말하고 있다. 그런데 우리는 시편 1편의 '율법'을 율법이라고 읽지 않고 하나님의 말씀이라고만 읽는다.

아니, 율법을 즐거워하고 율법을 묵상하는 사람이 복이 있다니 이상하지 않은가? 복음을 즐거워하고 복음을 묵상하는 사람이 복 있는 사람이지, 지금 때가 어느 때인데 율법을 이야기하고 구약을 이야기하는가? 누구도 법을 좋아하는 사람은 없다. 사법 고시생들도 주야로 법을 묵상하지만, 법을 사랑해서 묵상하는 것은 아닐 것이다. 판사가 되고 변호사가 되기 위해 법을 주야로 묵상하는 것일 뿐이다.

그런데 율법(도 법이다)을 주야로 묵상하는 사람이 복이 있다니? 율법 묵상할 시간이 있으면 복음서의 말씀을 하나라도 더 읽는 것이 더 은혜가 되고 유익이 될 텐데, 율법을 왜 묵상하라는 말인가? 우리와는 아무런 관계도 없는 율법을 말이다. 그래서 우리는 시편 1편의 율법을 율법이라 읽지 않고 말씀이라고 읽는다. 왜냐하면 말씀 속에 율법도 포함되니 틀린 말은 아니기 때문이다.

왜 다윗은 율법을 묵상하는 사람이 복 있는 사람이라고 말한 것일까? 이유가 있다. 다윗은 평생 율법만 묵상했다. 율법이 그가 갖고 있는, 그가 알고 있는 전부였기 때문이다. 생각해 보라. 다윗이 우리처럼 성경 66권을 모두 갖고 있었겠는가? 물론 신약은 없었다. 구약이 39권이지만 이것이 완성된 것은 훨씬 후대의 일이다. 다윗 시대에 하나님의 말씀이라고는 기껏해야 토라(모세 오경)가 전부였다. 그것도 오늘날처럼 책으로 된 것이 아니라 구전으로 내려오는 율법이었을 것이다.

다윗은 예언서도, 역사서도 몰랐다. 물론 복음서의 말씀을 한 번도 들어보지 못했다. 오직 율법이 그가 가지고 있던 전부였다. 그는 그 율법 하나만 가지고 신앙생활 하고, 하나님을 섬기고, 그것을 통해서만 하나님을 알았다.

그에 비해서 우리는 어떤가? 주야로 묵상할 하나님의 말씀이 신약과 구약, 율법과 복음, 예언서와 복음서, 시편과 서신서… 얼마나 많은가? 얼마나 풍부한가? 얼마나 큰 축복인가? 그러나 기억하라. 다윗은 토라(율법) 하나만 가지고도 우리보다 하나님을 더 깊이 알았고, 우리보다 하나님을 더 잘 섬겼으며, 우리보다 하나님을 더 잘 믿었다. 그런데 우리는 율법을 성경의 '부록'처럼 여긴다. 있으면 좋고 없어도 그만인 성경 정도로 취급한다. 읽으면 좋고 안 읽어도 괜찮은 것처럼 여긴다. 복음은 열심히 묵상하지만 율법까지 묵상할 시간은 없다.

예수님이 읽으신 성경은 신약일까, 구약일까? 바울이 읽은 성경은 신약일까, 구약일까? 초대 교회 성도들이 읽었던 성경은 신약일까, 구약일까? 구약이다. 왜냐하면 아직 신약이 없었기 때문이다. 신약성경에 나오는 '성경'은 모두 다 오늘날 우리가 갖고 있는 66권으로 된 성경이 아니라 구약이다.

신약성경에서는 구약성경에 대해 어떻게 말하고 있는지 확인해 보자.

> 하나님의 말씀은 살아 있고 활력이 있어 좌우에 날선 어떤 검보다도 예리하여 혼과 영과 및 관절과 골수를 찔러 쪼개기까지 하며 또 마음의 생각과 뜻을 판단하나니 (히 4:12).

여기서 '하나님의 말씀'은 구약을 말한다. '하나님의 말씀'을 '구약'이라고 바꿔서 읽어보라. 무엇이 살아 있고 운동력이 있으며 혼과 영을 쪼개기까지 하는가? 구약이다.

> 또 어려서부터 성경을 알았나니 성경은 능히 너로 하여금 그리스도 예수 안에 있는 믿음으로 말미암아 구원에 이르는 지혜가 있게 하느니라 (딤후 3:15).

디모데가 어려서부터 알고 배우고 사랑하고 묵상한 '성경'은 우리가 가지고 있는 66권의 성경이 아니라 구약이다. 그런 구약성경 속에서 믿음으로 말미암아 구원에 이르는 지혜를 발견할 수 있다고 했다. 놀랍지 않은가? 좀 충격적이지 않은가?

> 모든 성경은 하나님의 감동으로 된 것으로 교훈과 책망과 바르게 함과 의로 교육하기에 유익하니 이는 하나님의 사람으로 온전하게 하며 모든 선한 일을 행할 능력을 갖추게 하려 함이라 (딤후 3:16-17).

여기서도 '모든 성경'은 신·구약 66권이 아니라 구약만을 말한다. 구약도 신약만큼이나, 모세오경도 복음서만큼이나 성령의 감동을 받아 기록된 것이라고 밝히고 있다. 그런데 우리는 구약은 좀 덜 성경적이고, 좀 덜 하나님의 감동을 받아서 쓴 것처럼 여기지 않는가?

예수님이 율법을 폐기하신 것이 아니라 완성하셨다고 했다. 율법의 일점일획이라도 변경시키는 자는 결단코 천국에 들어가지 못한다고 하셨다. 율법의 가장 작은 것도 지키라고 가르치지 않는 자는 천국에서 가장 작은 자가 될 것이라고 하셨다.

그런데 우리는 이 구약을 얼마나 경시하는가? 율법을 복음의 반대로 이해하지 않는가? 율법이 폐기되었다고 주장하지 않는가? 우리는 더 이상 율법에 따라 살지 않아도 된다고 하지 않는가? 예수님이 우리를 율법에서 자유케 해주셨다고 생각하지 않는가? 우리는 율법과 아무 관계가 없다고 생각하지 않는가?

"신데렐라는 어려서 부모님을 잃고요…." 너무나 잘 아는 스토리다. 그렇게 불쌍하게 살아온 신데렐라를 왕자가 사랑하게 되었다. 그래서 신데렐라와 결혼하게 된다. 신데렐라가 왕비가 된 것이다.

신데렐라는 더 이상 고아가 아니다. 고아처럼 살아서도 안 된다. 왕비가 되었으니 왕비처럼 살아야 한다. 왕비가 된 다음에도 계모 밑에 있는 것처럼 살아서는 안 된다. 거지처럼 살아서는 안 된다. 이제는 다르게 살아야 한다.

신데렐라가 왕비가 되기 전에는 왕궁에서 지켜야 할 법도를 지키지 않아도 되었다. 자기 마음대로 살아도 되었다. 그러나 왕비가 된 다음에는 왕실의 법도를 따라야 한다. 왕비로서의 품위와 존엄을 지켜야 한다. 신데렐라가 은혜로 왕비가 되었지만, 왕비가 된 다음에는 왕실의 법도를 지켜야 하는 것이다. 왕비가 되었으므로 법을 지키지 않아도 되는 것이 아니다. 왕비가 되었기 때문에 더욱더 법을 잘 지켜야 한다.

우리도 마찬가지다. 하나님의 은혜로 하나님의 자녀가 되었다. 하나님의 백성이 되었다. 그러므로 이제 우리는 하나님의 자녀로서 당연히 지켜야 할 법을 지켜야 한다. 그것이 바로 율법이다. 은혜로 하나님의 자녀가 되었으므로 율법을 지키지 않아도 된다는 것은 어불성설이다. 우리가 율법을 지키는 것은 하나님의 자녀가 되기 위해서가 아니라, 하나님의 자녀가 되었기 때문이다. 하나님의 자녀가 되었으면 당연히 하나님의 자녀로서 지켜야 할 율법을 지켜야 하는 것이다.

말라기서를 잘 알 것이다. 십일조에 관한 유명한 구절 때문이다. 십일조를 내면 반드시 하나님이 창고를 차고도 넘치도록 채워주실 것이라고 하면서 진짜 그런지 아닌지 시험해 보라고 했다.

전에 목회를 했던 교회에서 그 설교를 했다. 그런데 한 교인이 드디어 십일조를 내기 시작했다. 몇 달은 잘 냈다. 그런데 계속하지는 않았다. 하나님을 시험해 보라고 해서 했는데, 안 채워주시더라는 것이다. 그래서 십일조를 그만두었다는 것이다. 정말 시험해 보라고 하신 말씀일까? 하나님이 얼마나 답답하셨으면 그런 말씀을 하셨겠는가?

십일조를 바칠 때 세금 내듯이 하는 사람이 있다. 감사한 마음에서가 아니라 의무감에서 내는 것이다. 율법으로 생각하는 것이다. 십일조가 율법이냐 아니냐 말들이 많다. 왜 성전 제사는 안 드리면서 십일조는 내라고 하느냐 반박하는 사람들도 있다. 십일조는 율법이 아니라 복음이다!

왕비가 된 신데렐라가 어떤 마음으로 왕실의 법도를 지켰을까? 억지로 의무감에서? 아니면 감사한 마음으로 기꺼이? 자신을 왕비로 삼아준 왕의 은혜에 너무너무 감사해서 온 마음과 뜻과 정성을 다해서 왕실의 법도를 따를 것이다. 그런데 우리가 바로 신데렐라 아닌가? 전적으로 하나님의 은혜로 하나님의 자녀가 되었다. 하나님의 백성이 되었다. 그런데 하나님 나라의 법을 따라 살아가는 것이 부담으로 느껴진다면 문제가 있는 것이다. 율법을 법으로 생각하면 안 된다. 은혜다. 축복이다.

유대인들은 율법에 목숨 건다. 그들에게는 복음이 없다. 구약은 있는데 신약이 없다. 하나님은 있는데 예수님은 없다.

그런데 우리에게는 복음은 있는데, 율법이 없다. 신약은 있는데 구약이 없다. 예수님의 사랑과 용서와 구원은 있는데, 하나님의 정의와 심판은 없다. 믿음은 있는데 행함이 없다.

둘 다 문제이다. 신약과 구약 둘 다 있어야 하고, 은혜와 심판이 둘 다 있어야 하고, 믿음과 행함이 둘 다 있어야 한다. 율법과 복음 둘 다 있어야 한다.

여자들은 집을 나서거나 누구를 만날 때면 꼭 거울을 본다. 거울을 보고 화장이 잘되었는지, 흐트러진 곳은 없는지, 고쳐야 할 곳은 없는지를 확인한다. "거울아, 거울아! 이 세상에서 누가 제일 예쁘니?" 묻기 위해서 거울을 보는 사람은 없을 것이다. 거울을 보고 잘못된 곳이 있으면 고치려고 거울을 보는 것이다.

그런데 거울을 그냥 본다. 생각 없이 본다. 거울을 보고도 잘못된 것을 고치지 않는다. 그러면 거울 볼 필요가 없는 것이 아닌가? 율법은 우리에게 거울이다. 율법을 들여다보면서 고칠 것은 고쳐야 한다. 보기만 해서는 안 된다. 묵상만 해서는 안 된다. 묵상한 대로 살아야 한다. 율법을 묵상하게 되면 악인의 꾀를 좇지 않게 되고, 죄인의 길에 서지 않게 되며, 오만한 자의 자리에 앉지 않게 된다. 묵상을 제대로 하면 그렇게 살게 된다. 그렇게 사는 사람이 복 있는 사람이다!

시냇가에 심은 나무는 뿌리가 깊지 않다

"불휘 기픈 남간 바라매 아니 뮐새 곶 됴코 여름 하나니…"

뿌리가 깊은 나무는 바람에 흔들리지 않고 꽃이 활짝 피고 열매를 많이 맺는다는 말로, 〈용비어천가〉에 나온다. 성경에 나오는 말은 아닌데 성경에 나오는 말과 상당히 똑같다.

시편 1편에 나오는 시냇가에 심은 나무는 물가에 심겨졌기 때문에 무럭무럭 잘 자란다. 가뭄 걱정을 하지 않아도 된다. 잎이 무성하다. 열매를 많이 맺는다.

우리도 열매를 많이 맺으려면 뿌리가 깊어야 한다. 뿌리가 깊어야 가뭄이 와도 잘 이겨낼 수 있고, 바람이 아무리 거세게 불어도 쓰러지지 않을 수 있다.

집 근처에 작은 산이 있다. 산이기는 하지만 숲 정도로 생각하면 된다. 거기에 항상 물이 흐르는 작은 계곡이 있다. 깊이가 10미터 정도 될까 싶다. 그 개울 양 옆으로 아름드리 나무들이 뿌리를 박고 서 있다. 시냇가에 심은 나무들인 것이다.

그런데 나무 뿌리들이 밖으로 다 나와 있다. 물이 흐르면서 계곡의 흙이 쓸려가 뿌리가 밖으로 다 드러나게 된 것이다. 그런데 놀라운 사실은 아름드리 나무들에 어울리지 않게 뿌리는 아주 왜소하다는 것이다. 우리는 별 생각 없이 시냇가에 심은 나무들은 뿌리가 깊은 나무일 것이라고 생각하는데, 그렇지 않았다. 어떻게 저 뿌리를 가지고 저렇게 큰 나무로 자랄 수 있었을까? 어떻게 저렇게 큰 덩치를 저 뿌리를 가지고 지탱할 수 있었을까? 의아했다.

그러나 다시 한 번 생각해 보자. 시냇가에 심은 나무는 뿌리가 깊을 필요가 없다. 조금만 뿌리를 내려도 물을 얼마든지 빨아올릴 수 있는데 깊이 뿌리를 내릴 필요가 없는 것이다. 나무가 뿌리를 깊이 내리는 것은 물을 빨아들이기 위해서가 아닌가?

심하게 가뭄이 들었을 때 시냇가에 심겨진 나무들은 다 말라버렸다. 그런데 산꼭대기에 있는 나무들은 죽지 않고 견뎌냈다. 어떻게 된 것인가? 산꼭대기에 심겨진 나무들은 뿌리를 깊이 내렸다. 건조하고 척박한 곳에 심겨졌으니까 물을 찾아서 뿌리를 깊이 깊이 내렸던 것이다. 가뭄이 들어도 땅속 깊은 곳에는 물이 아직 있지 않겠는가? 그래서 그 나무들은 가뭄을 이겨낼 수 있었던 것이다.

그러나 시냇가에 심겨진 나무들은 뿌리를 깊이 내릴 필요가 없기 때문에 뿌리가 다 얕았다. 그런데 시내에 물이 말라버렸으니 물을 빨아들일 수 없는 것이다. 그래서 말라버릴 수밖에 없었던 것이다.

싯딤나무라는 것이 있다. 사막에서 자라는 나무인데, 마치 여인이 잠에서 막 깨어났을 때 머리가 풀어헤쳐진 것과 같은 모습을 한 볼품없는 나무이다. 키가 커야 6미터, 7미터 정도다. 재목감도 못 된다. 그렇다고 열매를 맺는 것도 아니다. 그냥 살아남기 위해 몸부림치는 나무이다. 시나이 반도나 네게브 사막을 지날 때 드문드문 이 나무들이 서 있는 것을 볼 수 있다.

그런데 이 나무를 가지고 법궤를 만들었다. 광야에서 성막을 만들어야 하는데, 다른 나무들이 없으니까, 이 나무밖에 없으니까, 볼품없고 별 볼 일 없는 나무이지만 법궤를 만드는 데 귀중하게 쓰임을 받게 된 것이다.

이 나무가 광야에서 어떻게 살아남을 수 있는가? 뿌리를 깊이 내리기 때문이다. 이 나무는 뿌리를 30미터, 50미터, 좀 과장을

싯딤나무

하자면 100미터까지 내린다고 한다. 물을 만날 때까지 뿌리를 계속 내리는 것이다. 다른 나무들은 10미터, 20미터 뿌리를 내리다가 포기하고 말았다. 그래서 죽어버리고 말았는데, 이 나무는 물을 만날 때까지 뿌리를 내리는 것이다. 그러다가 마침내 물을 만난다. 그러면 광야에 심겨졌지만 살아남을 수 있는 것이다.

나무의 운명은 어디에 심겨졌느냐에 의해 결정된다. 그래서 성경에서도 의인을 시냇가에 심겨진 나무에 비유하고, 악인을 사막에 심겨진 가시떨기나무에 비유하고 있지 않는가?(렘 17:5-8) 그러나 시냇가에 심겨진 나무라고 할지라도 가뭄이 들면 말라버리고 사막 한가운데 심겨진 나무라고 할지라도 싯딤나무처럼 뿌리를 깊이 내려 물에 닿아 있으면 산다.

시애틀은 1년에 6개월 정도는 비가 온다. 그래서 나무들이 잘 자란다. 그런데 비바람이 불어치면 많은 나무들이 픽픽 쓰러진다. 쓰러진 나무들을 보면 왜 쓰러졌는지 금방 이유를 알 수 있다. 뿌리가 별로 없다. 물을 찾아서 뿌리를 깊이 내릴 필요가 없었던 것이다.

집에 심겨진 나무들은 뿌리가 얕다. 나무가 목이 말라야 물을 찾아 깊이깊이 뿌리를 내릴 텐데, 주인이 알아서 수시로 물을 충분히 공급해 준다. 그래서 뿌리들이 땅 속으로 파고 들어가는 것이 아니라 위로 향해 나 있다. 위에서 물을 주니까.

우리는 뿌리가 깊은 나무라야 잘 자라고 열매를 많이 맺는다고 생각하는데 꼭 그렇지만은 않다. 시냇가에 심겨진 나무는 뿌리를 깊이 내리지 않아도 살 수 있다. 반면에, 광야에 사는 나무들은 뿌리를 깊이 내려야 살 수 있다. 뿌리가 얼마나 깊으냐가 중요한 것이 아니라 어디에 뿌리를 내리고 있느냐가 중요하다.

시냇가에 심겨진 나무는 뿌리는 얕아도 그 뿌리가 물에 닿아 있으니까 잘 자라고 열매를 많이 맺는다. 사막에 심겨진 나무라고 할지라도 뿌리를 물이 있는 곳까지 깊이 내리면 살 수 있다. 뿌리가 얼마나 깊으냐 하는 것보다 뿌리가 어디에 닿아 있느냐가 중요하다.

시냇가에 심겨진 나무가 시절을 좇아 과실을 맺으며 그 잎사귀가 마르지 아니할 수 있는 것은 뿌리가 깊어서가 아니고 그 뿌리가 물에 닿아 있기 때문이다.

온천을 뚫는다고 전 재산을 투자했다가 망한 사람들이 있다. 그들은 파이프를 깊이깊이 박는다. 100미터, 200미터 박는다. 그런데 온천이 터지지를 않는다. 혹시나 10미터만 더 박으면 온천수를 만나지 않을까 해서 또 더 깊이 박는다. 결국 포기하고 다른 곳에 또 파이프를 박는다. 그러나 온천수는 터지지 않았다. 이런 식으로 해서 망하는 것이다.

그런데 단 한 번에 온천수가 터진 사람도 있을 것이다. 파이프를 50미터밖에 박지 않았는데 온천물이 터져서 올라오는 것이다. 깊이 박는다고 온천물이 터져나오는 것이 아니다. 온천수가 있는 곳을 피해서 파이프를 박으면 몇천 미터를 박아도 소용이 없다.

10년, 20년, 30년을 교회 다닌 사람들이 있다. 평생 교회 다닌 사람들이 있다. 모태 신앙을 가진 사람들이 있다. 3대, 4대 신앙의 뿌리를 가진 사람들도 있다. 믿음의 뿌리가 깊은 사람들이다. 그러나 그런 사람들 가운데도 사막에 심겨진 나무처럼 열매를 맺지 못하고 영적으로 시들시들한 사람들이 있다. 뿌리를 깊이 내리기는 했지만 예수님에게 그 뿌리가 닿아 있지 않은 것이다. 예수님을 통해 생수를 공급받지 못하고 있는 것이다.

신앙의 연조(뿌리)가 깊다고 그 뿌리가 예수님에게 닿아 있는 것은 아니다. 광야에 심겨진 나무들은 50미터까지 뿌리를 내렸어도 물을 만나지 못하는 경우가 허다하다. 그래서 죽고 마는 것이다.

반면에, 교회 나온 지 1년이나 2년밖에 되지 않는데도 시냇가에 심은 나무처럼 그 나무에 물이 한껏 오르고, 기쁨이 충만하고, 은혜가 충만하고, 성령이 충만하고, 믿음이 충만하고, 말씀이 충만한 사람들이 있다. 비록 신앙의 뿌리는 깊지 않지만 그 뿌리가 예수님에게 닿아 있기 때문에 예수님을 통해서 생수를 공급받아 시냇가에 심은 나무와 같은 삶을 살 수 있는 것이다.

시냇가에 심은 나무가 철을 따라 열매를 맺으며 그 잎사귀가 마르지 아니하는 것은 뿌리가 깊어서가 아니고, 그 뿌리가 물에 닿아 있기 때문이다. 우리 인생의 뿌리, 신앙의 뿌리를 예수님에게 박고 있으면 시냇가에 심은 나무와 같은 삶을 살게 되고, 그렇지 않으면 사막에 심겨진 떨기나무와 같은 인생을 살 수밖에 없는 것이다.

> 그러므로 너희가 그리스도 예수를 주로 받았으니 그 안에서 행하되 그 안에 뿌리를 박으며 세움을 받아 교훈을 받은 대로 믿음에 굳게 서서 감사함을 넘치게 하라 (골 2:6-7).

시편 23편의 숨은 그림 찾기

푸른 초장에 누이시며 (2절).

시편 23편을 그려보라고 하면 끝없이 펼쳐진 푸른 초장을 그릴 것이다. 그리고 거기에서 한가롭게 풀을 뜯어 먹고 있는 양들을 그릴 것이다. 그런데 불행하게도 시편 23편에 '푸른' 초장은 없다.

'푸른'으로 번역된 히브리어 데쉐(deshe)는 '푸른'이라는 뜻이 없다. 이것은 '어린 풀, 막 나온 풀, 새싹'의 뜻이다. '푸른'은 히브리어로 예레크(yereq, 시 37:2)이다.

시편 23편의 배경은 끝없이 펼쳐진 초원이 아니라 광야다. 시편 23편의 배경은 푸른색이 아니라 암갈색이다. 이 사실을 알게 되면 시편 23편을 전혀 다르게 이해하게 될 것이다. 양들은 2절 말씀처럼 푸른 초장에서 꼴을 뜯어 먹는 것이 아니라 광야에서 지난밤 이슬 먹고 새싹이 돋아난 바로 그 풀들을 먹고 살아간다.

잔잔한 물가 (2절).

영어 성경에서는 "still water"로 번역된 곳들도 많지만, 잔잔한 물가보다는 쉴 만한 물가가 훨씬 좋은 번역이다. 여기에 사용된 히브리어 메누하(menuha)는 특별한 용어이다. 단지 '조용한' 것이 아니라 쉼과 안식과 평안이 있는 것을 말한다. 걱정과 근심, 염려, 두려움이 없는 상태를 말한다. 안식일을 우리에게 주신 목적이 바로 우리가 이 '메누하'를 누리도록 하기 위함이다.

내 영혼을 소생시키시고 (3절).

'소생시키시고'로 번역된 히브리어는 슈브(shub)로서 '돌아서다'라는 뜻이다. 우리말 성경에는 '돌이키다'로 많이 번역되었다.

히브리어에는 회개라는 단어가 없다. 그래서 구약에는 회개라는 단어가 한 번도 나오지 않는다. 대신 '돌이키다'라는 단어가 사용되었다. 히브리어는 헬라어처럼 추상적인 단어가 없다. 그래서 회개라는 추상적인 용어 대신 하나님께 돌아오라는 구체적인 표현을 사용한 것이다. 그런데 시편 23편 3절에서 바로 회개를 의미하는 슈브(shub)라는 단어를 사용하고 있다.

그렇다면 '내 영혼을 회개시키시고'의 뜻일까? 아니다. 내가 다른 길로 갈 때 그래서 길을 잃어버릴 때 나를 찾아오셔서 나로 목자에게로 '돌아오게' 하신다는 뜻이다. 잃어버린 양(영혼)을 찾아주신다는 뜻이다.

양은 길을 잃으면 그 순간 죽은 목숨이나 다름없다. 그 양이 사는 유일한 길은 목자가 그를 찾아와서 다시 품에 안고 데려가는 것이다.

"나의 목자는 내가 길 잃고 헤맬 때 나를 찾아오셔서 나를 찾아주셔서 나를 살려주시는 분입니다"라는 고백이다. (여기서의 영혼도 우리가 생각하는 그런 영혼이 아니고 생명을 말한다.)

의의 길로 인도하시는도다 (3절).

목자이신 하나님께서 양인 우리들을 의로운 길로 인도하시는다는 뜻일까? 의는 우리가 잘 아는 대로 쩨데크(tzedeq)이다. 쩨데크는 도덕적인 의미의 '의'를 뜻하지만 본래는 'straight'의 뜻이다. 즉 '똑바른 길'을 말한다.

예루살렘에서 여리고로 내려가다 보면 유대 광야가 나타난다. 험한 산들과 골짜기로 이루어져 있다. 나무 한 그루 보이지 않는다. 광야이기 때문이다. 그런데 이 산에 길들이 나 있는 것을 볼 수 있다. 양들이 하도 다녀서 난 길이다. 이 길들은 옆으로 똑바로 나 있다. 양들이 산꼭대기에 올라갈 때 곧바로 올라가는 것이 아니라 옆으로 똑바로 난 이 길을 통해서 지그재그로 올라가게 되어 있다. 그래야 안전하기 때문이다. "의의 길"은 이 길을 말한다.

사망의 음침한 골짜기로 다닐지라도 해를 두려워하지 않을 것은 주께서 나와 함께하심이라 (4절).

양들이 다니는 "의의 길"

양들이 사망의 음침한 골짜기를 지나가고 있다. 앞이 잘 안 보인다. 길은 좁다. 잘못하면 낭떠러지로 떨어져 죽을 수도 있다. 그렇기 때문에 잔뜩 긴장을 하게 된다.

양들이 골짜기를 지날 때 왜 두려워하는가? 길이 험해서? 잘못해서 떨어지면 죽기 때문에? 그렇다면 목자가 동행함으로 두렵지 않다고 하는 말은 무슨 말인가? 길이 험하지만 목자가 동행해서 두렵지 않다는 말은 앞뒤가 잘 안 맞는다. 길이 험한 것과 목자가 동행하는 것은 별로 관계가 없지 않는가? 그런데 양들이 지금 사망의 음침한 골짜기를 지나면서 안심이 되는 것은 목자가 그들과 동행하고 있기 때문이라고 하지 않는가? 무슨 문제가 있기에 목자가 동행함으로 두렵지 않다는 것일까?

양들이 낭떠러지에 떨어져 죽을 수도 있겠지만 그런 일은 극히 드물다. 한 길로 쭉 가기 때문에 앞에 가는 양을 따라서, 목자를 따라서 가면 된다. 그러므로 안전하다. 양들은 그런 길을 가는 데 익숙해 있다. 아니, 평생 그런 길로만 다녔기 때문에 별로 문제가 될 것이 없다.

그런데 왜 그 골짜기를 지나면서 두려워하는 것일까? 4절에 숨은 그림이 있다. 무엇이 숨어 있을까? 다시 한 번 읽어보라.

> 내가 사망의 음침한 골짜기로 다닐지라도 해를 두려워하지 않을 것은 주께서 나와 함께하심이라 (4절).

숨은 그림을 찾을 수 있는가? 뭔가가 보이는가? 길이 좁고 험하다. 앞에는 목자가 간다. 그 뒤를 양들이 따라가고 있다. 그 외에 다른 무엇이 있는가? 그것을 찾아야 한다.

4절의 숨은 그림은 5절에 있다.

> 주께서 내 원수의 목전에서 내게 상을 베푸시고.

누가 등장하는가? 원수다. 이 원수가 누구인가? 나를 괴롭히는 그 원수 같은 그 사람? 내 앞길을 가로막는 그 사람? 철천지 원수? 브닌나와 같은 사람?

양의 원수가 누구일까? 이리다. 늑대다. 곰이다. 사자다. 양이 움직일 때 같이 움직이는 것이 있다. 바로 이리나 늑대 같은 맹수들이다. 이 맹수들은 하루 종일 양들을 따라다닌다. 그들은 아침부터 해가 질 때까지, 양우리에서 나와서 우리로 돌아갈 때까지 계속 따라붙는다. 호시탐탐 기회를 엿보는 것이다. 양이 무리에서 이탈하기만을 기다리는 것이다. 양이 길을 잃기만을 기다리고 있는 것이다. 양이 목자에게서 멀어지기만을 기다리고 있는 것이다.

그런 그들에게 절호의 찬스가 온다. 양들이 음침한 골짜기를 지날 때이다. 대낮에도 그늘이 져서 어둡다. 양들은 목자가 잘 보이지 않는다. 그러면 두려워하게 된다. 양들이 이 골짜기를 지날 때 이리나 늑대들은 보이지 않는 곳에 숨어 있다. 어딘가에 숨어서 양들을 노리고 있다. 그런데 보이지 않는다. 언제 그들이 나타날지 모른다. 그렇기 때문에 양들은 이런 골짜기를 지날 때 잔뜩 긴장하게 된다. 두려워하게 된다.

그러나 목자의 손에는 지팡이와 막대기가 들려 있다. 바로 그것 때문에 이리나 늑대가 양들을 물어가지 못하는 것이다. 양들은 골짜기를 지나면서도 목자의 손에 지팡이와 막대기가 들려 있다는 것을 알기 때문에, 그것으로 자기들을 이리나 늑대로부터 안전하게 지켜줄 것을 믿기 때문에, 사망의 음침한 골짜기를 지날지라도 해를 받지 않을 것임을 안다. 그렇기 때문에 그들은 안심하고 그 골짜기를 지나가는 것이다.

주의 지팡이와 막대기가 나를 안위하시나이다.

사망의 음침한 골짜기를 지날 때는 양들이 대열에서 뒤떨어지지 않으려고 한다. 바짝바짝 모인다. 더욱더 목자 가까이에 가려고 한다. 양들에게 있어서 가장 안전한 곳은 바로 목자 곁에 있는 것이다. 목자에게서 멀어지지 마라. 목장에서 멀어지지 마라. 양들에게서 멀어지지 마라. 은혜에서 멀어지지 마라. 말씀에서 멀어지지 마라. 교회에서 멀어지지 마라. 기도에서 멀어지지 마라. 그것이 사는 길이다. 그것이 가장 안전하게 사망의 음침한 골짜기를 통과하는 방법이다.

어두울 때에 사탄이 가라지를 밭에 몰래 뿌린다. 도둑은 어두울 때 몰래 담 넘어 들어온다. 가룟 유다의 마음속에 사탄이 들어갔을 때도 어두운 밤이었다. 이리나 늑대는 골짜기를 지날 때를 노린다. 이렇게 어두움은 사탄이 활동하는 영역이다. 밤은 사탄이 활발하게 움직이는 시간이다. 밤은 사탄의 천국이다. 인생의 어두운 밤을 지날 때 사탄은 역사한다. 사망의 음침한 골짜기를 지날 때 사탄은 역사한다. 호시탐탐 기회를 노린다. 조심해야 한다. 깨어 있어야 한다. 어둠 속에 숨어 있는 사탄을 직시해야 한다. 기도해야 한다. 목자 가까이서 목자를 따라가야 한다. 그래야 무사하게 사망의 음침한 골짜기를 통과할 수 있다.

말씀 단지

시편 119편은 성경에서 가장 긴 장이다. 무려 176절까지 있다. 이 시편은 22그룹으로 이루어져 있고, 각 그룹은 8절씩 되어 있다. 특징은 각 그룹이 같은 히브리어 알파벳으로 시작하고 있다는 것이다. 쉽게 설명해서, 1-8절은 각 절이 히브리어 첫 자인 '알레프'로 시작한다. 9-16절은 각 절이 두 번째 알파벳인 '베트'로 시작한다. 17-24절은 세 번째 알파벳인 '김멜'로 시작한다. 이런 식으로 176절까지 이루어져 있다.

> 내가 주께 범죄하지 아니하려 하여 주의 말씀을 내 마음에 두었나이다 (시 119:11).

우리는 죄를 너무 두려워하지 않는다. 가볍게 여긴다. '회개 만능주의'가 만연해 있다. "우리가 신인가? 어떻게 죄를 안 짓고 살 수 있단 말인가? 우리는 다 연약한 인간인데…. 죄를 짓더라도 회개하면 되지…. 그러면 다 용서해 주시는데…. 죄의 문제는 이미 2천 년 전에 십자가에서 다 해결해 주셨는데….” 이런 식으로 편하게 생각한다.

조지 오웬이 쓴 《죄 죽이기》라는 책이 있다. 우리는 죄를 이겨야 한다. 죄의 목을 졸라야 한다. 죄를 발 아래 짓밟아야 한다. 시편 기자처럼 “내가 주께 범죄하지 아니하려 하여”와 같은 결단이 필요하다.

이 시인은 어떻게 하면 죄를 죽일 수 있는지 알고 있다. 그 방법은 죄와 싸워서 죄를 죽이는 것이 아니라, 하나님의 말씀을 내 마음에 채워두는 것이다.

방 안이 캄캄하다. 어떻게 하면 어둠을 물리칠 수 있는가? 어둠을 다 내쫓는다고 어둠이 물러날까? 방법은 한 가지밖에 없다. 불을 켜는 것이다. 그러면 한순간 어둠은 달아나게 되어 있다.

마찬가지다. 죄와 싸워서는 이길 수 없다. 죄를 쫓아내려면 죄가 자라고 있는 자리에 하나님의 말씀을 채우는 것이다.

‘두었나이다’는 히브리어로 트자판(tzapan)인데, ‘쌓아두다’(store up), ‘채우다’의 뜻이 있다. 마음속에 하나님의 말씀을 차곡차곡 채워야 죄를 이길 수 있다. 말씀으로 채우지 아니하면 죄가 그 자리를 차지하게 된다.

마음의 항아리에 하나님의 말씀을 가득 채워야 한다. 부자라는 단어도 트자판(tzapan)에서 유래되었는데, 우리는 말씀에 부요한 자가 되어야 한다. 세상적인 창고를 채우는 데만 급급하지 말고 우리의 심령에도 부지런히 하나님의 말씀을 채워야 한다.

트자판(tzapan)은 '보물처럼 귀하게 여기다'라는 뜻도 가지고 있다. 보물은 아무 데나 두지 않는다. 꼭꼭 숨겨둔다. 잘 간직한다. 그렇지 않으면 보물이 아니다. 하나님의 말씀을 보물처럼 마음에 꼭꼭 간직해야 한다. 이 말씀을 가볍게 여겨서는 안 된다.

'두었다'로 번역된 트자판에는 '감추어 두다'의 뜻도 있다. 하나님의 말씀을 비밀한 곳(마음의 방, 내면의 가장 깊숙한 곳)에 잘 감추어야 한다. 왜 말씀을 감추어야 할까? 씨를 뿌릴 때 새가 와서 쪼아 먹는 것처럼 사탄이 우리에게서 말씀을 빼앗아 가려고 하기 때문이다. 말씀을 내면의 비밀한 곳에 잘 감추어 두어야 한다.

> 여호와의 증거들을 지키고 전심으로 여호와를 구하는 자는 복이 있도다 (시 119:2).

하나님의 말씀을 '지켜야 한다'고 할 때 사용하는 히브리어는 샤마르(shamar)이다.

> 주께서 명령하사 주의 법도를 잘 지키게(shamar) 하셨나이다 (시 119:4).
> 내가 주의 율례들을 지키오리니(shamar) 나를 아주 버리지 마옵소서 (시 119:8).

그런데 위 구절(시 119:2)에 나오는 '지키고'는 '샤마르'(shamar)가 아니고 '나차르'(natzar)이다. 이것은 'guard, watch, preserve, guard from danger, keep close, to be blockaded'의 뜻이 있다. 이 단어는 포도원 주인이 포도원을 지킬 때 사용하는 단어이다. 우리도 하나님의 말씀을 그렇게 잘 지키고 보전하고 간직해야 죄를 이길 수 있다고 시편 기자는 고백하고 있다.

묵상은 하나님의 말씀을 내면에 쌓아두는 작업이다. 묵상할 때 하나님의 말씀이 보배임을 깨닫게 된다. 묵상을 통해 내 안에 보물처럼 하나님의 말씀을 감추어두게 된다. 그러면 사탄은 그 말씀을 결단코 빼앗아 가지 못할 것이다.

산 넘어 산

내가 산을 향하여 눈을 들리라 나의 도움이 어디서 올까 (시 121:1).

시편 121편은 성전에 올라가면서 부르는 노래이다. 성전은 예루살렘에 있다. 예루살렘은 750미터 고지대에 있다. 아마 이 시인은 여리고를 거쳐 예루살렘에 올라가고 있는 중일 것이다. 여리고에서 성전에 올라가려면 하루 종일 높은 산들을 올라가야 한다. (여리고는 해저 300미터, 예루살렘은 해발 750미터이다. 여리고에서 예루살렘에 올라가는 길이 얼마나 험한지 짐작할 수 있지 않은가?) 그 산들을 바라보는 순간에 저 높은 산들을 어떻게 올라가나 하는 근심과 두려움이 밀려온다. 저 산들을 안전하게 올라갈 수 있을까 걱정이 앞선다. "나의 도움이 어디서 올까?"

우리 속담에 "산 넘어 산"이라는 말이 있다. "갈수록 태산이다"는 말도 있다. 믿음이 있으면 산을 옮길 수도 있다고 하신 예수님의 말씀도 우리는 잘 알고 있다. 여기서 산은 문제를 말한다. 우리

가 넘어가야 할 인생의 산, 그 앞에서 우리는 "나의 도움이 어디서 올까" 하고 걱정이 앞서게 된다.

여호와께서 너를 실족하지 아니하게 하시며 (3절).

'실족하다'는 물론 '넘어지다'의 뜻이다. 하지만 우리는 이 말을 문자적으로 해석하기보다는 '시험에 들다, 실망하다, 낙심하다'의 뜻으로 더 많이 해석한다. 이 구절을 직역하면 이렇다.

"너의 발이 넘어지지 않게 하시며."

여리고에서 예루살렘에 올라가는 길은 험하기로 유명하다. 그야말로 한순간 '사망의 음침한 골짜기'로 떨어질 수도 있다. 까마

득한 낭떠러지를 바라보면서 한 걸음 한 걸음 조심조심 발을 내딛는다. 순례자들은 이 노래를 부르면서 그 위험할 길을 올라간다. 그리고 하나님께서 그 위험한 길을 무사히 지날 수 있도록 넘어지지 않게 해달라고 기도하면서 올라간다.

> 여호와께서 네 오른쪽에서 네 그늘이 되시나니 (5절).

왜 왼쪽이 아니고 오른쪽에서 그늘이 되어주신다고 하는 것일까? 우리말에서는 앞쪽이 남쪽이다. 애국가에 나오는 "남산 위에 저 소나무"에서 남산은 서울 남산이 아니라 동네 앞산을 말한다. 집이 대개 남향으로 서 있기 때문에 앞이 남쪽이었고, 앞산을 남산이라 불렀던 것이다.

그런데 성서에서는 앞쪽이 남쪽이 아니라 동쪽을 가리킨다. 동쪽을 바라보고 있을 때 오른쪽은 남쪽이 된다. 왼쪽은 북쪽, 뒤쪽은 서쪽이 된다. 오른쪽에서 그늘이 된다는 것은 남쪽에 그늘을 만들어주신다는 뜻이다. 해가 남쪽(네게브 사막) 중천에 떠 있을 때 가장 덥다. 이런 더위로부터 지켜주신다는 뜻이다.

우리가 광야에 들어간다고 하면 맨 먼저 찾는 곳이 그늘일 것이다. 그늘에 피하면 그래도 버틸 수 있지만 그늘이 없으면 얼마 가지 못해서 쓰러지고 말 것이다. 순례자들은 그들이 광야를 지나가는 동안에 하나님께서 그들의 그늘이 되어 보호해주실 것을 믿으면서 이 노래를 부르며 성전에 올라갔다.

낮의 해가 너를 상하게 하지 아니하며 (6절).

해가 왜 우리를 상하게 한단 말인가? 여기에서 '상하다'로 번역된 나카(nakah)는 'smite'(박살을 내다)를 뜻한다. 즉 살인적인 더위를 말하는 것이다. 여리고에서 예루살렘에 이르는 길은 광야다. 그 길에는 나무 한 그루도 없고 집 한 채도 없다. 샘이 없는 것은 말할 것도 없다. 피할 곳이 없다. 그런 광야를 한낮에 지나는 것은 지극히 위험한 일이다. 광야에서 해만큼 위협적인 존재도 없을 것이다. 그런데 하나님께서 해를 피할 수 있는 그늘이 되어 주셔서 광야에서 쓰러지지 않고 광야를 무사히 통과할 수 있도록 도와주실 것을 믿으면서 이 노래를 부르면서 성전을 향해 올라갔던 것이다.

모든 환난을 면하게 하시며 (7절).

살아가면서 당하는 모든 어려움과 환난을 면하게 하신다는 뜻보다는 험하고 위험한 산을 올라가면서 무사히 그 산을 올라가게 해주실 것이라는 뜻이다. 환난으로 번역된 raya의 일차적인 의미는 '악'(evil)이다. '나쁜 일'을 의미하기도 한다.

시편 23편에서는 이 단어가 '해'로 옮겨졌다.

내가 사망의 음침한 골짜기를 다닐지라도 해를 두려워하지 않을 것은 (시 23:4).

여기서 raya는 산을 올라가다 넘어지거나, 낭떠러지로 떨어지거나, 더위와 목마름에 지쳐 쓰러진다든가, 또는 무서운 짐승을 만난다든가 하는 것을 말한다. 살아가면서 겪는 환난을 말하는 것이 아니다(물론 의미를 부여하면 그렇기는 하지만).

너의 출입을…지키시리로다 (8절).

이 구절을 가지고 이렇게 설교했었다. 출입은 들어오고 나가는 것이다. 아침에 집을 나가서 저녁에 집에 들어올 때까지 하나님이 지켜주신다. 입학해서 졸업할 때까지 지켜주신다. 태어날 때부터 죽을 때까지 지켜주신다. 처음부터 끝까지 지켜주신다.

그런데 원문에는 '가고 오는 것'(going and coming)을 지켜주신다고 되어 있다. 성전에 올라갔다가 다시 집에 돌아가는 것을 지켜주신다는 것이다. 여행을 지켜주신다는 것이다.

이 시편은 성전에 올라가면서 안전하게 순례의 길을 마칠 수 있게 해달라고 하는 기도이다. 'travel mercy'를 구하는 기도이다. 이 시편은 먼 길을 떠나는 이들에게 힘을 주는 말씀이다.

성탄 이야기

낯설게 읽기

동방박사들이 별의 인도를 따라왔는가?

동방 박사 세 사람 귀한 예물 가지고
산을 넘고 물을 건너 별 따라왔도다 (찬송가 116장)

동방박사가 세 사람이라고 했다. 그러나 동방박사가 세 사람이라는 사실은 성경 어디에도 나와 있지 않다. 성경에는 다만 이렇게 되어 있다.

동방으로부터 박사들이 예루살렘에 이르러 (마 2:1).

어거스틴 같은 학자는 동방박사들이 열 명이었을 것이라고 한다.

동방박사들이 "산을 넘고 물을 건너" 왔다고 했다. 험하고 먼 길을 왔다는 것을 그렇게 표현한 것이다. 그들이 얼마나 먼 길을 왔을까? 페르시아에서 예루살렘까지 오는 데 얼마나 걸렸을까? 성경에 그들이 걸어왔던 길을 온 사람이 있다. 바로 에스라다.

첫째 달 초하루에 바빌론에서 길을 떠났고 하나님의 선한 손의 도우심을 입어 다섯째 달 초하루에 예루살렘에 이르니라 (스 7:9).

바빌론(이라크)에서 예루살렘까지 넉 달이 걸렸다고 했다. 페르시아(이란)는 그보다 머니까 5달 정도 생각하면 될 것이다.

'산을 넘고 물을 건너' 왔다고 했는데 이는 한국식 표현이다. 동방박사들은 산 넘고 물 건너 예루살렘까지 온 것이 아니었다. 그들이 왔던 길을 생각해 보라. 이란에서 출발해서 이라크를 거쳐 요르단을 지나 요단 강을 건너 유대 광야를 거쳐 베들레헴까지 왔다. 그들은 산을 넘고 강을 건넌 것이 아니라 사막을 건너왔다. 얼마나 험하고 위험한 길이었겠는가? 가도가도 끝없는 황량한 사막을 4-5달에 걸쳐 지나온 것이다. 죽음을 각오한 여행이었던 것이다. 그냥 산을 넘고 강을 건너는 정도가 아니었다. 하나님의 특별한 보호하심의 은혜가 필요한 루트였다. 그래서 에스라는 그 길을 '하나님의 선하신 손의 도움으로' 무사히 올 수 있었노라고 고백했던 것이다(스 7:9).

그들의 교통 수단이 무엇이었겠는가? 성탄절 장식에 동방박사들이 등장하면 반드시 낙타가 같이 등장한다. 성경에는 그들이 어떻게 왔는지에 대해서는 언급이 없다. 그런데 왜 낙타를 타고 왔다고 생각하는 것일까?

동방박사들은 사막을 지나왔다. 사막에서의 유일한 교통수단은 옛날이나 지금이나 낙타다. 누구도 낙타 없이는 사막에 들어갈 수 없다. 낙타는 사막이라고 하는 바다를 항해하는 유일한 배라고 할 수 있다. 사막을 지나다 낙타가 쓰러지면 낙타가 지고 있던 짐을 다 버려야 한다. 낙타 한 마리와 사막을 지나다가 낙타가 쓰러지면 사람도 죽는다. 그렇기 때문에 낙타를 고를 때는 심사숙고해야 한다. 건강하고 혹이 불룩 나와 있는 낙타를 골라야 한다. 사막을 지나다 오아시스를 만나면 반드시 들렀다 가야 한다. 그 이유 가운데 하나는 낙타에게 물을 먹여야 하기 때문이다. 동방박사들은 넉 달이 넘는 사막 여행을 해야 했다. 짐이 얼마나 많았겠는가? 그 짐을 낙타들이 다 지고 왔던 것이다.

동방박사들이 '별 따라 왔다'고 했다. 성탄절 스토리에 빠질 수 없는 것이 성탄 별이다. 베들레헴 예수님 탄생 기념교회에 가면 예수님께서 태어나셨다고 하는 자리에 별이 새겨져 있다.

동방에서 이상한 별이 나타나자 동방박사들은 메시아 탄생의 징조인 것을 알아채고는 메시아에게 경배하기 위해 멀고 먼 길을 왔다. 메시아가 어디에서 탄생했는지 어떻게 알고 찾아왔을까? 물론 '별의 인도를 따라' 왔다.

별의 인도를 따라 왔으니까 낮에는 자고 밤에만 걸었을 것이다. 낮에는 별이 나타나지 않았을 테니까. 밤에는 걷고 낮에는 자고 하는 일도 쉬운 일만은 아니었을 것이다. 하루 이틀도 아니고 4-5달을 그렇게 해야 했으니 얼마나 힘들었겠는가? 그들은 그렇게 천신만고 끝에 베들레헴에 와서 메시아로 태어나신 아기 예수께 경배를 드렸다. 정말일까?

동방박사들은 별의 인도를 따라 예루살렘까지 온 것이 아니었다. 만일 그들이 별의 인도를 따라 왔다면 왜 예루살렘까지 와서 메시아가 어디서 태어났는지를 알아보기 위해 헤롯 왕을 찾아 갔겠는가? 예루살렘까지는 별의 인도를 따라 왔지만 갑자기 별이 사라져서 그랬던 것일까? 그렇지 않다. 오히려 그 반대다. 예루살렘에 와서야 그 별이 다시 나타났다.

> 박사들이 왕의 말을 듣고 갈새 동방에서 보던 그 별이 문득 앞서 인도하여 가다가 (마 2:9).

동방에서 넉 달 전에 나타났던 그 별이 '문득' 다시 넉 달 만에 그들 앞에 나타난 것이었다.

> 그들이 별을 보고 매우 크게 기뻐하고 기뻐하더라 (마 2:10).

넉 달 만에 다시 나타난 그 별을 보고 무척 기뻐했다는 것이다. 잠시 예루살렘에서 사라졌던 그 별이 다시 나타난 것이 아니라, 동방에서 넉 달 전에 나타났다가 한동안 보이지 않더니 예루살렘에서 다시 나타난 것이다. 그래서 기뻐하고 기뻐했던 것이다.

그들이 기뻐하고 기뻐한 가장 큰 이유는 그들이 지금까지 바로 왔다는 것을 그 별이 확인시켜주었기 때문이다. 그 먼 길을 왔는데 잘못 온 것이라면 얼마나 허망하겠는가? 그런데 그 별이 다시 나타나 그들이 지금 바른 길로 가고 있음을 확인시켜준 것이다. 그래서 기뻐하고 기뻐했던 것이다.

동방박사들은 별의 인도를 따라 오지는 않았지만, 보이지 않는 하나님의 인도하심 가운데 예루살렘까지 잘 왔다.

아브라함에게도 그의 고향을 떠나 "내가 네게 지시할 곳으로 가라"고 하셨다. 그러나 그곳이 어디인지 어떻게 가야 하는지 알려주시지 않았다. 적어도 목적지와 지도 한 장 정도는 주셔야 하는 것 아닌가? 그러나 아브라함은 보이지 않는 하나님의 인도하심 가운데 가나안까지 잘 왔다.

우리는 처음부터 끝까지 하나님이 인도해 주시기를 원한다. 그리고 눈에 보이는 것으로 확실하게 인도해 주시기를 원한다. 또한 별의 인도를 따라 살고 싶어한다. 특별한 계시나 표징을 원한다. 그러면 확실할 테니까. 그러나 하나님은 그런 식으로 우리의 삶을 인도하시지 않는다. "별"을 통해 인도해 주시는 경우는 아주 드물다.

하나님은 대부분의 경우 우리가 모르는 가운데 우리를 인도하신다. 하나님은 하루하루 인도하신다. 그러기 때문에 우리는 매일매일 겸손하게 하나님의 인도를 구하는 기도를 할 수밖에 없다. 우리가 하루하루 기도 가운데서 하나님의 인도를 구하며 살아간다면 우리의 삶이 크게 잘못된 길로 벗어나지는 않을 것이다. 잘못된 길로 갔다가도 (동방박사들처럼) 곧바로 제 길로 돌아오게 될 것이다.

동방박사들은 그때 그 자리에 없었다

예수님이 태어나시던 날 밤, 들에서 양을 치던 목자들과 동방박사들이 구유에 누워 계신 아기 예수를 찾아와 경배를 드렸다. 동방박사들이 페르시아(이란)에서 출발했다고 볼 때, 적어도 베들레헴까지 오는 데 4-5달은 걸렸을 것이다. 그들은 산을 넘고 물을 건넜을 뿐만 아니라 사막을 건너온 사람들이었다. 그 멀고 험한 길을 아기 예수를 경배하기 위해서 왔던 것이다.

그런데 놀라운 사실은 그들이 예수님의 탄생과 딱 맞아떨어지게 베들레헴에 도착했다는 것이다. 어떻게 그 먼 길을 왔는데도 하루도 빠르거나 늦지 않게 정확한 날짜에 도착했을까? 기가 막힌 타이밍이다.

정말 그랬을까?

예수님 태어나시던 날 밤에는 들에서 양을 치던 목자들만이 아기 예수를 찾아가 경배를 드렸다. 동방박사들은 그때 그 자리에 없었다. 그들은 한참 오고 있는 중이었다. 아직 유대 땅을 밟지도 못했다. 무슨 이야기인가? 무슨 근거로 그런 이야기를 하는 것인가?

우리가 알고 있는 크리스마스 스토리는 뒤죽박죽이다. 크리스마스와 관련된 모든 사건들이 다 예수님 태어나시던 날 밤에 일어난 것으로 되어 있다. 마리아가 베들레헴에 도착한 것도 크리스마스이브였고, 동방박사들이 아기 예수께 와서 경배 드린 것도 크리스마스이브였고, 마리아가 예수님을 안고 이집트로 피신 간 것도 그날 밤으로 생각을 한다. 그러나 사실은 그렇지 않다.

만일 그들이 예수님이 태어나시던 날 밤에 아기 예수께 찾아와 경배를 드렸다면 어떤 일이 일어났을까? 예수님은 태어나자마자 이집트로 피난 가셔야 했을 것이다. 마리아가 어떻게 해산하자마자 그 먼 길을 갈 수 있었겠는가? 둘 다 죽고 말았을 것이다. 그들이 건넌 시나이 반도는 사막이다. 겨울에는 엄청 춥다. 태어난 지 하루밖에 안 되는 아기를 안고 산모가 그 험한 여행을 하는 것이 가능하다고 보는가?

아기가 태어나면 8일째 되는 날 할례를 받는다. 예수님도 할례를 받으셨다. 그리고 산모는 출산한 후에 정결례를 행해야 했다. 출산할 때 피를 흘렸기 때문에 부정하다고 여겼던 것이다. 그래서 사내아이를 낳았을 경우는 33일, 여자아이를 낳았을 경우에는 66일 동안 바깥 출입을 하지 못하게 되어 있었다. 정한 기간이 지나면 정결 예물을 바치고 비로소 부정한 몸이 정하게 된다(레위기 12장). 그렇게 함으로 일상적인 삶으로 돌아갈 수 있었다. 그래서 마리아도 33일 후에 예루살렘 성전에 올라가 비둘기를 정결 예식을 위한 제물로 바쳤다.

그런데 만일 우리가 생각하고 있는 대로, 예수님이 태어나시던 날 밤에 동방박사들이 찾아왔다면 마리아와 예수님은 그날 밤으로 이집트로 피신 가셨을 것이다. 그러면 예수님이 할례를 받고 마리아가 정결 예식을 행한 이야기는 어떻게 이해해야 하는가? 만일 때맞추어 동방박사들이 아기 예수님을 찾아와 경배를 드렸더라면 예수님은 할례를 받을 수가 없었을 것이고, 마리아도 정결 예식을 거행할 수 없었을 것이다. 그리고 그들은 이집트로 피난 가는 길에 사막에서 죽고 말았을 것이다. 동방박사들은 예수님이 태어나시고 한참 후에야 (적어도 한 달도 더 지난 다음에) 아기 예수님을 찾아와 황금과 유향과 몰약을 드리면서 경배를 드렸던 것이다. 그들이 오고 있는 동안에 할례도 행하고 정결례도 행했던 것이다.

동방박사들이 아기 예수께 경배한 곳이 어디였는가?

> 집에 들어가 아기와 그의 어머니 마리아가 함께 있는 것을 보고 엎드려 아기께 경배하고 보배합을 열어 황금과 유향과 몰약을 예물로 드리니라 (마 2:11).

그들이 아기 예수께 경배했던 곳은 구유가 아니라 '집'이었다. 예수님이 태어나시던 날 밤에는 방이 없어서 구유에서 태어나셨지만, 아마 그 다음 날 아니면 며칠 뒤에 '집'으로 옮겼을 것이다. 그리고 그 집에 한 달 정도 머물면서 산간호를 했을 것이다. 한 달이 지나도록 나사렛으로 돌아가지 않았던 것은 마리아의 건강이 회복되는 데 시간이 필요했기 때문이다.

동방박사들은 예수님이 태어나신 지 한 달도 더 지난 후에 비로소 베들레헴에 도착했고 아기 예수께 경배했다. 그들이 늦게 도착한 것처럼 보일지 모르지만 사실은 그렇지 않다. 그들은 하나님의 인도하심 가운데서 정확한 타이밍에 도착을 한 것이었다. 그들이 늦게 왔기에 망정이지, 때맞추어 왔다고 하면 어떤 일들이 일어났겠는가? 그들이 늦게 왔기 때문에 예수님은 할례를 받을 수가 있었고, 마리아는 정결례를 행할 수가 있었다. 그리고 무엇보다 아기 예수님도 강건해져 갔고 마리아도 건강이 회복될 수 있었다. 그렇지 않았더라면 이집트로 무사하게 피신 갈 수 없었을 것이다. 동방박사들이 늦게 온 데는 그럴 만한 이유가 있었던 것이다. 아니, 그들이 늦게 온 것이 아니라 하나님께서 그들을 늦게 오도록 하셨던 것이다.

나사로가 아파서 죽어가고 있었다. 예수님에게 급하게 전갈을 보냈다. 그러나 예수님은 서두르시지 않았다. 사람이 죽어간다는 전갈을 받고도 늦게 출발하셨다. 나사로의 집에 가보니 이미 나사로는 죽고 말았다.

예수님이 서둘러서 시간 맞춰 가셨다고 한다면 나사로는 예수님이 기도해주셔서 간단하게 고쳐주셨을 것이다. 그러나 예수님은 나사로가 죽은 지 나흘이나 지난 다음에 나타나셨다. 예수님은 죽은 나사로를 무덤에서 불러내셨다. 그러자 죽은 나사로가 강시처럼 온몸이 수의로 감긴 채로 뚜벅뚜벅 걸어나오지 않았는가?

예수님이 늦게 오신 데는 다 이유가 있었던 것이다. 예수님은 이제 얼마 있지 않으면 십자가에 못 박혀 돌아가시게 되어 있다. 그리고 사흘 만에 무덤 문을 열고 다시 살아 나오시게 되어 있었다. 예수님은 나사로를 통해서 자신의 죽음과 부활을 미리 선포하셨던 것이다. 바로 그 일을 위해서 일부러 늦게 오셨던 것이다. 마리아와 마르다는 예수님이 너무 늦게 오셨다고 생각했지만, 그러나 예수님은 당신의 시간표에 따라 정확한 시간에 나사로의 집에 오신 것이었다.

어떤 때는 늦는 것이 하나님의 타이밍일 수도 있다. 하나님의 섭리와 시간표에 따라 어떤 일이 늦어질 수도 있다. 기도 응답이 늦어질 수도 있다. 내가 세운 시간표대로 하나님이 움직이시지는 않는다. 내가 볼 때는 이미 너무 늦은 것처럼 보인다. 그런데 하나님의 시간표에 따르면 아직 시간이 안 된 것일 수도 있다.

우리는 항상 서두른다. 하나님보다 앞서간다. 하나님이 하시는 일이 답답해 보일 때가 많다. '충청도 하나님'처럼 보일 때가 많다. 그래서 뒤에 오시는 예수님을 재촉할 때가 얼마나 많은가? 그러나 우리가 하나님의 섭리와 시간표 안에서 살아간다고 하면, 너무 늦은 것은 아무것도 없다. 하나님은 정확한 때에 우리에게 다가오신다. 빠르지도, 늦지도 않게. 다만 우리가 항상 서두르는 것뿐이다.

우리는 예수님의 오심을 기다리며 대강절을 지킨다. 대강절이라고 대강대강 지키면 안 된다. 간절한 마음으로 주님의 오심을 준비해야 한다. 크리스마스를 기다리면서 12월 한 달을 보내게 된다. 그러다가 크리스마스 이브가 되면 축제의 절정에 이르게 되고 크리스마스는 끝나게 된다. 대강절 기간 동안에 예수님의 오심을 기다리는 찬송을 많이 부른다. 그래서 정작 성탄 찬송을 부를 수 있는 주일은 많지 않다. 성탄 주일이나 크리스마스 이브가 전부이다. 12월 25일이 지난 다음에 성탄 찬송을 부르거나 성탄에 관한 설교를 하면 김이 빠지는 것처럼 느껴진다.

우리가 교회력에 대해 무지해서 그렇다. 교회력에 따르면 대강절은 크리스마스를 준비하는 기간이고, 크리스마스 때부터 본격적으로 성탄 시즌이 시작된다. 1월 6일을 현현절(주현절)이라고 하는데, 이때까지 12일 동안을 성탄절로 지킨다. 현현절은 동방박사들이 예수님께 경배한 날을 기념하는 주일이다.

크리스마스캐럴 가운데 〈12 Days of Christmas〉라는 유명한 노래가 있다. 예수님 태어나신 날부터 동방박사들이 예수님을 경배한 날까지 하루하루 예수님의 탄생을 축하하는 노래를 부르는 것이다. 크리스마스는 성탄절이 끝나는 날이 아니라 시작하는 날이다. 왜냐하면 아직 동방박사들이 오지 않았기 때문이다. 동방박사들이 와서 예수님을 경배해야 크리스마스가 끝나는(?) 것이다. 왜냐하면 크리스마스는 그리스도께 경배(예배, 미사)드리는 날이기 때문이다.

어? 42대가 아니잖아?

마태복음 1장은 예수님의 족보로 시작하고 있다. 누가 누구를 낳고 누가 누구를 낳고가 지루하게 이어지고 있다. 낳고 낳고 낳고… 거의 40번 정도 '낳고'라는 말이 반복되어 나온다. 이 족보를 17절에서 이렇게 요약하고 있다.

> 그런즉 모든 대 수가 아브라함부터 다윗까지 열네 대요 다윗부터 바빌론으로 사로잡혀 갈 때까지 열네 대요 바빌론으로 사로잡혀 간 후부터 그리스도까지 열네 대더라.

이 14대, 14대, 14대를 합치면 아브라함부터 예수님까지 모두 42대가 된다. 아브라함부터 예수까지 족보에 나오는 인물들을 나열해보자.

아브라함, 이삭, 야곱, 유다, 베레스, 헤스론, 람, 아미나답, 나손 살몬, 보아스, 오벳, 이새, 다윗, 솔로몬, 르호보암, 아비야, 아사, 여호사밧, 요람, 웃시야, 요담, 아하스, 히스기야, 므낫세, 아몬, 요시야, 여고냐, 스알디엘, 스룹바벨, 아비훗, 엘리아김, 아소르, 사독 아킴, 엘리웃, 엘르아살, 맛단, 야곱, 요셉, 예수.

모두 몇 명인가? 42명인가? 41명이다. 아브라함부터 예수님까지 42대로만 알고 있었는데, 어떻게 된 것인가? 분명히 14대, 14대, 14대 해서 합치면 42대가 아닌가? 그런데 왜 41명밖에 안 나오는 것일까?

마태복음의 족보에 나오는 사람들을 세어본 사람은 많지 않을 것이다. 여기에 나오는 사람들이 총 41명이라는 것을 아는 사람도 많지 않을 것이다. 성경을 대강 읽는 것이다. 생각 없이 읽는 것이다. 그러다가 알고 있던 사실이 사실이 아닌 것이 밝혀지면 "어, 그게 아니네?" 당황하게 된다.

안티 기독교인들이 기독교인들을 공격할 때 우리가 믿는 성서의 부정확성에 대해 공격한다. 마태복음 1장을 가지고 "봐라. 너희들이 신의 말씀이라고 철썩같이 믿고 있는 예수의 족보만 보더라도 엉터리가 아니냐"고 하면서 비웃는다. 그들이 지적한 것을 보면 다 맞는 것처럼 보인다. 그러면 그들이 맞고 우리가 틀리다는 말인가? 알아도 어설프게 알게 되면 성경에 대해 의구심을 갖게 된다. 성경에 대한 믿음이 하루아침에 무너질 수도 있다. 그러기 때문에 확실히 알아야 한다.

마태는 세리다. 꼼꼼한 사람이다. 이성적인 사람이다. 합리적인 사람이다. '무조건 믿습니다'라고 하는 사람이 아니다. 그런데 어떻게 이런 실수를 할 수 있단 말인가? 그것도 마태복음을 기록하기 시작하자마자… 다시 한 번 마태복음 1장 17절을 살펴보자.

> 그런즉 모든 대 수가 아브라함부터 다윗까지 열네 대요 다윗부터 바빌론으로 사로잡혀 갈 때까지 열네 대요 바빌론으로 사로잡혀 간 후부터 그리스도까지 열네 대더라.

아브라함부터 다윗까지 14대가 맞다. 아브라함, 이삭, 야곱, 유다, 베레스, 헤스론, 람, 아미나답, 나손, 살몬, 보아스, 오벳, 이새, 다윗이다.

예수님 탄생 자리에 새겨진 별. 꼭지점을 세어보면 42개이다.
아브라함부터 42대 후손이라는 것을 상징적으로 표현한 것이다.

다윗부터 바빌론으로 끌려갈 때까지 (즉 요시야 왕까지) 14대, 맞다. 다윗, 솔로몬, 르호보암, 아비야, 아사, 여호사밧, 요람, 웃시야, 요담, 아하스, 히스기야, 므낫세, 아몬, 요시야이다.

바빌론에 끌려가서부터 예수님까지 14대가 맞다. 여고냐, 스알디엘, 스룹바벨, 아비훗, 엘리아김, 아소르, 사독, 아킴, 엘리웃, 엘르아살, 맛단, 야곱, 요셉, 예수이다.

마태가 한 말이 틀리지 않다. 정확하게 맞는다. 그런데 왜 42명이 아니고 41명만 나오는 것일까? 우리가 성경을 자세히 읽지 않기 때문이다. 마태는 41대라는 말을 하지 않았다. 우리가 그렇게 생각하는 것뿐이다. 우리가 잘못 이해하고는 마태가 실수했다고, 성경이 잘못됐다고 생각하는 것이다.

왜 우리는 42대라고 믿는 것인가? 이 구절에 14대, 14대, 14대 세 번 나온다. 합치면 42대가 된다. 그래서 42대라고 믿는 것이다. 그러나 잘 읽어보라. 다윗이 두 번 겹쳤다. “아브라함부터 다윗까지 14대요, 다윗부터 바빌론으로 사로잡혀 갈 때까지 14대요” 다윗이 두 번 겹쳤으니까 42대가 아니라 실제로는 41대인 것이다.

이렇게 기록했으면 우리가 오해를 하지 않았을 것이다.

“아브라함부터 다윗까지 14대요, 솔로몬부터 바빌론 포로로 끌려갈 때까지 13대요, 바빌론 포로로 끌려갈 때부터 예수까지 14대더라.”

그런데 왜 그렇게 하지 않았던 것일까?

마태가 그렇게 한 데는 의도가 있었다. 마태는 다윗을 의도적으로 두 번 계산에 넣었다. 실수로 그렇게 한 것이 아니다. 앞에서도 언급했지만 독자들로 오해가 없도록 하기 위해서는 정확하게 아브라함부터 다윗까지 몇 대, 솔로몬부터 바벨론 포로로 끌려갈 때까지 몇 대, 바빌론 포로로 끌려간 후부터 예수님까지 몇 대… 그렇게 구분을 했어야 했다. 그러나 마태는 이 족보를 통해 독자들에게 말하고자 하는 바가 있었기 때문에 의도적으로 그렇게 하지 않고 다윗을 두 번 넣었던 것이다.

마태가 왜 예수님의 족보를 14대씩 구분했는가에 대해서는 많이 들었을 것이다. 다윗이라고 하는 히브리어를 수치로 환산하면 14가 된다. d(4) + v(6) + d(4) = 14. 히브리 전통은 메시야가 다윗의 혈통 가운데 오실 것이라고 믿고 있다. 오늘날도 다윗은 이스라엘의 상징적인 인물이다. 이스라엘 국기에는 다윗의 방패가 그려져 있다. 이스라엘(남 유다 왕국)의 왕들은 다윗의 후손이었다. 다윗의 가문은 왕가였던 것이다. 그는 이스라엘의 건국의 아버지라고 할 수 있는 인물이다. '하나님의 마음에 합한 자'이기도 했다.

사울은 사람들이 왕으로 세웠지만, 실패로 끝나고 말았다. 그래서 하나님이 이스라엘의 목자(왕)로 다윗을 직접 선택해서 세우셨다. 다윗은 왕이기도 했지만 전사였다. 이스라엘의 영토를 넓히는데 혁혁한 공을 세운 인물이다. 그래서 유대인들은 자연스럽게 메시야를 다윗과 연관시켰다.

마태가 그의 복음서를 시작하면서 예수님의 족보부터 제시하고 있는 것은, 예수님이 바로 다윗의 후손이라는 사실을 통해, 그가 메시야이심을 증거하기 위해서였다. 이 책에서도 언급했지만 이스라엘 학교에서는 예수님이 베들레헴에서가 아니라 나사렛에서 나셨다고 가르친다. 베들레헴에서 나셨다고 하면 간접적으로 예수가 메시야임을 인정하는 셈이 될 수도 있기 때문이다. 이렇게 메시야와 베들레헴, 다윗은 긴밀하게 연관되어 있다.

예수님의 어머니 마리아와 요셉은 나사렛에서 살고 있었다. 예수님은 나사렛에서 태어나시게 되어 있었다. 그런데 로마 황제가 각자 고향에 돌아가 호적을 하라고 하는 명령을 내렸기 때문에 마리아와 요셉도 베들레헴에 내려갈 수밖에 없었고, 그래서 그곳에서 예수님을 낳게 된 것이었다. 구약의 메시야 예언이 성취되도록 하기 위하여 이런 일들이 일어나게 된 것이다.

왜 마태가 다윗을 계속 강조하고 있는지 이제 이해가 될 것이다. 예수님의 족보를 14대씩 구분한 이유도 다윗 때문이었고, 다윗을 기점으로 다윗 이전 14대, 다윗 이후 14대로 예수님의 족보를 기술한 것도 그런 이유에서였다.

이제 왜 마태가 "아브라함부터 다윗까지 14대요 솔로몬부터 바빌론 포로로 끌려가기까지 몇 대요"라고 하지 않고, "아브라함부터 다윗까지 14대요, 다윗부터 바빌론 포로로 끌려가기까지 14대요"라고 했는지 이해가 될 것이다. 마태가 예수님의 족보를 통해서 강조하고자 했던 것은 예수님이 다윗의 후손이라고 하는 사실이다. 그것을 통해 예수님이 메시야라는 것을 증거하고 싶었던 것이다. 그래서 우리에게는 이상하게 보이는 방식으로 예수님의 족보를 다음과 같은 구조로 서술해나갔던 것이다.

아브라함부터 다윗까지

다윗부터 (솔로몬이 아니라) 바빌론 포로로 끌려갈 때까지

바빌론 포로로 끌려간 후 예수님까지

잘 알려진 사실이지만, 이 족보가 역사적으로 정확한 것은 아니다. 아브라함부터 다윗까지 14대가 아니다. 이집트에서 400년간 있었을 때의 역사는 대강 건너뛰었다. 이스라엘의 왕(남 유다 왕들) 가운데도 아하시야, 요아스, 아마샤, 여호아하스, 시드기야 같은 왕들은 누락이 되었다. 다시 말해 다윗은 14라는 숫자에 맞추기 위해 취사선택했던 것이다.

구약의 족보들도 역사적으로 정확하지는 않다. 정확한 역사 기록을 위해 족보가 기록된 것이 아니다. 족보를 기록하는 데 있어서 빠지는 사람들도 많았다. 우리말에도 "호적에서 파버린다"는 말이 있지 않는가? 예수님의 족보에는 "호적에서 파버린 사람들"이 많이 나온다. 구약의 족보에도 "호적에서 파버린 사람들"이 많이 나온다. 누가 족보를 기록하느냐에 따라 누가 올라가고 누가 누락되는가가 결정되었다.

아브라함부터 다윗까지는 14명을 다 채웠다. 그런데 솔로몬부터 바빌론 포로로 끌려가기까지는 13명밖에 올라가 있지 않다. 왜 14명을 뽑지 않고 13명만을 족보에 올렸을까? 사람이 없어서? 마태가 깜빡 실수를 해서? 아니다. 앞에서도 말한 것처럼 5명의 왕의 이름이 빠졌다. 그 중 한 사람을 올리면 된다. 그런데 마태는 그렇게 하지 않았다. 왜냐하면 14명을 다 올리면 이렇게 기술해야 하기 때문이다.

"솔로몬부터 바빌론 포로로 끌려가기까지 14대요."

그러나 마태는 다윗부터 14대를 기록하고 싶었다. 그렇게 하자니까 13명만 뽑아야 했던 것이다. 그래서 "다윗부터 바빌론에 포로로 끌려갈 때까지 14대요"가 된 것이다.

아브라함부터 다윗까지의 족보는 다윗에게서 절정을 이루게 된다. 아브라함의 후손 13명의 이름이 거론된 것은 예수님의 조상이 누구인가를 말해주기 위해서가 아니라 다윗을 말하기 위함이었다.

다윗부터 바빌론 포로로 끌려갈 때가지 13명의 명단이 나오는데, 그들은 유다 왕국의 왕들이었다. 그들 모두가 다윗의 후손들이었다. 다윗 때문에 그들이 존재할 수 있었던 인물들이다. 그리고 다윗 때문에 왕이 되었던 인물들이다. 여기에서도 강조되고 있는 것은 다윗이다. 그러니 이스라엘 왕가의 족보를 제시함에 있어서 솔로몬을 맨 앞에 올려놓을 수는 없는 것 아닌가? 당연히 다윗이 맨 앞에 자리를 잡아야 하지 않는가? 그러기 때문에 다윗이 이미 앞에서 언급되었지만 여기에서도 다시 한 번 언급될 수밖에 없었던 것이다.

마태는 예수님의 족보를 다윗 전후로, 그리고 바빌론 포로기 전후로 구분하고 있다. 다윗을 기준으로 삼은 것에 대해서는 이미 충분히 설명하였다. 그러면 왜 바빌론 포로기를 기점으로 전후로 구분한 것일까? 왜 바빌론 포로로 끌려가기 전까지, 그리고 끌려간 후부터로 구분한 것일까? 역시 다윗과 관련이 있다.

하나님은 다윗과 영원한 언약을 맺으셨다. 이것을 '다윗 언약'

이라 부른다.

> 여호와가 너를 위하여 집을 짓고 네 수한이 차서 네 조상들과 함께 누울 때에 내가 네 몸에서 날 네 씨를 네 뒤에 세워 그의 나라를 견고하게 하리라 그는 내 이름을 위하여 집을 건축할 것이요 나는 그의 나라 왕위를 영원히 견고하게 하리라 나는 그에게 아버지가 되고 그는 내게 아들이 되리니 그가 만일 죄를 범하면 내가 사람의 매와 인생의 채찍으로 징계하려니와 내가 네 앞에서 물러나게 한 사울에게서 내 은총을 빼앗은 것처럼 그에게서 빼앗지는 아니하리라 네 집과 네 나라가 내 앞에서 영원히 보전되고 네 왕위가 영원히 견고하리라 (삼하 7:11-16).

다윗의 가문을 왕가로 세워주시겠다는 것과 다윗을 통해 세우신 나라가 영원히 무너지지 않고 계속될 것이라는 사실이 다윗 언약의 핵심이다. 이 언약이 남 유다 왕국을 통해 성취되어졌다. 그러나 이스라엘이 바빌론에 의해 멸망당하고 포로로 끌려가면서 다윗 언약도 폐기되는 것처럼 보였다.

바빌론으로 끌려간 후 이스라엘 백성은 소망이 없었다. 나라가 망하고 없어지게 되고 말았다. 더 이상 왕도 없었다. 다윗 왕가가 끝난 것이다. 그런데 이스라엘을 다시 회복하실 왕이 태어셨으니 그분이 바로 예수님이라고 하는 것을 이 족보는 말해주고 있는 것이다. 그분은 왕으로 오신 분이었다. 왕의 왕이신 분이다. 다윗 언약의 성취자이시다.

우리는 다음과 같이 요약해 볼 수 있다.

1:2-6 아브라함의 자손 다윗과 영원한 언약을 맺으심

1:7-11 다윗과 맺으신 영원한 언약이 성취되어가다가 이스라엘의 멸망으로 그 언약이 폐기되는 것처럼 보였다.

1:12-16 그러나 하나님은 다윗과 맺은 영원한 언약을 계속 지키시기 위해 그 언약을 회복하실 분으로 예수님이 이 세상에 다윗의 후손으로 오시게 하셨다.

마태복음이 유대인들에게 복음을 전하기 위해 기록된 복음서라는 사실을 상기할 때, 마태가 왜 이런 식으로 예수님의 족보를 기록했는가를 충분히 이해할 수 있을 것이다.

성탄절에 홀대받는 요한복음의 성탄 스토리

복음서마다 다른 성탄 스토리가 나온다.

마태복음에 나오는 성탄 이야기는 다음과 같다.

1. 족보
2. 마리아가 성령으로 아기 예수를 잉태함
3. 동방박사들이 아기 예수를 방문하고 예물을 드림
4. 헤롯 왕이 베들레헴의 유아들을 학살함
5. 아기 예수가 이집트로 피신 감

마가복음에는 성탄 이야기가 나오지 않는다. 예수님의 공생애부터 시작하고 있다. 마가의 관심사는 예수님의 수난과 십자가 그리고 부활이다. 그래서 상대적으로 덜 중요하다고 생각한 탄생 이야기는 빠져 있다.

누가복음에는 이런 이야기들이 나오고 있다.

1. 마리아가 성령으로 아기를 잉태함
2. 세례자 요한의 탄생
3. 호마 황제가 호적하라는 명령을 내림
4. 구유에서 태어나심
5. 목자들이 찾아와서 경배함
6. 예수님의 할례
7. 성전에 올라가 마리아가 정결 예식을 거행함

요한복음에는 어떤 성탄 스토리가 나올까? 거기에는 우리가 크리스마스 때 듣는 스토리들은 하나도 나오지 않는다. 크리스마스 때 듣는 성탄 이야기들은 모두 마태복음과 누가복음에 나오는 것들뿐이다.

이를 시간 순으로 배열하면 이렇게 된다.

1. 마리아와 요셉 약혼
2. 마리아가 성령으로 예수님을 잉태함
3. 세례자 요한의 출생
4. 동방박사들에게 별이 나타남, 동방박사들이 메시아를 만나기 위해 출발
5. 호적을 고향에 돌아가 하라는 명령에 따라 베들레헴으로 내려감
6. 베들레헴에 며칠 머물고 있는 동안에 예수님이 태어나심
7. 목자들이 와서 경배함
8. 예수님에게 할례를 행함 (태어난 지 8일 후)
9. 마리아의 산후 조리 (한 달 정도)

10. 마리아가 성전에 올라가 정결예식을 행함 (출산한 지 33일 후)

11. 동방박사들이 와서 경배함 (예수님 태어나신 지 40일 정도 후)

12. 예수님을 데리고 이집트로 피신

13. 베들레헴의 유아 학살

복음서를 읽어보면 같은 이야기들이 중복되어 나타나는 것을 알 수 있는데, 성탄 이야기는 중복된 것이 없다. 다 각자 자신만의 성탄 스토리를 우리에게 전해 주고 있다.

마태복음은 예수님의 족보로부터 시작하고 있다.

아브라함과 다윗의 자손 예수 그리스도의 세계라 (마 1:1).

예수님의 혈통을 통해 예수님이 메시아이심을 증거하고 있다. 구약 미가서의 예언도 인용한다. 예수님이 구약에서 예언된 메시아임을 그런 식으로 증명하고 있는 것이다. 만일 이방인들에게 예수님의 탄생을 이런 식으로 전했다고 한다면 어떤 반응을 보일까? "그래서 어쩌라고?" 그렇게 나올 것이다. 족보라든가 구약이 이방인에게는 별 의미가 없기 때문이다. 그러나 마태복음은 유대인 독자들을 염두에 두고 기록했기 때문에 예수님이 메시아이심을 증거하기 위해 그들의 족보와 구약을 인용했던 것이다.

마태는 메시아로 오신 예수님을 왕으로 기술하고 있다. 마태복음에 왕의 족보가 등장하고, 동방박사들이 와서 예물을 드리는 이야기를 하고 있는 까닭이 바로 거기에 있다.

마가복음에서는 예수님의 탄생과 어린 시절에 관한 어떤 기록도 찾아볼 수 없다. 마가는 단도직입적으로 이렇게 시작한다.

> 하나님의 아들 예수 그리스도의 복음의 시작이라 (막 1:1).

마가는 예수님의 공생애로부터 시작하고 있다. 다른 복음서에서는 예수가 메시아이심을 탄생 사건을 통해 증거하고 있는 데 반해 마가는 예수님의 고난과 십자가 부활을 통해 예수님이 메시아이심을 증거하고 있다.

누가복음에서는 예수님의 탄생과 관련하여 역사적인 사건들을 상세히 우리에게 전해 주고 있다. 아구스도 황제가 호적을 하라는 명령을 내린 일이라든가 세례자 요한의 탄생 등은 누가복음에만 나온다. 그는 의사답게 합리적으로, 이성적으로, 논리적으로 예수님의 생애를 기술해나가고 있다. 한 예로, 예수님이 공생애를 시작하실 당시의 역사적인 상황을 이렇게 자세하게 기술하고 있다.

> 디베료 황제가 통치한 지 열다섯 해 곧 본디로 빌라도가 유대의 총독으로, 헤롯이 갈릴리의 분봉 왕으로, 그 동생 빌립이 이두래와 드라고닛 지방의 분봉 왕으로, 루사니아가 아빌레네의 분봉 왕으로, 안나스와 가야바가 대제사장으로 있을 때에 (눅 3:1-2).

누가는 역사 속에 메시아로 오신 예수님에 대해 관심을 갖고 성탄 스토리를 기술하고 있다. 그는 "우리 중에 이루어진 사실에 대하여”(눅 1:1) 객관적으로 기록하기 위해 복음서를 썼다고 밝히고 있다(눅 1:1-3).

누가는 유대인이 아니다. 그러므로 이스라엘의 지리와 문화, 종교에 대해 정확히 모를 때도 있어서 가끔 실수를 했다. 한 예로, 마리아가 아기 예수를 대속하기 위해 성전에 올라가 비둘기를 제물로 바쳤다고 했는데, 그 제물은 대속 제물이 아니라 마리아가 정결 예식을 행하면서 바쳤던 제물이었다(눅 2:22-24). 마리아가 바쳤던 제물을 대속 제물로 혼동했던 것이다.

그러면 요한복음에는 예수님의 성탄 스토리가 어떻게 기록되었는가? 요한복음은 이렇게 시작되고 있다.

> 태초에 말씀이 계시니라 이 말씀이 하나님과 함께 계셨으니 이 말씀은 곧 하나님이시니라 그가 태초에 하나님과 함께 계셨고 (요 1:1-2).

얼마나 거창하게 시작하고 있는가! 장엄한 대서사시처럼 느껴지지 않는가?

마태, 마가, 누가는 비슷한 관점에서 예수님의 생애를 기술하고 있다. 그래서 그들이 기록한 복음서를 공관복음서라고 부른다. 그러나 요한은 그들과 판이하게 다른 관점에서 예수님의 생애에 대해 기록하고 있다. 그래서 다른 복음서에는 없는 것들이 요한복음에 많이 나오고, 다른 복음서에는 나오는데 요한복음에는 나오지 않는 이야기들도 많이 있다.

성탄 스토리도 마찬가지다. 마태와 누가는 성탄과 관련해서 있었던 사건들에 대해 기록하고 있는 반면, 요한복음에는 우리가 알고 있는 어떤 성탄 이야기도 나와 있지 않다. 그렇다고 마가복음처럼 성탄 스토리가 없이 본론(공생애)으로 직접 들어가는 것도 아니다. 요한복음에도 성탄 이야기가 있기는 하다. 요한복음에는 베들레헴 이야기도 없고, 동정녀 탄생 이야기도 없고, 구유 이야기도 없고, 동방박사 이야기도 없고, 목자들의 이야기도 없고, 천사들의 이야기도 없다.

그뿐 아니다. 요한복음에는 마리아 이야기도 나오지 않는다. 어떻게 성탄에 대해서 이야기하면서 마리아와 요셉에 대해서 일언반구도 하지 않을 수 있단 말인가? 그것이 가능한 일인가? 요한복음에 예수님의 어머니 마리아라는 이름이 나오는지 찾아보았다. 단 한 번도 나오지 않았다. 그렇다고 해서 예수님의 어머니에 대한 언급을 전혀 하지 않는 것은 아니다. 여러 차례 예수님의 어머니에 대해 언급하고 있다.

그런데 특이한 것은 "예수의 어머니"라고만 되어 있지 이름은 한 번도 밝히지 않았다는 사실이다(요 2:1, 3, 12, 19:25, 26). 왜 요한복음에는 마리아와 요셉의 이야기가 없는 것일까? 왜 예수님의 어머니 마리아에 대해서 그렇게 무관심한 것일까?

요한복음의 기독론은 로고스 기독론이다. 로고스가 인간의 몸을 입고 성육신하여 이 땅에 오신 분이 예수라고 요한은 선포하고 있다.

> 말씀이 육신이 되어 우리 가운데 거하시매 우리가 그의 영광을 보니 아버지의 독생자의 영광이요 (요 1:14).

요한은 예수님의 인성보다 신성을 강조하고 있다. 그러므로 마리아 이야기가 나오지 않는 것이다. 인간을 통해서 태어난 분이라는 것을 강조할 필요가 없었기 때문이다.

로고스가 무엇인가?

> 태초에 말씀이 계시니라 이 말씀이 하나님과 함께 계셨으니 이 말씀은 곧 하나님이시니라 (요 1:1).

여기에서 "말씀"은 헬라어로 로고스(logos)이다. 로고스라고 하는 철학적 개념을 가지고 요한은 헬라인들에게 예수가 로고스로 이 땅에 오셨다고 증거하고 있다. 로고스가 우리말로 '말씀'이라고 번역되었으나, 말씀 그 이상의 훨씬 깊고 넓은 의미를 갖고 있는 신적 존재이다. 로고스가 무엇인지 쉽게 설명해 줄 수 있는 사람은 아무도 없다. 우리에게는 잘 이해되지 않는 개념이다. 그런 로고스가 육신을 입고 이 땅에 오신 분이 성탄절에 태어나신 예수님이라고 요한은 설명하고 있다.

> 말씀이 육신이 되어 우리 가운데 거하시매 (요 1:14).

그러나 요한이 복음서를 기록할 때 염두에 둔 독자들은 로고스가 무엇인지 명확하게 이해하고 있었을 것이다. 헬라인들에게 유대 족보나 다윗 왕이나 구약의 예언 같은 것을 가지고 예수가 메시아심을 증거하는 것보다 로고스 개념을 가지고 설명하는 것이 훨씬 설득력 있었을 것이다. 그래서 구유나 베들레헴 이야기가 아니라 로고스 개념을 가지고 성탄 이야기를 했던 것이다. 말하자면 요한복음에도 성탄 이야기가 있긴 있는데, 요한복음 식의 성탄 이야기가 있는 것이다.

누가는 예수님이 아무도 자기 방을 내어주지 않아서 구유에서 태어나셨다고 했다. 그러나 요한은 같은 말을 이런 식으로 표현하고 있다.

> 세상이 그를 알지 못하였고 자기 땅에 오매 자기 백성이 영접하지 아니하였으나 (요 1:10-11).
>
> 빛이 어둠에 비치되 어둠이 깨닫지 못하더라 (요 1:5).
>
> 보라 처녀가 잉태하여 아들을 낳을 것이요 그의 이름은 임마누엘이라 하리라 하셨으니 이를 번역한즉 하나님이 우리와 함께 계시다 함이라 (마 1:23).

마태복음의 성탄 이야기에 나오는 이 구절을 요한은 요한 나름대로의 방식으로 이렇게 표현하고 있다.

> 말씀이 육신이 되어 우리 가운데 거하시매 우리가 그의 영광을 보니 아버지의 독생자의 영광이요 은혜와 진리가 충만하더라 (요 1:14).

마태와 누가의 성탄 이야기 가운데 이런 구절들이 나온다.

> 아들을 낳으리니 이름을 예수라 하라 이는 그가 자기 백성을 그들의 죄에서 구원할 자이심이라 (마 1:21).
> 오늘 다윗의 동네에 너희를 위하여 구주가 나셨으니 곧 그리스도 주시니라 (눅 2:11).

이런 구절이 요한복음에도 나온다.

> 하나님이 세상을 이처럼 사랑하사 독생자를 주셨으니 이는 그를 믿는 자마다 멸망하지 않고 영생을 얻게 하려 하심이라 (요 3:16).

요한복음에는 구유 이야기나 동방박사 이야기, 마리아 이야기가 나오지 않지만, 요한은 요한 나름대로 요한복음을 시작하면서 우리에게 성탄 이야기를 해주고 있는 것이다.

요한은 이 땅에 메시아로 오신 예수님을 '빛'이라고 선포하고 있다.

> 그 안에 생명이 있었으니 이 생명은 사람들의 빛이라 빛이 어둠에 비치되 어둠이 깨닫지 못하더라 (요 1:4-5).
> 그(세례자 요한)가 증언하러 왔으니 곧 빛에 대하여 증언하고… 그는 이 빛이 아니요 이 빛에 대하여 증언하러 온 자라 참 빛 곧 세상에

와서 각 사람에게 비추는 빛이 있었나니 (요 1:7-9).

마태는 메시아가 동정녀의 몸을 입고 이 땅에 오셨다고 전한다. 누가는 그분이 구유에 누워 계셨다고 전한다. 요한은 동정녀의 몸을 입고 이 땅에 오셔서 구유에 누워 계신 분이 '빛'이시라고 말한다.

요한은 유달리 예수님이 빛으로 이 세상에 오신 분임을 강조하고 있다.

나는 세상의 빛이니 나를 따르는 자는 어둠에 다니지 아니하고 생명의 빛을 얻으리라 (요 8:12).
나는 빛으로 세상에 왔나니 무릇 나를 믿는 자로 어둠에 거하지 않게 하려 함이로라 (요 12:46).

"고요한 밤 거룩한 밤"을 불러보자.

고요한 밤 거룩한 밤 어둠에 묻힌 밤
주의 부모 앉아서 감사 기도 드릴 때
아기 잘도 잔다 아기 잘도 잔다

어두운 곳에서 촛불을 밝히고 불러야 제맛이 나는 성탄 찬송이다. 이 찬송의 주제는 무엇일까? 영어 가사를 살펴보자.

1절

all is calm all is bright

온 세상이 다 고요하고 환하게 빛났다

2절

darkness flies all is light

어둠이 도망가고 모든 것이 밝게 빛났다

3절

Son of God, love's pure light

하나님의 아들이 사랑의 순수한 빛이시다

4절은 우리말 가사도 잘되어 있다.

그의 얼굴 광채가 세상 빛이 되었네

이 찬송의 주제는 바로 빛이다. 어두운 세상에 빛으로 오신 예수님을 찬송하는 것이다. 주 예수 탄생하신 밤은 우리말 가사처럼 "고요한 밤 거룩한 밤 어둠에 묻힌 밤"이 아니라, "고요한 밤 거룩한 밤 환하게 빛나는 밤"이었다. 왜냐하면 빛으로 오신 예수님으로 인해서 모든 어둠이 물러갔기 때문이다. '그의 얼굴 광채가' 온 세상을 비추었기 때문이다.

성탄절에는 마태복음이나 누가복음을 본문으로 택해서 설교를 많이 하기도 하지만, '빛으로 오신 예수님'에 관해 설교하기도 한다. 이때의 본문은 바로 요한복음 1장이다. 요한복음 1장은 마태와 누가와는 또 다른 예수님의 성탄 이야기인 것이다. 비록 구유 이야기나 동방박사 이야기는 없어도.

어두운 밤을 밝혀주는 등불로도 밝혀줄 수 없고, 온 세상을 환하게 비쳐주는 태양으로도 밝혀줄 수 없는 어둠이 있다. 그것은 우리 마음속의 어두움이다. 하늘과 우주와 천체의 모든 빛을 다 동원해도 한 영혼 속에 있는 어둠을 밝혀줄 수 없다. 우리 마음에 가득 차 있는 어둠을 몰아내고 생명의 빛, 소망의 빛으로 가득 채워줄 수 있는 빛은 하나밖에 없다.

> 나는 빛으로 세상에 왔나니 무릇 나를 믿는 자로 어둠에 거하지 않게 하려 함이로라 (요 12:46).

예루살렘 중학교 2학년 시험지에 예수님이 어디서 태어났느냐는 문제가 나왔는데, 정답이…

왜 메시아로 오신 예수님이 베들레헴에서 태어나셔야 했는가? 왜 다윗의 후손으로 오셔야 했는가? 왜 목자들이 가장 먼저 아기 예수를 경배했는가? 왜 양들이 지켜보는 가운데 태어나셨는가? 왜 구유에 누우셨던 것일까?

예수님이 태어나실 때 누우셨던 곳은 구유였다. 구유 하면 우리는 말구유를 떠올린다. 그러나 성경 어디에도 말구유라는 말은 나오지 않는다. '구유'만 나온다(눅 2:7, 12). 구유는 외양간이나 마구간 같은 곳이 아니라 짐승에게 먹이를 주는 밥통이다.

베들레헴에서는 말을 키우지 않는다. 예수님이 태어나신 곳은 우리가 상상하는 것과 같은 그런 마구간이 아니다. 베들레헴에서는 양을 많이 키웠다. 그래서 들에서 양을 치던 목자들에게 예수 탄생의 기쁜 소식이 가장 먼저 알려지지 않았는가? 예수님이 태어나는 순간을 지켜보고 있었던 것은 외양간의 소나 마구간의 말이 아니라 양들이었다. 예수님이 양들이 지켜보는 가운데 태어나신 것은 우연의 일치가 아닐 것이다. 왜냐하면 그분은 양들의 목자로 이 땅에 오셨기 때문이다.

예수님의 탄생 소식이 가장 먼저 목자들에게 알려진 것도 우연이 아니다. 그리고 예수님을 가장 먼저 경배한 이들이 목자였다는 사실도 우연이 아니다. 왜냐하면 그분은 '선한 목자'로 이 세상에 오셨기 때문이다.

예수님의 탄생을 지켜보고 있었던 양들은 보통 양들이 아니었다. 베들레헴은 예루살렘에서 가까운 곳에 위치하고 있다. 그래서 베들레헴에서 치는 양들은 대개가 성전에서 바쳐질 양들이었다. 제물로 바치는 양은 흠이 없어야 한다. 먼 데서부터 양을 데리고 오다 보면 다치기도 하고, 여기저기 상처도 생기고 흠이 나게 된다. 그러나 베들레헴은 예루살렘에서 가장 가까운 곳에 있었기 때문에 이곳에서 성전에 바쳐질 양들을 키웠다. 그날 밤 예수님의 탄생을 지켜보던 양들은 바로 성전에 제물로 바쳐질 희생양들이었다. 그런 양들 틈에서 아기 예수님이 태어나신 것이다. 그 예수님도 "세상 죄를 지고 가는 하나님의 어린양"으로서 태어나셨다. 하나님 앞에 바쳐질 속죄양으로서 태어나신 것이다.

동방박사들이 아기 예수께 경배하기 위해 선물을 가지고 왔다. 영화 〈위대한 탄생〉에서 그들이 황금과 유향과 몰약을 드리는 장면을 유심히 보았다. 황금과 유향을 드리는 동방박사는 아주 기쁜 마음으로 드렸다. 몰약을 선물로 가지고 온 동방박사는 자기 차례가 되자 쭈뼛쭈뼛하면서 망설였다. 아주 난처한 표정을 지었다. 얼굴이 어두웠다. 왜 그랬을까? 그가 준비한 선물은 새로 태어난 아기에게 어울리는 선물이 아니었기 때문이다.

아기 예수가 누우셨던 곳은 '구유'였다. 왜 다른 곳이 아닌 '구유'에 누우셨던 것일까? 구유는 짐승들에게 먹이를 주는 밥통이다. 예수님은 소나 말이 아니라 양들에게 먹이를 주는 구유에 누우셨다. 세상에 생명을 주기 위해 자기 몸을 내어주러 오신 예수님이 거기에 누우셨던 것이다. 예수님은 양인 우리를 위해 자기 목숨을 내어주기 위해 이 세상에 오셨다. 예수님은 우리를 살리려, 우리에게 생명의 빵이 되기 위해, 세상의 밥이 되기 위해서 오셨다.

"나는 생명의 빵이다." 예수님이 최후의 만찬에서 이렇게 말씀하셨다. "나를 먹어라." 세상의 빵으로 오신 예수님이 구유에 누우셨던 것도 결코 우연의 일치가 아니었던 것이다.

베들레헴은 '빵집'이라는 뜻이다. 대개 '떡집'으로 알고 있는데, 베들레헴에는 떡집이 없다. 빵집만 있다. 왜냐하면 유대인들은 떡을 먹지 않기 때문이다. 그들의 주식은 밥이나 떡이 아니라 빵이다. 베들레헴은 '빵집'이다. 이 빵집에서 세상의 빵으로 오신 이가 태어난 것도 결코 우연의 일치가 아니다.

2013년 예루살렘 중학교 2학년 사회 시험 문제에 이런 것이 나왔다.

예수가 태어난 곳은 어디인가?

① 나사렛 ② 베들레헴 ③ 예루살렘 ④ 여리고

정답은 당연히 베들레헴이다. 초등학교 1학년도 다 아는 사실이다. 그런데 그런 문제가 중학교 2학년 시험지에 나왔다고 하는 사실이 놀랍지 않은가? 이스라엘에서는 예수나 기독교에 대해서 거의 가르치지 않는다. 이스라엘에서 대학까지 나온 사람을 만났는데, 학교 다니는 동안에 예수에 대해서 단 한 번도 배우거나 들어본 적이 없다고 하는 말을 들었다. 그런 곳이 이스라엘이다.

다시 시험 문제로 돌아가서, 답안지에 ② 베들레헴이라고 쓰면 틀린다. 정답은 ① 나사렛이다. 아니, 무슨 소리인가? 나사렛은 예수님이 태어나신 곳이 아니고 30년 동안 사셨던 곳 아닌가? 그렇다. 그런데 이스라엘 학교에서는 그렇게 가르치지 않는다. 예수님이 베들레헴에서 태어나신 것이 아니라 나사렛에서 태어나셨다고 가르친다. 이유는 베들레헴에서 태어났다는 것을 인정하면 예수의 메시아성을 인정하는 것이 될 수도 있기 때문이다. 구약의 예언대로 메시아는 베들레헴에서 다윗의 후손으로 태어나시게 되어 있다. 따라서 예수님의 메시아성을 부정하기 위해서는 아예 예수님이 베들레헴이 아니라 나사렛에서 태어났다고 가르쳐야 하는 것이다. 일본 사람들은 역사를 왜곡시키고 있지만, 유대인들은 예수의 메시아성을 부정하기 위해 성경까지 왜곡시키고 있다.

예수님은 베들레헴에서 다윗의 후손으로 태어나셨다. 왜 예수님은 다른 혈통이 아니라 다윗의 후손으로 오셨을까? 다윗의 고향은 베들레헴이다. 베들레헴에서 양을 치며 살았던 사람이다. 시편 23편은 다윗이 어느 날 푸른 초장을 바라보며 묵상에 잠겨 지은 시가 아니다. 그의 삶의 무대였던 베들레헴에서 양을 치며 살던 그의 경험에서 나온 것이다. 시편 23편 하면 우리는 베들레헴을 떠올려야 한다. 베들레헴이 시편 23편을 만들어낸 것이다.

양을 치던 목자였던 다윗이 이스라엘의 목자가 되었다. 왕이 되었다. 그는 지금도 유대인들에게 가장 존경받는 인물이다. 이스라엘의 국기에 그려진 별은 사실은 별이 아니라 '다윗의 방패'다. 다윗은 이스라엘의 상징적인 인물이다. 우리의 목자로 오신 예수님은 동시에 만왕의 왕이 되시는 분이다. 만왕의 왕이 되시는 예수님이 다윗의 후손으로 오신 것도 결코 우연이 아니었던 것이다.

이러고 보면 예수님의 탄생과 관련된 것 중 그 어느 것 하나도 우연인 것은 없는 것 같다. 예수님이 우연히 베들레헴에서 태어나신 것이 아니고, 우연히 양들이 지켜보는 가운데 태어나신 것이 아니고, 우연히 구유에 누우셨던 것이 아니고, 우연히 목자들이 맨 먼저 경배했던 것이 아니었다. 이 모든 것들은 다 필연이었던 것이다. 예수님의 탄생과 관련된 모든 이야기들은 예수님이 메시아로서 이 세상에 오신 것임을 분명하게 가르쳐 주고 있다.

예수님의 사역

낯설게 읽기

'광야'에서 40일 금식 기도를 할 수 있을까?

예수님처럼 40일 금식 기도를 하는 분들이 있다. 친구 목사도 40일 금식 기도를 했다. 어떤 분은 명함에 40일 금식 기도 2회라고 써서 다닌다고 한다. 40일 금식 기도 할 때는 기도원에서 한다. 그러나 예수님은 기도원이 아니라 광야에서 하셨다.

기도원에서 기도하는 것과 광야에서 기도하는 것은 하늘과 땅 차이다. 광야에서는 40일이 아니라 하루도, 아니 한나절도 기도하기 어렵다. 뜨겁게 내리쬐는 태양 아래서는 한나절이 아니라 한 시간만 기도해도 쓰러지고 말 것이다. 예수님은 그런 곳에서 40일이나 기도하셨다.

그런데 우리는 예수님이 40일 금식 기도 한 것에 대해서만 생각했지, '광야'에서 40일 금식 기도를 하셨다는 생각은 별로 하지 못했다. 40일 금식 기도 한 곳이 광야라는 사실을 염두에 두면 예수님의 40일 금식 기도가 완전히 다르게 생각될 것이다.

광야는 낮에는 엄청 뜨겁다. 반면에, 밤에는 엄청 춥다. 광야에서는 낮에 뜨거워서 죽는 사람보다 밤의 추위를 이기지 못하고 죽는 사람이 더 많다고 한다. 예수님은 이런 더위와 추위를 이겨 내셔야 했다. 광야에 또 물이 어디 있겠는가? 예수님은 굶주림과 싸워야 했을 뿐만 아니라 타는 갈증의 고통을 견디셔야 했다.

그런데 어떻게 예수님은 그런 곳에서 40일 동안이나 금식 기도를 하실 수 있었을까? 실제로 그렇게 하는 것이 가능할까?

사막과 광야는 다르다. 쉽게 말하자면 사하라 사막 같은 곳이 사막이다. 사막은 모래로 이루어져 있다. 그러나 광야는 모래 사막이 아니다. 험한 돌 산으로 이루어져 있다. 거기에는 모래 언덕이나 모래 산 같은 것이 없다. 이스라엘에 있는 것은 이런 광야이다. 사하라 사막 같은 사막이 아니다.

광야에는 산이 있고 계곡이 있다. 그러나 풀 한 포기, 나무 한 그루 자라지 않는다. 이스라엘은 이런 광야로 이루어져 있다. 예수님이 기도하셨던 여리고 근처의 유대 광야도 바로 이런 곳이다. 만일 예수님이 사막에서 기도하셨다면 40일이 아니라 4일도 견디지 못하셨을 것이다. 그러나 예수님은 사막이 아니라 광야에서 기도하셨다.

우리가 광야로 들어가면 맨 먼저 그늘을 찾을 것이다. 엘리야가 광야로 들어가서 찾아간 것이 무엇이었는가? 로뎀 나무이다. 왜 로뎀 나무를 찾아갔는가? 그늘을 찾아서 그랬던 것이다. 그러나 이 로뎀 나무는 우리가 상상하는 그런 느티나무가 아니다. 1-2미터밖에 자라지 않은 관목이다. 그늘을 만들어주는 그런 나무가 아니다. 그래도 그 나무밖에 없으니까 그 나무를 찾아갔던 것이다.

광야에서 기도할 때 밤에는 어떻게 추위를 피할 수 있는가? 하루 이틀도 아니고 40일 동안 광야에서 버티려면 어디를 찾아가야 할까?

다윗이 사울을 피해 광야로 숨어들어 가 13년을 살았다. 13년 동안이나 광야 어디에서 숨어서 살았을까? 굴이다. 사울과 다윗이 마주쳤던 곳도 굴이 아니었는가? 다윗은 한낮의 더위를 피해서 굴에 숨어 있었고, 사울은 볼일을 보기 위해 굴에 들어왔던 것이다.

로뎀 나무 그늘 아래서 하나님께 죽고 싶다고 하소연했던 엘리야가 천사가 가져다준 음식을 먹고 기력을 회복하고 40일을 걸어서 호렙 산에 이르게 된다. 호렙 산은 광야 한가운데 있는 돌 산이다. 그곳에서 엘리야는 어디에 머물렀는가?

> 엘리야가 그 곳 굴에 들어가 거기서 머물더니 여호와의 말씀이 그에게 임하여 이르시되 (왕상 19:9).

굴 속에 들어가서 낮의 더위와 밤의 추위를 피해가며 기도하면서 하나님을 기다리고 있었던 것이다.

세례자 요한은 일찌감치 예루살렘 신학교를 그만두고 여리고 근처의 유대 광야로 나가서 살았다. 낙타 털로 된 옷을 입고, 메뚜기와 석청을 먹으면서 살았다. 어디에서 살았을까? 굴이었음이

와디켈트에 있는, 가장 오래된 성 조지 수도원과 주변의 기도굴들

분명하다. 겨울에는 추위와 바람을 막아주고 여름에는 더위를 피할 수 있는 굴에 거처를 삼고 살았을 것이다.

예수님도 세례자 요한이 활동했던 여리고 근처의 유대 광야에서 40일 금식 기도를 하셨다. 물론 예수님도 우리가 상상하고 있는 것처럼 끝없이 펼쳐진 사하라 사막 한가운데서 기도하셨던 것이 아니라 굴 속에 들어가서 기도하셨을 것이다.

> 성령이 곧 예수를 광야로 몰아내신지라 광야에서 사십 일을 계시면서 사탄에게 시험을 받으시며 들짐승과 함께 계시니 천사들이 수종들더라 (막 1:12-13).

여기에 들짐승이 등장한다. 들짐승이 왜 등장하는가? 광야에도 들짐승들이 산다. 그들이 주로 거처로 삼는 곳은 굴이다.

> 여우도 굴이 있고 공중의 나는 새도 보금자리가 있거늘 인자는 머리 둘 곳이 없도다 (눅 9:58).

여우나 늑대, 뱀, 전갈과 같은 들짐승들이 추위와 더위를 피해 모여드는 곳이 바로 굴이다. 밤이슬과 바람을 피해 모여드는 곳이 굴이다. 예수님이 기도하실 때 그 주변에는 들짐승들이 우글거렸다. 예수님은 들짐승들이 우글거리는 굴 속에서 그들이 지켜보는 가운데 기도를 하셨던 것이다. 그래서 들짐승들이 예수님을 해하

성 마르 사바 수도원. 수도원 주변에 수많은 동굴들이 산재해 있다.

지 못하도록 천사가 나타나 예수님을 지켜주었던 것이다.

이런 굴 안에서 40일 동안 엄청난 일이 벌어지고 있었다. 우주적인 영적 전쟁이 벌어지고 있었던 것이다. 성령께서 예수님을 광야로 내모셨다. 굴 속에 예수님이 계신다. 사탄이 나타나 예수님을 시험하고 있다. 들짐승이 우글거리고 있다. 천사들이 예수님을 지키고 있다. 예수님을 한가운데 두고 성령과 사탄, 들짐승과 천사가 그 자리에 다 모여 있는 것이다. 그 좁은 굴 안에….

이 첫 번째의 우주적인 영적 전쟁에서는 사탄이 패배했다. 사탄은 예수님을 넘어뜨리지 못했다. 그래서 사탄은 '잠시' 예수님을 떠나게 된다(눅 4:13).

그러나 사탄은 포기하지 않았다. 때를 기다리고 있었다. 그리고 골고다 언덕에서 마침내 예수님을 죽이는 데 성공한다. 예수님이 십자가에 못박혀 돌아가실 때 사탄은 음흉하게 웃어댔을 것이다.

"봐라, 내가 승리했노라. 너를 영원히 무덤에 가두어두겠노라."

예수님은 굴 속에 갇혔다. 돌문이 굳게 닫혔다. 이제 모든 것이 다 끝난 것처럼 보였다. 그러나 예수님은 사흘 만에 그 굴 속에서 다시 나오셨다. 무덤 문을 여시고, 죽음을 죽이시고, 사탄을 발아래 짓밟으시고 부활하신 것이다. 다시 한 번 사탄은 영원하고도 치명적인 결정타를 얻어맞고 패배를 당하게 되었다.

예수님은 3년 전에도 굴 속에서 사탄과의 대결에서 승리하셨다. 그리고 3년 후에도 다시 한 번 굴 속에서 사탄의 권세를 짓밟고 무덤 문을 열고 죽음을 죽이고 다시 부활하셨다.

굴 속에서 기도하는 전통은 초대 교회 시대에도 계속 이어졌다. 많은 사람들이 하나님을 만나기 위해 광야로 들어갔다. 광야에 들어가 평생 기도하며 살았다. 그들을 위해 광야에 수도원이 지어지기 시작했다. 그렇게 지어진 수도원들 가운데 지금도 남아 있는 것들이 있다. 그중 하나가 여리고로 내려가는 와디켈트에 있는 성 조지 수도원이다. 또 하나는 베들레헴 근처에 있는 성 마르사바 수도원이다. 예수님이 기도하신 여리고 시험 산에도 수도원이 있다

이 수도원들은 광야의 절벽에 아슬아슬하게 붙어 있다. 그리고 그 주변에는 수천 개의 기도굴이 있다. 주중에는 그 기도굴에서 지내다가 주일에는 수도원에 모여 함께 예배를 드렸다. 그리고 흩

어져 기도굴로 올라가 일주일을 홀로 기도하다가 주일이 되면 또다시 모인다. 이렇게 평생을 기도굴 속에서 기도하며 살아가는 수도사들이 지금도 있다.

예수님이 목수가 아니라 석수라고? 그래서 뭐?

개역한글 역대하 2장 2절을 보면 솔로몬이 예루살렘 성전을 짓기 위해 '산에 올라 작벌할 자' 8만 명이 동원되었다고 나온다. 작벌(斫伐)이란 '나무를 벤다'는 뜻이다. 역대하 2장 18절에도 같은 말씀이 반복되어 나온다.

그런데 개역개정 성경에는 '산에 올라 작벌할 자'를 '산에서 돌을 떠낼 자'라고 수정했다. 단지 문법 수정이나 문맥을 매끄럽게 하기 위한 수정이 아니라 내용을 수정했다. 어떻게 된 것일까?

우리나라에서는 산에 나무하러 간다. 그래서 자연스럽게 산에 나무를 하러 올라간 사람이 8만 명이었다고 번역했던 것 같다. 그러나 여기에 사용된 히브리어 chatzab는 '돌을 떠내다'의 의미이다. '나무를 베다'는 뜻도 있으나 성경에서는 거의 그런 뜻으로 사용된 곳이 없다. 이스라엘에는 산에 나무하러 올라가는 일이 없다. 산에 나무가 거의 없기 때문이다.

이스라엘 산은 거의 다 암반으로 이루어져 있다. 그래서 나무가 자랄 수 없다. 물론 샘도 없다. 그렇기 때문에 유대인들은 웅덩이에 모아 놓은 물을 먹는다. 샘에서 솟아나는 생수를 마시기란 하늘의 별 따기이다. 그래서 샘이 있는 마을은 '샘골'이라는 이름이 붙을 정도다.

그렇기 때문에 이스라엘에서는 나무하러 산에 올라가는 일은 없고 돌을 떠내기 위해 산에 올라간다. 이런 사실을 우리나라에서 처음 성경을 번역할 때 알 리가 없다. 그래서 산에 나무하러 올라갔다고 번역한 것으로 보인다. 그러다가 100여 년이 지난 후에 성경을 다시 번역할 때 산에 돌을 떼러 올라갔다고 수정한 것이다.

역대하 2장 2절에서는 돌을 떼러 올라갔다고 바르게 수정을 했는데, 바로 다음 18절에서는 이렇게 되어 있다.

> 팔만 명은 산에서 벌목하게 하였고.

당연히 여기에서도 산에 돌을 떼러 올라갔다고 수정했어야 하는데, 앞에서는 수정하고 여기에서는 그대로 놔두는 실수(?)를 했다.

1세기 당시에 갈릴리 호수에서 고기잡이를 했던 배가 발굴되었다. 이 배를 분석해 보니 15가지 이상의 나무들이 사용되었다. 그리고 전에 사용했던 나무를 다시 사용하기도 했다고 한다. 그만큼 나무를 구하기 어려웠던 것이다.

예수님의 집 짓는 비유에는 나무가 등장하지 않는다. 반석만 등장한다. 왜 그런지 이제 이해가 될 것이다.

우리는 예수님이 목수였다고 알고 있다. 그러나 나무가 없는데 무슨 목수질을 한단 말인가? 이스라엘의 건축물들은 99% 다 돌로 짓는다. 예루살렘 성전도 99%가 다 돌로 되어 있었다. 지금도 성전산에 가보면 그 당시의 돌들이 무너진 채로 남아 있는 것을 볼 수 있다. 예수님이 '목수'였다고 번역한 헬라어는 테크톤(tekton)으로, 목수도 되고 석수도 된다. 이것은 돌이나 나무를 가지고 무엇을 만드는 사람을 지칭하는 용어이다. 옛날에는 목수, 석수의 구분이 없었다. 한 사람이 목수 일도 하고 석수 일도 했다. 예수님은 목수 일보다는 석수 일을 훨씬 더 많이 하셨다. 그렇다고 할 때 목수보다는 석수라는 표현이 맞을 것이다.

성경에도 목수와 석수가 구분되어 나오는 곳이 있다.

> 이에 석수와 목수에게 돈을 주고 또 시돈 사람과 두로 사람에게 먹을 것과 마실 것과 기름을 주고…백향목을 레바논에서 욥바 해변까지 수운하게 하였더라 (스 3:7).

석수는 chatzab를 번역한 것이다. 이 단어는 위에서 살펴본 대로 돌을 떠내는 것을 말한다. 목수는 charash를 번역한 것인데, 뜻을 살펴보니 이렇게 나와 있다. "craftsman, artisan, engraver, graver, artificer."

이는 그림이나 무늬를 돌에 새기는 사람을 지칭할 때 사용하는 용어이다. 십계명 가운데 새긴 우상을 만들지 말라고 하신 말씀이 있다. 바로 거기에 사용된 단어가 이 단어이다. 조각가 정도로 번역하면 될 것이다. 이 사람들은 집을 짓는 사람이 아니라 장식을 하는 사람들이다. 목수와는 거리가 먼, 멀어도 한참 먼 사람들이다. 그런데 목수라고 번역을 했다. 물론 나무로 조각을 할 수도 있으니 목수라고 번역한 것도 아주 틀리다고는 말할 수 없지만, 기본적으로 우리가 생각하는 것처럼 나무를 가지고 집을 짓거나 도구를 만드는 사람이 아니라 돌에(가끔은 나무에다가도) 장식을 하는 사람을 말한다.

예수님은 목수가 아니라 석수였다. 목수 일보다는 석수 일이 훨씬 더 힘든 일이다. 나무로 집을 짓는 것과는 비교도 안 된다. 예수님이 돌을 캐고, 쪼개고, 운반하고, 다듬고, 들어 올리시는 모습을 그려보라. 예수님의 손에는 굳은살이 박혀 있을 것이다. 손가락 여기저기에 멍이 들었을 것이다. 망치질하다가 피멍이 든 곳도 한두 군데가 아닐 것이다. 이마에서는 언제나 구슬땀이 줄줄 흘러내렸을 것이다. 근육이 얼마나 단단했을까? 팔뚝이 얼마나 굵었을까? 상상이 되는가?

그런데 예수님의 초상화를 보면 어딘가 슬픈 듯하기도 하고 눈빛이 그윽하고 자비롭다. 상당히 여성적인 분위기이다. 그러나 예수님이 그 초상화에 나오는 그런 분이었다고 한다면 가족들을 절대로 먹여 살리지 못했을 것이다. 예수님이 가족들을 먹여 살리기 위해 석수 일을 하셨다는 사실을 화가는 전혀 염두에 두지 않았던 것 같다.

수고하고 무거운 짐 진 자들아 다 내게로 오라 내가 너희를 쉬게 하리라 (마 11:28).

이것은 예수님의 석수로서의 경험에서 나온 말씀이다. '수고하고'는 그냥 수고했다는 의미가 아니고 노동, 특별히 육체적 노동을 말한다. "수고하고 무거운 짐 진 자들아"는 "먹고살기 위해 일하느라 지친 자들이여"라는 뜻이다. 예수님도 석수로서 이런 노동을 하셨다. 그래서 그들이 얼마나 힘들게 일하고 있는지 그들의 사정을 아신다. 그래서 그들을 초청하시고 있는 것이다.

무거운 짐 진 자들아.

예수님이 이 말씀을 하실 때 산에서 돌을 캐서 운반하던 때가 떠올랐을 것이다. 그런데 우리는 짐 보따리 정도로 생각하고 있지 않는가? 사실 인생의 짐은 피난 올 때 메고 왔던 그 보따리 짐과는 비교할 수도 없는, 예수님이 실어 날랐던 무거운 돌덩어리만큼이나 무거운 그런 짐이 아니겠는가?

예수님은 누구보다도 피곤이 어떤 것인지 잘 아는 분이었다. 하루 종일 그 무거운 돌을 캐고, 쪼개고, 운반하고, 다듬고, 들어올리고, 맞추고 하면서 얼마나 힘드셨겠는가? 육체 노동 가운데 가장 힘든 것이 이 석수 일일 것이다. 예수님이 바로 그런 일을 하셨다. 예수님도 가장으로서 식구들을 먹여 살리기 위해 공생애를 사시기 전에 그런 어렵고 힘든 고된 노동을 하셔야만 했다. 그러기에 그분은 우리가 얼마나 힘들게 살아가고 있는지 아신다. 그리고 그분은 우리를 향해 이렇게 초청하신다.

> 수고하고 무거운 짐 진 자들아 다 내게로 오라 내가 너희를 쉬게 하리라.

그들은 정말 배은망덕한 사람들이었을까?

시카고에 노스웨스턴(Northwestern) 대학이 있다. 이 대학의 동문들이 가장 자랑스러워하는 사람이 있는데, 에드워드 스펜서라고 하는 사람이다. 이 사람은 평생 장애우로서 휠체어에서 살았는데, 왜 이 학교에서 가장 자랑스러운 동문으로 여기는 것일까?

1980년 9월 8일이었다. 미시간 호수를 지나던 여객선이 폭풍을 만나 침몰하게 되었다. 이런 소식이 라디오로 전해졌을 때, 스펜서는 학교 기숙사에서 있었다. 그는 이 소식을 듣고 학교에서 멀지 않은 사고 현장으로 달려갔다. 스펜서는 고등학교 때 수영 선수였다. 그래서 호수에 빠져 죽어가고 있는 사람을 한 사람 한 사람 뭍으로 데리고 나왔다. 그렇게 해서 17명의 생명을 건져냈다. 그러고는 기진맥진하여 실신해서 쓰러졌다. 그후 그는 영원히 불구자가 되었다. 허리를 쓸 수 없게 된 것이다.

그의 80회 생일이 되었다. 동문들이 생일 파티를 열어주었다. 그 자리에서 한 기자가 물었다.

"당신은 우리의 국민적인 영웅이었습니다. 당신의 용감한 행동으로 17명이나 살렸습니다. 그러나 당신에게는 그날 밤이 비극의 밤이었을 것입니다. 그날 이후 당신에게 가장 기억에 남는 것이 무엇입니까?"

"내가 가장 가슴이 아픈 것은 불구자가 되어 휠체어에서 살게 된 것이 아닙니다. 내가 가장 가슴 아파하는 것은 내가 살렸던 17명 중 내게 찾아와서 감사하다는 말을 한 사람이 하나도 없었다는 것입니다."

비슷한 이야기가 성경에도 있다. 우리는 열 명의 나병환자 이야기를 다 알고 있다(눅 17:11-19). 이 병이 얼마나 무서운 것인가? '문둥이 시인'으로 불리는 한하운 씨가 자신의 서러움을 이렇게 토해냈다.

"세상에 의지할 곳도 없고 헐벗고 굶주리며 학대를 받으며 살아가는 인간, 이 구천에 사무칠 원한을 짐승같이 혼자서 울어야 합니까? 굽이굽이 맺힌 눈물어린 사연, 어찌 다 말할 수 있겠습니까? 모진 것이 생명이기에, 죽지 못해 사는 것뿐이외다."

그의 시집 《황톳길》을 보면, 문둥이인 자신을 "한 번도 웃어보지 못한 인생"이라고 고백하는데, 이 얼마나 처절한 고백인가?

나병에 걸리게 되면 영원히 가족과 헤어져서 평생을 격리된 채로 살아야 한다.

그들을 보면 가까이 다가오지 못하게 하기 위해 사람들이 돌을 던진다. 이렇게 불행한 열 명의 나병 환자들이 함께 모여 살고 있었는데, 예수님께서 지나가시자 감히 가까이 오지는 못하고 저 밑에서 자기들을 고쳐달라고 소리를 쳤다.

그들이 소리를 질렀다고 했는데, 이 병에 걸리면 손, 발, 코 그런 것만 떨어져 나가는 것이 아니라 성대에도 이상이 생겨서 소리를 크게 지를 수 없다고 한다. 그런데 그들이 필사적으로 살려달라고 소리를 지른 것이다. 단순히 예수님이 멀리 계셔서 소리를 질렀던 것이 아니다. 그들은 소리를 지를 수 없는 사람들이었는데, 피를 토하면서 소리를 질렀던 것이다. 멀리 계신 예수님에게까지 소리가 들리게 하기 위해 얼마나 힘을 다해 소리를 질렀겠는가? 나오지도 않는 목소리를 가지고. 그런데 다행히도 예수님이 들으시고 그들을 고쳐주셨다.

그런데 예수님께 돌아와서 감사를 드린 사람은 열 명 중에 한 명밖에 없었다.

> 열 사람이 다 깨끗함을 받지 아니하였느냐 그 아홉은 어디 있느냐 (눅 17:17).

예수님은 당연히 그들이 먼저 예수님께 와서 감사를 드릴 것이라 생각하시고는 그들을 기다리고 있었다. 그런데 열 명 중 한 명만이 돌아왔으니, 예수님은 서운하기도 하고 화도 나셨던 것이다.

그렇다면 다른 아홉 명은 예수님에 대해서 감사의 마음이 없었을까? 그래서 오지 않았던 것일까? 세상에 그런 사람은 없다. 그들은 예수님께 와서 감사하다고 말하지는 않았지만 속으로는 다 감사하는 마음이 있었을 것이다.

나머지 아홉 명과 예수님께 돌아와 감사드린 사람의 차이는 무엇이었을까? 그들 모두는 제사장에게로 달려갔다. 예수님이 제사장에게 가서 그들의 병이 깨끗이 나은 것을 먼저 보이라고 하셨기 때문이다. 그들은 예수님이 고쳐주신 다음 제사장에게로 가라고 하신 것이 아니었다. 그들은 제사장에게로 가는 길에 깨끗이 나음을 입었다. 꿈이냐 생시냐. 너무 기뻐 그들은 그렇게도 그리워하던 집을 향해 달려갔을 것이다. 그중 한 사람은 '내가 지금 어디로 가고 있지? 집으로 갈 것이 아니라 먼저 예수님께 가서 감사하다고 인사드려야지' 생각하고는 가던 길을 돌려서 예수님께로 달려갔다.

그러나 나머지 아홉 명은 집으로 달려갔다. 그러면 그들은 은혜도 모르는 배은망덕한 사람들이었을까? 아니다. 그들도 다 진심으로 예수님께 너무너무 감사하게 생각하고 있었을 것이다. 다만 그들은 그 다음 날 예수님을 찾아갈 생각이었을 것이다. 먼저 그리운 가족들을 만나고 싶었을 것이다. 또 이 기쁜 소식을 먼저 가족에게 전하고 싶었을 것이다. 그래서 예수님께로 달려가지 않고 집으로 달려갔던 것이다. 그들은 우리가 생각하는 대로 그렇게 배은망덕한 사람들이 아니었다.

분명히 그들은 다음 날 아침 일찍이 예수님을 찾아갔을 것이다. 그러나 그들이 예수님을 만났는지는 알 길이 없다. 아마 못 만났을 것이다. 예수님이 그 마을에 머물러 계신 것이 아니라 지나가시는 길이었기 때문이다. 다음에 만나면 꼭 찾아뵙고 인사를 드리겠다고 마음 먹었을 것이다. 그러나 아마 영영히 예수님을 만나지 못했을 것이다. 그리고 예수님께 영원히 감사의 마음을 표현하지 못했을 것이다.

예수님께 가서 감사하다고 한 그 사람과 나머지 아홉 명의 차이는 무엇일까? 은혜를 아는 사람과 배은망덕한 사람? 아니다. 그 한 사람은 즉각적으로 감사를 표현했다. 그러나 나머지 아홉 명은 나중에 감사드리지 했다가 영원히 감사를 드리지 못하고 말았다. '즉각 감사'를 드린 사람과 그렇지 못한 사람의 차이였던 것이다. 예수님은 우리가 즉각 감사를 드리기를 원하신다. 나중에 몰아서 감사하는 것이 아니라 그때그때마다 즉각적으로 감사를 드리기를 원하신다. 생각해 보라. 예수님이 그 다음 날까지 기다리셨으면 나머지 9명도 다 와서 감사를 드렸을 것이다. 그런데 왜 예수님은 그들에 대해 서운해하셨는가? 배은망덕한 사람들이라서? 아니다. 즉각적으로 와서 감사하지 않았기 때문이다.

모든 것에는 타이밍이 있다. 어떤 때는 타이밍이 모든 것을 결정할 때도 있다. 때늦은 감사는 색 바랜 감사이다. 생일 축하는 타이밍이 중요하다. 생일을 기억하고 축하해 준다는 것은 관심의 표현이다. 그런데 한 달이나 뒤늦게 생일이 지난 것을 알고는 생일 축하를 해준다면 기쁘겠는가? 결혼기념일을 한 달 뒤에 알고 "여보, 사랑해" 하면 아내가 감격할까? 감사도 마찬가지다. 정말 감사한 마음이 있다면 즉각적으로 그 감사의 마음을 전해야 한다.

우리는 기도할 때 한꺼번에 모아 놓았다가 교회 와서 기도한다.

기도 시간에만 기도한다. 쉬지 말고 기도하라고 하지 않았는가? 하루 24시간 주님을 바라보며 항상 기뻐하고, 쉬지 않고 기도하고, 범사에 감사하려면 어떻게 해야 하는가? 기도 시간을 정해 놓고 그 시간에 교회 나와서 기도하는 것이 아니라, 항상 언제 어디에 있든지 그 자리에서 즉시로 기도해야 한다. 즉각 기도를 해야 한다. 그 즉시로 그 자리에서 그 순간에 감사해야 한다.

물에 빠지지 않으려면 배에서 나오지 마라

유명한 소설가 마크 트웨인이 성지 순례를 가게 되었다. 하루는 갈릴리 호수에서 배를 타 보려고 호숫가로 나갔다. 배 한 척을 빌리려고 하는데 생각했던 것보다 훨씬 비싸게 달라고 했다. 옷차림이나 생김새가 미국에서 온 부자처럼 보였기 때문에 바가지를 씌우려고 했던 것이다. 아무리 흥정을 해도 안 깎아주자 그냥 돌아갔다. 그러면서 아내에게 이렇게 말했다고 한다.

"이제야 왜 예수님이 배를 타지 않고 물 위를 걸어가셨는지 그 이유를 알 것 같소."

고대 이집트에서는 불가능이라는 단어를 어떻게 썼는지 아는가? 바다에 파도가 치고 있다. 그런데 그 위를 어떤 사람이 지팡이를 잡고 걸어가고 있다. 그것이 불가능이라는 뜻을 가진 단어다.

세상에 불가능한 일이 많이 있지만 물 위를 걷는 것이야말로 정말 불가능한 일 아니겠는가? 그래서 그렇게 표현한 것이다. 물 위를 걷는다는 것은 불가능한 일이다. 그런데 베드로는 물 위를 걸었다.

오트버그가 《물 위를 걸으려면 배에서 나오라》는 책을 썼다. 우리말로는 《물 위를 걸으려면 단순하게 믿으라》고 번역되었다. 나도 여러 해 전에 같은 제목으로 설교한 적이 있다. 요약하면 이렇다.

첫째, 새로운 세계를 경험하려면 배에서 나오라.

둘째, 하나님의 놀라운 능력을 체험하려면 배에서 나오라.

셋째, 주님께 더 가까이 가려면 배에서 나오라.

예수님은 지금 배에 계신 것이 아니라 풍랑이 일고 있는 바다 한가운데 계신다. 베드로는 그 주님께로 가까이 가기 위해 배에서 나왔다. 다른 제자들은 예수님이 그들에게로 오기를 기다렸지만 베드로는 예수님께 다가가기를 원했다. 그래서 물 위를 걸어 주님께 다가가려고 했던 것이다.

넷째, 주님만 바라보려면 배에서 나오라.

비록 베드로가 주님을 바라보고 가다가 갑자기 바람과 파도를 보고 두려운 마음에 바다에 빠지긴 했지만, 그는 계속해서 주님만 바라보았다. 그러나 배 안에 있는 사람들은 계속해서 바람과 파도만을 바라보고 있다.

다섯째, 주님만 의지하려면 배에서 나오라.

배 안에 머물러 있는 사람은 물론 주님을 의지하긴 하지만, 사실은 배를 의지하고 있는 것이다. 배 안에 있어야 안전하기 때문에 배밖으로 나오지 못하는 것이다. 그러나 배 밖으로 나온 사람은 의지할 것이 없다. 주님밖에 의지할 것이 없는 것이다. 배에 있는 사람은 배를 의지한다. 그러나 물 위를 걷는 사람은 물을 의지

할까? 아니다. 하나님만을 의지한다.

여섯째, 파도를 타려면 배에서 나오라.

배에 탄 사람들은 바람과 풍랑에 이리 비틀 저리 비틀 정신을 못차리고 있다. 그러나 물 위를 걷는 베드로는 그 바람을 뚫고 나가고 있다. 풍랑이 이는 바다를 발 아래 밟고 서 있다. 파도 위를 걷고 있다.

몇 년이 지난 후에는 이렇게 설교했다.

"물에 빠지지 않으려거든 배에서 나오지 마라. 믿음이라는 이름으로 무모한 모험을 하지 마라. 그분이 "오라"고 하시기 전까지는 배에서 나가지 마라. 물 위를 걸을 생각을 하지 마라. 그분이 "오라"고 하지도 않는데 "믿습니다" 하고 배에서 나가면 백이면 백 다 물에 빠지고 만다. 왜 우리가 인생의 바다에 빠지는가? 그분에게 물어보지 않고 배에서 나오기 때문이다. 그분의 허락 없이 배에서 나오기 때문이다."

왜 이렇게 설교가 바뀐 것일까?

베드로가 물 위를 걸을 수 있었던 것은 예수님이 그에게 물 위를 걸어오라고 말씀하셨기 때문이다. 먼저 베드로가 예수님께 "물 위를 걷게 해주십시오"라고 간청했다. 예수님은 그렇게 하라고 하셨다. 그래서 배에서 나갔던 것이다. 그리고 물 위를 걸을 수 있었던 것이다.

주여 만일 주님이시거든 나를 명하사 물 위로 오라 하소서 하니 오라 하시니 베드로가 배에서 내려 물 위로 걸어서 예수께로 가되 (마 14:28-29).

우리도 물 위를 걸으려면 예수님께 먼저 물어보아야 한다. 먼저 예수님의 허락을 받아야 한다. 예수님이 "물 위를 걸어오라"고 하시기 전까지는 배에서 나가면 안 된다. 그런데 우리는 물어보지도 않고, 기도하지도 않고, "물 위를 걸을 수 있게 될 줄로 믿습니다" 하고 바다로 뛰어든다. 그러니까 바다에 빠질 수밖에 없는 것이다. 베드로가 물 위를 걸을 수 있었던 것은 '나도 물 위를 걸을 수 있다'는 믿음 때문이 아니라, 예수님이 그에게 물 위를 걸어오라고 하셨기 때문이다.

모세가 홍해를 갈랐다. 그러면 우리도 모세만한 믿음만 있으면 바다를 가를 수 있을까? 모세보다 더 믿음이 좋다고 하더라도 그렇게 못한다. 모세가 '내가 기도하면 홍해를 갈라주실 거야'라고 믿었기 때문에 홍해가 갈라진 것이 아니었다. 홍해가 갈라진 것은 모세의 믿음과는 별로 관계가 없다. 홍해가 갈라진 기적은 100% 하나님이 하신 일이었다. 성경은 모세가 믿음으로 홍해를 갈랐다고 말하지 않는다. 그 대신 이스라엘 백성들이 믿음으로 그 바다를 건넜다고 말하고 있다(히 11:29).

이스라엘 백성들이 여리고 성을 계속 돌았다. 그랬더니 마침내 무너지지 않았는가? 그래서 이렇게 설교한 목사님이 있다.

"여러분이 배우자로서 찾고 찾던 남자가 드디어 나타났습니까?

그러면 그 사람 주변을 하루에 한 바퀴씩 도십시오. 그리고 주일날은 그 사람 주변을 일곱 바퀴 도십시오. 그러면 그 사람이 당신에게 넘어오고 말 것입니다."

그 설교를 듣고 정말 그렇게 한 사람이 있었다고 한다. 그리고 그렇게 해서 결혼까지 했다고 한다.

교회를 이전하려고 하는데 마음에 드는 교회가 보였다. 그래서 아침마다 그 교회를 한 바퀴씩 돌면서 그 교회를 달라고 '땅 밟기 기도'를 했다고 하자. 무슨 일이 일어날까? 그 교회가 우리 교회가 될까? 수상한 사람이 와서 교회를 돈다고 경찰에 신고해서 조사를 받는 일밖에 일어나지 않을 것이다.

여리고 성이 무너진 것은 그들이 땅 밟기 기도를 해서가 아니라 하나님이 그렇게 하도록 시키셨고, 그 명령에 순종했기 때문이다. 이스라엘 백성이 여리고 성을 돌면 그 성이 무너지리라 믿었기 때문에, 그 믿음을 보시고 하나님이 그 성을 무너뜨려주신 것이 아니었다. 히브리서에 "믿음으로 칠 일 동안 여리고를 도니 성이 무너졌으며"(히 11:30)라고 말하고 있다. 이 말씀은 이스라엘 백성들이 하나님이 말씀하신 대로 그 성을 칠 일 동안 돌면 하나님이 그 성을 무너뜨려 주실 것이라는 믿음을 가지고 그 성을 돌았다는 이야기다.

모세보다 더 큰 믿음이 있다고 할지라도 하나님이 홍해를 갈라줄 테니 지팡이를 들어라 하는 말씀이 있기 전까지는 절대로 홍해를 가를 수 없다.

여리고 성을 돌라고 하는 하나님의 명령이 있기 전에는 여리고 성을 백 바퀴 돌아도 여리고 성은 꼼짝도 하지 않을 것이다.

베드로보다 더 큰 믿음이 있다고 할지라도 예수님이 우리에게 배에서 내려와 물 위를 걸어오라는 말씀을 하시기 전까지는 절대로 한 발자국도 물 위를 걸을 수 없을 것이다.

그런데 우리는 하나님께 물어보지도 않고, 기도도 하지 않고, 일을 벌여 놓은 다음에 물에 빠져가면서 하나님께 도와달라고 기도할 때가 얼마나 많은가?

능력을 받지 못했던 것일까? 아니면 능력이 나타나지 않았던 것일까?

영접하는 자 곧 그 이름을 믿는 자들에게는 하나님의 자녀가 되는 권세를 주셨으니 (요 1:12).

여기에서 권세는 헬라어로 엑수시아(exousia)이다.

국회의원이 되면 여러 가지 특권이 주어진다. 우선 법을 제정할 수 있는 권한이 주어진다. 면책 특권이나 불체포 특권도 주어진다. 다른 사람들은 접할 수 없는 기밀 정보도 알 수 있다. 그 외에 국회의원이기 때문에 받는 특별 대우들이 많이 있다. 신분이 바뀌니까 모든 것이 다 바뀌는 것이다. 이렇게 국회의원이 되면 국회의원으로서의 파워가 주어지는데 이런 파워를 '엑수시아'라고 한다.

한번은 밤늦게 운전을 하고 가는데 경찰이 세웠다. 교통 위반을 한 것이 없는데도 세우는 것이었다. 경찰이 운전면허증을 조회해보더니 가도 좋다고 했다. 나는 잘못한 것이 없었다. 그렇지만 경찰이 서라고 하니까 나는 설 수밖에 없었다. 그에게 주어진 파워(엑수시아) 때문이다. 만일 경찰의 명령에 불복하게 되면 미국에서는 총을 맞을 수도 있다. 그렇기 때문에 내가 잘못한 것이 없어도 그가 하라는 대로 할 수밖에 없었던 것이다. 이런 것이 '엑수시아'이다.

강도의 혐의를 받고 재판을 받고 있는 사람이 있다고 하자. 판사가 그에게 5년형을 선고하면 그는 5년형을 살아야 한다. 판사에게 주어진 권한(엑수시아)이 있기 때문에 그렇게 해야 하는 것이다.

우리가 예수님을 영접하면 하나님의 자녀로 신분이 바뀌게 된다. 하나님의 자녀가 되면 그 순간부터 하나님의 자녀만이 누릴 수 있는 권세(엑수시아)를 누릴 수 있다. 우리가 하나님의 자녀로서 누릴 수 있는 권세들에는 어떤 것들이 있을까?

인터넷에서 하나님의 자녀의 권세에 대한 설교를 검색하는 가운데 한 가지 이상한 사실을 발견했다. 설교의 본문이 한결같이 요한복음 1장 12절이라는 것이다.

영접하는 자 곧 그 이름을 믿는 자들에게는 하나님의 자녀가 되는 권세를 주셨으니.

이 구절을 다시 한 번 읽어보라. 하나님의 자녀의 권세에 대해 말하고 있는가? 아니다. '하나님의 자녀의 권세'가 아니라 '하나님의 자녀가 되는 권세'에 대해서 말하고 있다. 이 구절은 하나님의 자녀들이 누릴 수 있는 권세에 대해서 설교할 때 인용할 수 있는 구절이 아니다. 언뜻 보면 하나님의 자녀가 되는 권세나 하나님의 자녀의 권세나 비슷해 보일 수도 있다. 그러나 전혀 다른 이야기이다. 성경을 국어책 읽듯이만 읽어도 이런 실수는 하지 않을 것이다.

하나님의 자녀가 누릴 수 있는 권세 가운데 하나가 다음 구절에 잘 나타나 있다.

> 믿는 자들에게는 이런 표적이 따르리니 곧 그들이 내 이름으로 귀신을 쫓아내며 새 방언을 말하며 뱀을 집어올리며 무슨 독을 마실지라도 해를 받지 아니하며 병든 사람에게 손을 얹은즉 나으리라(막 16:17-18).

소위 우리가 '불의 사자들'이라고 부르는 사람들에게만 이런 권세가 주어지는 것이 아니다. 믿는 사람이라면 누구에게나 주어지는 권세이다.

예수님께서 베드로, 요한, 야고보만 데리고 높은 산에 올라가셔서 밤을 새워가면서 기도하셨다. 예수님이 그들만 데리고 가신 것인지, 아니면 다른 제자들이 가지 않겠다고 해서 그들하고만 가신 것인지 알 길이 없다. 아마도 다른 제자들은 기도하러 가자고 하니까 베드로와 요한과 야고보에게 대표로 다녀오라고 하고 자신들은 빠졌는지도 모른다. 세미나나 퇴수회나 야유회를 가자고 했으면 다 갔을지도 모른다. 요즘 한국 교회에서 세미나에는 수천 명, 수만 명의 목사님들이 모인다고 한다. 그러나 기도원 집회에 몇천 명씩, 몇만 명씩 모인다는 소리는 못 들어보았다.

그날 밤에 변화산상의 기적이 일어났다. 모세와 엘리야를 만나지 않았는가? 베드로와 요한과 야고보가 돌아와서 다른 제자들에게 그 이야기를 했을 때 그들이 얼마나 후회를 했겠는가?

변화산에서 1박 2일 산기도를 마치고 내려왔을 때 산 아래서는 무슨 일이 벌어지고 있었는가? 귀신 들린 아이를 가진 아버지가 예수님을 찾으러 왔다가 안 계시니까 제자들에게 자기 아들에게서 귀신을 내쫓아 달라고 간청했다. 9명의 제자들은 귀신을 내쫓으려고 백방으로 노력해 보았지만 소용이 없었다. 망신살이 뻗친 것이다. 그러고 있는 차에 마침 예수님이 내려오셔서 그 아이에게서 귀신을 내쫓아주셨다.

제자들이 예수님께 왜 그들은 귀신을 내쫓지 못했는지 물어보았다. 그때 하신 말씀을 다 알고 있을 것이다.

> 기도 외에 다른 것으로는 이런 종류가 나갈 수 없느니라 (막 9:29).

기도의 능력에 대해 이야기할 때 많이 인용되는 성경 구절이다. 이보다 기도의 능력을 더 잘 표현한 곳도 없을 것이다.

예수님과 베드로, 요한, 야고보는 밤을 새워가며 기도를 했다. 그런데 나머지 제자들은 기도하지 않고 집에서 잤다. 그러니 어떻게 귀신을 내쫓을 수 있겠는가? 그들은 귀신을 내쫓을 수 있는 능력을 받지 못했다. 기도하지 않고 잠만 잤으니 당연한 것 아닌가?

정말 그럴까? 그들은 기도하지 않아서 귀신을 내쫓을 수 있는 능력을 받지 못했던 것일까? 아니다. 이미 그들은 그러한 능력을 일찌감치 받았었다.

> 예수께서 그의 열두 제자를 부르사 더러운 귀신을 쫓아내며 모든 병과 모든 약한 것을 고치는 권능을 주시니라 (마 10:1).

그리고 그런 능력을 신나게 행사했었다. 그래서 예수님께 자랑스럽게 귀신을 내쫓았던 사역에 대해 보고하지 않았는가?

> 주의 이름이면 귀신들도 우리에게 항복하더이다 (눅 10:17).

그들이 귀신을 내쫓을 수 있는 능력을 받지 못해서 귀신을 내쫓지 못했던 것이 아니다. 이미 그들은 그런 능력을 갖고 있었다. 그것은 모든 제자들에게 주신 엑수시아였다. 그런데 왜 귀신을 내쫓지 못했던 것일까?

> 기도 외에 다른 것으로는 이런 종류가 나갈 수 없느니라 (막 9:29).

귀신을 내쫓을 수 있는 능력(엑수시아)이 있다고 하더라도 기도하지 않으면 그 능력(권능)을 행사할 수 없다. 하나님은 우리에게 하나님의 자녀로서 누릴 수 있는 권세를 주셨다. 그러나 기도하지 않으면 하나님이 우리에게 주신 권세와 능력을 행사할 수 없다.

하나님은 우리에게 이미 권세를 주셨다. 그런데 우리는 그 권세를 사용하지는 않고 계속 권세(능력)를 달라고만 기도한다. 이미 주셨는데도. 그 주신 것을 사용하기만 하면 되는데 말이다. 우리는 능력을 달라고 기도할 것이 아니라 하나님이 이미 우리에게 주신 권세와 능력을 사용할 수 있게 해달라고 기도해야 한다.

하나님이 주신 권세를 땅에 묻어두고 있으면 안 된다. 그 능력을 행사해야 한다. 실행해야(exercise) 한다. 그러려면 기도해야 한다. 기도해야만 능력이 나타난다.

왜 예수님에게 돌을 던지지 못했던 것일까?

예루살렘에 수전절이 이르니 때는 겨울이라 (요 10:22).

수전절이라는 절기는 성경에서 여기에서 처음이자 마지막으로 나타난다. 이 절기는 구약에서는 나오지 않는다. 신·구약 중간기 시대에 만들어진 절기이기 때문이다. 주전 167년에 안티오쿠스 에피파네스에 의해 예루살렘이 폐허가 되고 말았다. 이때 8만 명의 유대인들이 학살을 당했다. 성전에 제우스 신상을 설치하고, 돼지 머리로 제사를 드렸다. 유대인들에게는 참을 수 없는 치욕이었다. 유대인들은 끈질기게 독립운동을 펼쳤다. 그리고 마침내 3년 후에 다시 독립을 얻게 된다.

성전을 되찾은 다음 더럽혀진 성전을 정화하고 보수했다. 그리고 3년 만에 처음으로 메노라에 불을 밝히게 되었다. 그러나 기름이 하루치밖에 없었다. 전국적으로 기름을 구했지만 8일 동안 기름을 구할 수가 없었다. 그런데 신기하게도 성전의 불이 꺼지지 않고 8일 동안이나 계속 타고 있었다. 그래서 이 날을 기념하기 위해 수전절을 지키게 된 것이다.

하누카로 더 잘 알려진 이 절기 동안에 유대인들은 8개의 촛대가 있는 메노라에 하루에 하나씩 불을 밝혀나간다. 이렇게 해서 마지막 날에는 8개의 촛대에 모두 불이 켜지게 된다. 이 수전절(하누카)은 대개 크리스마스와 비슷한 때에 맞물린다.

수전절에 예수님이 예루살렘에 계셨다. 장막절에 예루살렘에 올라가셨다가 수전절까지 갈릴리로 내려가시지 않고 계속 예루살렘에 머물러 계셨다. 수전절에 예수님과 유대인들이 심하게 부딪혔다. 예수님이 "나와 아버지는 하나이니라"(요 10:31)고 하셨다. 그러자 유대인들이 돌을 들어 치려고 했다.

또 예수님은 자신이 하나님이라고 하셨다. 그러자 유대인들은 도저히 용서할 수 없는 신성 모독죄를 범했다고 생각하고 예수님께 돌을 던지려고 했다(요 10:33).

또 예수님은 자신을 하나님의 아들이라고 선포하셨다. 이 또한 유대인들에게는 도저히 묵과할 수 없는 신성 모독이었다. 그래서 돌을 들어 예수님께 던지려고 했다(요 10:36).

역사적으로 한국에서 가장 많은 메시아가 나왔다. 자칭 메시아라고 한 사람들이 몇십 명은 될 것이다. 유대인 가운데도 자칭 메시아라고 주장하는 사람들이 있다. 한 랍비가 자신이 메시아라고 하는 광고를 신문에 내기도 했다. 유대인 가운데도 그런 사람이 있다는 것이 신기하다. 그런 사람들을 보면 누구나 다 미쳤다고 할 것이다. 정상적인 사람이라면 그 누구도 그들이 정말 메시아라고 믿지는 않을 것이다.

마찬가지다. 2천 년 전에 예수님이 "내가 메시아다"라고 했을 때 모든 사람들이 그를 미쳤다고 했을 것이다. 그래서 그들은 손에 돌을 들었던 것이다.

여러 번 예수님과 유대인들이 부딪히기는 했지만 이때처럼 험악한 적은 없었다. 그러나 이번에는 정말 살벌한 분위기였다. 여차하면 돌을 던질 것처럼 보였다. 일촉즉발의 위기를 잘 넘기고 예수님이 그 자리를 급하게 피하셨다.

그들이 다시 예수를 잡고자 하였느나 그 손에서 벗어나 나가시니라 (요 10:39).

이 일 후에 예수님은 급하게 예루살렘을 떠나셨다. 예수님이 정면 충돌을 피하셨던 것이다.

전에도 그러신 적이 몇 번 있었다. 세례자 요한이 참수형을 당했다는 소식을 듣고는 어떻게 하셨는가? 당장 그를 죽인 헤롯을 찾아가셨는가? 아니면 요한의 장례식에 가셨는가?

예수께서 들으시고 배를 타고 빈 들에 가시니 (마 14:13).

얼마나 마음이 착잡하셨겠는가? 얼마나 마음이 무거우셨겠는가? 예수님은 속에서 치밀어오르는 분노를 참으시고 따로 한적한 곳으로 피해 가셨다. 아직은 헤롯과 부딪힐 때가 아니었던 것이다. 아직은 '하나님의 때'가 아니었던 것이다.

수전절에 있었던 일도 마찬가지다. 예루살렘에 머물면서 유대인들과 계속 충돌하게 되면 언제 어떤 일이 일어나게 될지 모른다. 만일 예루살렘을 떠나서 숨지 않았다면 돌에 맞아 죽으셨을지도 모른다. 그러나 예수님은 그런 식으로 죽으면 안 되는 분이 아닌가? 그래서 일단 후퇴를 하셨던 것이다. 예수님은 다행히도 그 자리를 잘 빠져나갈 수 있었고 위기를 모면할 수 있었다.

이렇게 물러가 계셨는데 예루살렘에서 급한 전갈이 왔다. 나사로가 죽어가고 있으니 급히 와 달라는 것이었다. 이 소식을 듣고는 제자들이 이렇게 말했다.

> 랍비여 방금도 유대인들이 돌로 치려 하였는데 또 그리로 가시려 하나이까 (요 11:8).

그래도 가시겠다고 하니까 도마가 이렇게 말했다.

> 우리도 주와 함께 죽으러 가자 (요 11:16).

예수님이 돌에 맞아 죽을 뻔한 일이 또 한 번 있었다. 수전절 전에 있었던 일이다.

> 예수께서 이르시되 진실로 진실로 너희에게 이르노니 아브라함이

> 나기 전부터 내가 있느니라 하시니 그들이 돌을 들어 치려 하거늘 예수께서 숨어 성전에서 나가시니라 (요 8:58-59).

예수님은 유대인들과 극한 상황까지 가는 충돌을 피하시고 그들을 피해 몰래 성전에서 빠져나오셨다.

천만다행히도 예수님은 그때 그때마다 그 자리를 잘 피할 수 있었다. 어떻게 그럴 수가 있었을까? 생각해 보라. 분노한 군중들에게 둘러싸여 있다. 그들의 손에는 돌이 들려 있다. 여차하면 던질 참이다. 한 사람이 돌을 던지면 기다렸다는 듯이 여기저기서 돌이 날아올 것이다. 그렇게 되면 예수님은 돌에 맞아 죽고 말 것이다. 그러나 그런 일은 벌어지지 않았다.

어떻게 예수님이 돌에 맞지 않을 수 있었는가? 어떻게 그 자리를 무사히 빠져나오실 수 있었을까?

유대인들 손에는 돌이 들려 있었지만 그 돌을 던질 수는 없었다. 그들은 부들부들 분노에 떨면서도 돌은 던지지 못했다. 왜 그랬을까?

스데반이 돌에 맞아 죽었다. 설교를 듣던 유대인들이 분을 참지 못하고 그 자리에서 돌을 던져 스데반을 죽였는가? 아니다. 설교를 들으면서 그들은 마음이 찔렸다. 그를 향하여 이를 갈았다. 소리를 질러대면서 그에게 달려들었다. 그 다음에 '성 밖으로 내치고' 돌로 쳤다(행 7:58). 현장에서 돌로 쳐 죽인 것이 아니라 예루살렘 성 밖으로 끌고 가서 돌로 쳐 죽였던 것이다. 왜 그랬을까?

율법에 성 안에서는 누구도 돌로 쳐 죽이지 못하도록 하고 있다. 예수님을 십자가에 못 박았던 곳이 골고다 언덕이다. 왜 그곳까지 끌고 가서 십자가에 못 박았는가? 성 안에서는 사람을 죽일 수 없었기 때문이다. (지금은 골고다 언덕으로 추정되는 곳에 세워진 성묘 교회가 성 안에 있지만 1세기에는 성 밖이었다.)

그들이 돌을 들고는 있었으나 예수님께 돌을 던지지 못했던 이유가 바로 여기에 있다. 그들은 절대로 예수님께 돌을 던질 수 없었다. 그래서 예수님이 그 자리를 피해서 빠져나갈 수 있었던 것이다. 그렇지 않았다면 그들이 도망 가는 예수님을 가만히 내버려두었겠는가? 도망 가려고 하는 순간 여기저기서 돌이 날아왔을 것이다.

예수님과 유대인들이 충돌했던 곳은 성 안, 그것도 성전 안이었다. 성전 안에서 사람을 돌로 쳐 죽인다는 것은 있을 수 없는 일이다. 성 안에서도 사람을 죽일 수 없는데, 어떻게 성전 안에서 사람을 죽일 수 있겠는가? 간음한 여인을 끌어다 세운 곳도 성전 안이었다. 만일에 그날 예수님이 그들의 질문에 대답을 하지 못했더라도 그 여인이 돌에 맞아 죽는 일은 없었을 것이다. 역사 이래로 성전 안에서 돌에 맞아 죽은 사람은 단 한 사람도 없다. 어떻게 성전 안에서 사람을 돌로 쳐 죽일 수 있겠는가?

스데반을 죽일 때는 그 자리에 사울(바울)이 증인으로 있었다. 아마 이단대책위원회 위원장쯤 되었는지 모르겠다. 아무튼 그들이 스데반을 죽인 것은 불법이 아니었을 것이다. 그러나 어떤 사람이 율법에 따라 돌로 쳐 죽여야 하는 죄를 지었다고 할지라도 아무나 그를 돌로 쳐 죽일 수 있는 것은 아니다. 다 절차가 있었다.

율법의 규정에 따라 사람을 죽이는 일은 사실 거의 (또는 전혀) 없었다. 그렇게 하는 것은 불가능한 일이었다. 그래서 예수님을 죽일 때에도 법적인 절차를 다 밟지 않았는가? 만일 누군가가 예수님께 돌을 던져 죽였다고 한다면 그는 살인죄로 벌을 받게 된다. 그러므로 누구도 예수님께 돌을 던지지 못했던 것이다.

예수님은 여러 차례 돌에 맞아 죽을 뻔했다. 그러나 예수님은 돌에 맞아 죽으시면 안 되는 분이었다. 그분은 십자가에 못박혀서 돌아가시게 되어 있는 분이었다. 그러므로 유대인들은 끓어오르는 분노에도 불구하고 돌을 던지지 못했던 것이다. 예수님을 돌로 쳐 죽이고 싶은 마음은 간절했지만 그 누구도 위에서 말한 그런 이유들 때문에 감히 예수님께 돌을 던지지 못했던 것이다. 예수님은 인류 구원의 사역을 십자가 위에서 이루셔야만 했다. 그랬기 때문에 그 누구도 예수님께 돌을 던지지 못했던 것이다.

죽음이 두려워 겟세마네 동산에서 피땀 흘려가며 기도하셨던 것일까?

예수께서 힘쓰고 애써 더욱 간절히 기도하시니 땀이 땅에 떨어지는 핏방울같이 되더라 (눅 22:44).

겟세마네는 동산이 아니라 감람산에 있는 조그만 정원의 이름이다. 그곳에는 예수님이 기도한 것을 기념하는 교회가 서 있다. 그 안에 들어가면 어두컴컴하다. 분위기가 무겁다. 예수님이 깊은 밤중에 기도하지 않으셨는가? 또 예수님이 말할 수 없이 무거운 마음으로 슬픔 가운데 기도하지 않으셨는가? 그래서 교회 분위기를 그렇게 만들어 놓은 것이다.

겟세마네 동산은 감람산이라고도 불리는데, 감람나무(올리브 나무)가 많아서 그런 이름이 붙여지게 되었다. 그곳은 올리브 열매들을 짓이기고 꽉꽉 짜서 기름을 만드는 올리브 틀이 많았다. 예수님은 바로 그런 곳에서 사람들이 올리브에서 올리브 기름을 짜내듯이 그렇게 애쓰고 힘쓰며 기도하셨다. 그리고 예수님은 올리브가 짓이겨지는 것과 같은 고통과 아픔을 겪으셨다.

겟세마네 동산은 사실 공동묘지이다. 2천 년 전부터, 아니 그 이전부터 공동묘지였다. 그곳에 가면 2천 년 전 무덤이 허다하다. 성전산에서 바라보면 감람산이 온통 공동묘지로 이루어져 있음을 한눈에 볼 수 있다. 유대인들은 그곳에 묻히기를 소원한다. 그곳은 바로 성전 옆에 위치하고 있어서 메시아가 오실 때 그곳에서 잠자던 사람들이 가장 먼저 부활할 것이라는 믿음 때문에 그곳에 묻히기를 원하는 것이다. 그래서 매일 세계 곳곳에서 그곳에 묻히기를 소원하는 시신들이 항공기를 통해서 도착하고 있다. 예수님은 그런 공동묘지에서 늦은 밤에 죽음을 앞에 두고 피땀을 흘리면서 기도를 하셨던 것이다.

겟세마네 동산에 있는 기념교회의 정원에 있는 조각

나도 밤 10시가 넘은 시간에 그 동산에 올라가 기도한 적이 있다. 낮에는 순례객들로 북적대던 곳이지만, 밤에는 인기척 하나도 없었다. 하늘을 보니 초승달이 구름 속에 가렸다 나왔다 했다. 기도하는데 어디선가 까마귀들이 날아와 까악까악 하며 울어댔다. 까마귀의 울음 소리가 더욱 음산한 분위기를 연출했다.

예수님은 적어도 1시간 이상 피땀을 흘리며 기도하셨다. 그렇게 기도하는 동안에 예수님의 옷은 밤이슬로 흠뻑 젖었을 것이다. 밤이슬을 맞으며 기도해 본 적이 있는가? 차가운 바람을 맞으며 기도해 본 적이 있는가? 까마귀 울음 소리를 들으며 공동묘지에서 혼자 기도해 본 적이 있는가? 땅바닥에 엎드려 얼굴을 땅에 묻고 기도해 본 적이 있는가? 피땀 흘리며 기도해 본 적이 있는가? 죽느냐 사느냐의 문제를 놓고 기도해 본 적이 있는가? 예수님은 그런 기도를 드리셨다. 십자가를 앞에 두고.

> 내 마음이 심히 고민하여 죽게 되었으니 너희는 여기 머물러 깨어 있으라 (막 14:34).

성경에서는 예수님의 심리에 대해 별로 묘사를 하고 있지 않은데, 여기에서는 죽음을 앞에 둔 예수님의 심리를 잘 묘사해 주고 있다. 인간적으로 충분히 이해가 가는 일이다. 그런데 다른 사람이 아니라 예수님이 그러셨다는 것이 좀 이상하지 않은가? 다른 사람은 몰라도 적어도 예수님은 당당하게 죽음을 맞이하셨을 것 같은데, 예수님이 죽음을 앞에 두고 그렇게 두려워하고 약한 모습을 보였다고 하는 것이 좀 이상하다. 정말 예수님이 죽음이 두려워서 그러신 것일까?

아니다. 예수님이 두려워하였던 것은 죽음이 아니다. 생각해 보라. 예수님이 죽은 다음에 부활할 것을 알고 계셨다. 제자들에게 십자가를 지고 죽겠지만 사흘 만에 다시 살아나리라고 수차례 말씀하셨다. 예수님은 죽음 후에 무슨 일이 일어날 것인지 다 알고 계셨다. 예수님이 부활하실 것을 하나님만 알고 계셨던 것이 아니다. 예수님 본인도 잘 알고 계셨다.

죽은 다음에 사흘 만에 다시 살아날 것을 알고 계셨는데 죽음을 두려워하실 이유가 없지 않는가? 예수님은 죽음 때문에 두려워하신 것이 아니었다.

예수님이 두려워하신 것은 다른 데 있다. 죽음이 아니라 십자가였다. 영화 〈패션 오브 크라이스트〉(The Passion of the Christ)에서 본 대로, 좀 지나치게 과장한 것처럼 보이긴 하지만 예수님이 얼마나 끔찍하게 죽으셨는가? 채찍에 맞고 못 박히는 장면은 눈뜨고 볼 수 없지 않는가? 예수님은 십자가에서의 죽음이 아니라 십자가에 못 박혀 죽는 순간까지의 그 말할 수 없는 참혹한 고통과 고난, 그것을 두려워하셨던 것이다. 암에 걸려 죽어가는 사람이 두려워하는 것은 죽음이 아니다. 죽기 전까지 겪어야 할 고통을 더 두려워한다. 예수님이 두려워하셨던 것도 바로 그런 것이었다.

메시아의 죽음을 예언한 이사야 53장에도 단순히 메시아가 인류를 구원하기 위해 죽을 것이라는 사실만 예언한 것이 아니라, 그가 어떤 고난을 당하다가 죽게 되는가에 초점을 맞추고 있다. 그분은 우리가 받아야 할 고통을 대신 받고, 우리가 받아야 할 징벌을 대신 받고, 찔림을 당하고, 상처를 받고, 징계를 받고, 채찍에 맞고, 굴욕을 당하고, 고문을 당할 것이라는 사실을 상세하게 묘사하고 있다.

예수님은 죽음을 두려워하신 것이 아니다. 예수님에게 있어서 죽음은 전혀 문제가 되지 않았다. 예수님이 죽은 나사로도 살려주시지 않았는가? 회당장 야이로의 딸도 살려주시지 않았는가? 나인 성 과부의 아들도 살려주시지 않았는가? 이런 예수님께 죽음이 무슨 문제가 되겠는가?

예수님은 죽음을 조금도 두려워하지 않으셨다. 죽음은 두려워할 대상이 아니다. 예수님이 당당하게 죽음을 맞이하셨던 것처럼 우리도 언젠가 찾아올 죽음을 당당하게 맞이하려면 부활에 대한 확신이 있어야 한다. 예수님처럼 부활에 대한 확신만 있으면 죽음을 조금도 두려워하지 않을 수 있을 것이다.

예수님의 비유

낯설게 읽기

친구가 한밤중에 문을 두드리는데 열어주지 않을 사람도 있을까?

어느 목사님이 밤 늦게 운전하고 가다가 차가 고장이 났다. 연락할 곳이 마땅치 않았다. 교인들이 많았지만 연락할 만한 사람이 없었다. 누구에게라도 연락하면 와서 도와주기야 하겠지만 속으로는 안 좋아할 수도 있다는 생각에 아무에게도 연락을 못했던 것이다.

한밤중에 친구가 와서 문을 두드리면 문을 열어줄까? 안 열어줄까? 자려고 불 끄고 누웠으니까 못 들은 척하고 문을 안 열어줄까? 친구가 아니라 이웃이 와서 문을 두드려도 일어나 열어줄 것이다.

그런데 예수님의 비유 가운데 그렇게 하지 않은 사람이 나온다. 한밤중에 친구가 와서 문을 두드리는데 못 들은 척하고 문을 열어주지 않았다. 그래도 계속 문을 두드리니까 할 수 없이 일어나서 문을 열어주었다. 기도에 관한 예수님의 비유 가운데 나오는 이야기다.

정말 문을 두드렸는데도 문을 안 열어주었는가?

> 그가 안에서 대답하여 이르되 나를 괴롭게 하지 말라 문이 이미 닫혔고 아이들이 나와 함께 침실에 누웠으니 일어나 네게 줄 수가 없노라 하겠느냐 (눅 11:7).

누가복음 11장 5-7절을 살펴보자.

> 5. 너희 중에 누가 벗이 있는데 밤중에 그에게 가서 말하기를 벗이여 떡 세 덩이를 내게 꾸어 달라
> 6. 내 벗이 여행중에 내게 왔으나 내가 먹일 것이 없노라 하면
> 7. 그가 안에서 대답하여 이르되 나를 괴롭게 하지 말라 문이 이미 닫혔고 아이들이 나와 함께 침실에 누웠으니 일어나 네게 줄 수가 없노라 하겠느냐

헬라어 원문에는 7절의 '하겠느냐'가 없다. 그렇게 되면 친구가 일어나서 문을 열고 빵을 주지 않는다는 이야기가 된다.

그러나 7절은 5절부터 연결되는 문장이다. 5절은 "너희 중에 누가"로 시작하고 있다. 전체적인 문맥상, "'일어나 네게 줄 수 없노라'라고 말할 사람이 누가 있겠느냐? 그럴 사람은 아무도 없을 것이다"라는 이야기다. 아무리 친구 같지 않은 친구라 할지라도 문을 열어주지 않을 사람은 없다는 것이다. 이런 사실은 8절에서도 확인할 수 있다.

내가 너희에게 말하노니 비록 벗 됨으로 인하여서는 일어나서 주지 아니할지라도 그 간청함을 인하여 일어나 그 요구대로 주리라.

일어나 준다는 것이다. 일어나 주기는 주되 친구이기 때문이 아니라 다른 이유 때문에 그런다는 것이다. 그래서 우리 성경에서는 모두 '하겠느냐?'가 들어가 있다.

저가 안에서 대답하여 이르되 나를 괴롭게 하지 말라 문이 이미 닫혔고 아이들이 나와 함께 침소에 누웠으니 일어나 네게 줄 수가 없노라 하겠느냐 (개역한글).

그가 안에서 대답하여 이르되 나를 괴롭게 하지 말라 문이 이미 닫혔고 아이들이 나와 함께 침실에 누웠으니 일어나 네게 줄 수가 없노라 하겠느냐 (개역개정).

그 사람이 안에서 대답하기를 '나를 괴롭히지 말게. 문은 이미 닫혔고, 아이들과 나는 잠자리에 누웠네. 내가 지금 일어나서, 자네의 청을 들어줄 수 없네' 하겠느냐? (새번역)

아무리 한밤중에 와서 문을 두드려도 일어나서 빵을 주는 것이 유대인의 문화이다. 예수님은 "유대인들에게 너희도 그렇게 하지 않느냐? 하물며 하나님이야 말해서 무엇하겠느냐?"라고 가르치시고 있는 것이다. 그런데 우리는 문을 열어주지 않지만 하나님은 문을 열고 구하는 것을 주신다는 식으로 이 비유를 이해하는 경우가 많다. 마지막의 '하겠느냐'를 읽기는 읽지만 건성으로 읽기 때문에 이런 일이 일어나는 것이다.

> 내가 너희에게 말하노니 비록 벗 됨으로 인하여서는 일어나서 주지 아니할지라도 그 간청함을 인하여 일어나 그 요구대로 주리라 (눅 11:8).

앞 절에서는 일어나서 주었다고 했는데, 여기서는 문을 안 열어주고 있다가 계속 문을 두드리니까 할 수 없이 일어나 문을 열어준 것처럼 되어 있다. 그렇다면 그 친구가 처음에는 문을 안 열어준 것이 맞지 않는가? 분명히 '간청'을 해서 문을 열어주었다고 하지 않는가?

이것은 번역의 문제다. 문화적인 배경을 잘 이해해야 한다. 여기서 '간청'은 헬라어로 anaiden이다. 이는 'shamelessness'(부끄러움 없음)라는 뜻이다. 직역하면 '그의 부끄러움 없음을 위하여'가 된다. 여기에서 "'그'가 누구냐" 라는 것이 문제다. 문을 두드리는 사람일 수도 있고, 이웃집 친구일 수도 있다. 문을 두드리는 사람으로 본다면 그가 한밤중에 찾아와서 안면몰수하고 계속 문을 두드렸다는 뜻이 된다. 보통 우리는 그렇게 이해를 한다. 그러나 반대로 이웃집 친구로 본다면 그가 부끄러움을 당하지 않기 위하여 일어나서 문을 열어주었다는 뜻이 된다.

NIV 성경 난하주에 이렇게 토를 달았다.

"yet to preserve his good name."

NLT 성경에는 이렇게 번역되어 있다.

in order to avoid shame, or so his reputation won't be damaged.

부연 설명이 필요하다. 한밤중에 친구가 찾아왔다. 별로 친한 친구도 아니고 밤 12시가 넘었는데 문을 두드리자 짜증이 났다. 그래서 못 들은 척하고 있으려는데 문득 이런 생각이 들었다. '내가 만일 일어나서 문을 열어주지 않는다면 저 친구가 분명히 동네방네 다 돌아다니면서 내 욕을 하겠지? 그러면 사람들이 어떻게 친구가 와서 문을 두드리는데도 열어주지 않을 수 있느냐고 하면서 나를 면박하겠지? 나를 보는 사람마다 다 수군거리겠지? 그러면 나는 얼굴을 못 들고 다니게 될 텐데….' 그래서 자기 체면을 유지하려고 문을 열어주고 빵을 주었다는 것이다.

나도 마찬가지다. 교인이 밤 12시에 전화해서 급한 일 때문에 심방 와 달라고 하면 가야 한다. 귀찮아도, 싫어도, 목사의 체면이 있기 때문에 달려간다. 그렇지 않으면 당장 다음날 교인들 전화통에 불이 날 것이다. 목사가 어떻게 그럴 수 있느냐고. 그러면 나는 고개를 들고 다니지 못할 것이다. 이 친구가 바로 그랬던 것이다.

이것이 바로 체면 문화 또는 수치 문화이다. 이런 문화가 우리나라뿐만 아니라 중동에서도 매우 강하다. 이슬람 문화권에서는 딸이 간음을 하면 가문에 먹칠을 했다고 해서 부모들이나 친척들이 돌로 쳐죽이기도 한다. 체면이나 수치를 상당히 중요시한다. 그래서 이웃집 친구가 귀찮기는 하지만 자기 체면 때문에 사람들에게 수치를 당하지 않기 위하여 얼른 일어나서 문을 열어주었다는 것이다. 이런 해석을 받아들인다면 이렇게 번역할 수 있다.

"내가 너희에게 말하노니 비록 벗 됨으로 인하여서는 일어나서 주지 아니할지라도 부끄러움 당하지 않기 위하여 일어나 그 요구대로 주리라."

다음 성경 구절 누가복음 11장 8절을 비교해 보라.

> 내가 너희에게 말하노니 비록 벗 됨을 인하여서는 일어나 주지 아니할지라도 그 강청함을 인하여 일어나 그 소용대로 주리라 (개역한글).
> 내가 너희에게 말하노니 비록 벗 됨으로 인하여서는 일어나서 주지 아니할지라도 그 간청함을 인하여 일어나 그 요구대로 주리라 (개역개정).

개역한글에는 강청해야 열어준다고 되어 있는데, 새로 번역한 개역개정 성경에는 강청이 아니라 간청을 해서 열어준 것이라고 되어 있다.

강청과 간청이 어떻게 다를까?

빵을 빌리러 온 사람이 친구가 문을 열어주지 않자 계속 문 열어줄 때까지 문을 두드렸다고 한다면 그것은 강청이다. 우리는 그의 강청에 못 이겨서 이웃집 친구가 문을 열어주었다고 생각하고 있지 않는가?

이 친구가 밤 12시에 빵을 빌리러 오지 않았는가? 그건 무례한 것이다. 그런데 오죽하면 그렇겠는가? 그 사람이라고 그러고 싶었겠는가? 그렇지만 그만큼 다급했던 것이다. 그만큼 간절했던 것이다. 그래서 밤 12시이긴 하지만 친구에게 가서 문을 두드렸던 것이다.

안에서 친구가 이렇게 생각했을 것이다. '오죽하면 밤 12시에 와서 문을 두드릴까? 얼마나 급한 일이면 밤 12시에 와서 문을 두드릴까?' 그 심정이 이해가 갔을 것이다. 그래서 일어나 문을 열어주었던 것이다. 이웃집 친구는 빵을 빌리러 온 사람의 강청 때문이 아니라 그의 간청 때문에 일어나 문을 열어주고 빵을 내주었던 것이다.

바울이 그를 괴롭히는 가시(간질?)를 없애 달라고 얼마나 간절히 기도했겠는가? 이것이 간청이다. 그러나 하나님이 "No" 하셨다. 그러자 바울은 "예, 알았습니다" 하고 순복했다. 더 이상 기도하지 않았다. 안 들어준다고 원망하지 않았다. 40일 금식 기도에 들어가지 않았다. 세 번 기도하고 말았다.

강청은 하나님이 "No" 하실 때, 하나님께 "안 됩니다. 하나님! 꼭 이루어 주셔야 합니다" 하고 하나님께 "No" 하는 것이다. 왜 강청 기도를 하는가? 하나님의 뜻을 이루기 위해? 내 뜻을 이루기 위해! 하나님을 위해? 나를 위해! 하나님의 뜻에는 별로 관심이 없다. 내 뜻이 이루어져야 응답해 주신 것이다. 기도로 하나님을 이기려고 하는 것이다. 기도로 하나님의 생각을 바꾸려고 하는 것이다. 이게 믿음일까? 교만일까?

"아버지의 원대로 마옵시고 나의 원대로 이루어주시옵소서!"

이것은 떼를 쓰는 것이다. 강청이다. 그러나 예수님처럼 눈물 흘리면서 간절히 기도하지만 "나의 원대로 마옵시고 아버지의 원대로 하옵소서"라고 기도하는 것, 이것이 간청이다.

강청하는 사람은 기도의 목적이 오직 자기 뜻을 이루는 데 있다. 이런 사람은 백날 기도해도 잘 안 변한다. 자기가 얻고자 하는 것을 얻기 위해서만 기도하니까 안 변하는 것이다. 그러나 진정한 기도를 드리는 사람은 그리스도의 성품을 닮아가게 되어 있다. 하나님의 뜻에 자기의 뜻을 굴복시키기 때문이다.

하나님의 뜻에는 별로 관심이 없고, 그저 내 뜻이 이루어지게 해달라고만 떼를 쓰며 기도하는 것은 성숙한 기도가 아니다. 어렸을 때나 떼를 쓰지 어른이 되어서도 떼를 쓰면 모자란 사람이다.

하나님은 강청해야만 들어주시는 분이 아니다. 하나님은 우리의 기도를 속히 들어주신다. 오래 지체하지 않으신다.

> 하물며 하나님께서 그 밤낮 부르짖는 택하신 자들의 원한을 풀어주지 아니하시겠느냐 그들에게 오래 참으시겠느냐 내가 너희에게 이르노니 속히 그 원한을 풀어주시리라 (눅 18:7-8).

그런데 왜 우리는 하나님을 떼를 써야 들어주시는 분, 웬만큼 기도해서는 꿈쩍도 안 하시는 분으로 생각하는 것일까? 하나님은 강청을 해야만 들어주시는 분이 아니다. 우리의 작은 신음에도 귀를 기울이시는 분이다. 하나님 앞에서 흘리는 뜨거운 눈물 한 방울의 의미를 아시는 분이다. 무거운 마음으로 "주님!" 한 마디 하고 기도를 잇지 못할 때도 그 한 마디 말 속에 담겨진 우리의 슬픔과 고통과 상처와 아픔, 기도를 다 아시는 하나님이다.

강청이 아니라 간청에 귀를 기울이시는 하나님이다.

'하물며'라는 단어 하나가 만들어낸 한국 교회의 떼쓰는 기도

> 하물며 하나님께서 그 밤낮 부르짖는 택하신 자들의 원한을 풀어 주지 아니하시겠느냐 (눅 18:7).

억울한 사연을 가진 과부가 있었다. 재판관을 찾아갔다. 그런데 안 만나주는 것이었다. 열 번을 찾아가도 안 만나주었다. 그래도 계속 찾아가니까 재판관이 귀찮아서 할 수 없이 그 과부의 억울함을 풀어주었다(눅 18:1-8).

이 비유를 통해 우리에게 말씀하시고자 하는 것이 무엇일까? 기도 응답이 없어도 이 과부처럼 끝까지 매달리며 기도하면 하나님께서 마침내 응답해 주실 것이라는 말일까?

> 하물며 하나님께서 그 밤낮 부르짖는 택하신 자들의 원한을 풀어 주지 아니하시겠느냐 그들에게 오래 참으시겠느냐 내가 너희에게 이르노니 속히 그 원한을 풀어 주시리라 (눅 18:7-8).

우리가 기도를 오래 해야만 들어주실 것이라고 말씀하고 있는가? 아니다. 그 반대다. 하나님이 우리의 기도를 '속히' 응답해 주실 것이라고 분명하게 말씀하고 있다. 그런데 우리는 기도 응답을 받는 것이 결코 쉬운 것이 아니라고 생각한다. 그렇기 때문에 응답을 받으려면 오래 기도해야 한다고 생각한다. 왜 그렇게 생각하는 것일까?

예수님이 가르쳐 주신 비유에서, 이웃집에 빵을 빌리러 갔을 때 문을 안 열어주었는데 귀찮게 계속 두드리니까 열어주었다고 잘못 생각하고 있기 때문이다. 그리고 과부와 재판관의 비유에서도 하나님을 이 비유에 나오는 재판관과 같은 분으로 생각하기 때문이다. 그래서 매달려야만 응답을 받을 수 있다고 믿는 것이다.

이 비유를 왜 해주셨는가?

> 항상 기도하고 낙심하지 말아야 할 것을 비유로 말씀하여 이르시되 (눅 18:1).

기도 응답이 없다고 하더라도 떼를 쓰면서 기도하면 응답해 주실 것이므로 낙심하지 말고 끝까지 매달리며 기도하라는 뜻으로 이 비유를 가르쳐주신 것인가? 아니다. 항상 기도하라는 것과 기도하다 낙심하지 말라는 가르침을 주기 위해서 이 비유를 가르치신 것이다.

이 비유의 결론이 무엇인가?

> 하나님께서 그 밤낮 부르짖는 택하신 백성의 원한을 풀어주시지 아니하시겠느냐…내가 너희에게 이르노니 속히 그 원한을 풀어 주시리라 (눅 18:7-8).

불의한 재판관은 사정을 하고, 매달리고, 떼를 써야 들어줄까 말까 하지만, 하나님은 그런 분이 아니시라는 것이다. 듣고도 못 들은 체, 알면서도 모르는 체하면서 우리로 하여금 더 기도하게 만드는 그런 분이 아니라는 것이다. 지체하지 않고 속히 기도를 응답해 주시는 분이라는 것이다.

그런데 우리는 하나님을 이 비유에 나오는 나쁜 재판관과 같은 하나님으로 생각하고 있다. 그래서 과부가 그랬듯이 울고불고 붙들고 매달려야 겨우 기도 응답을 해주는 분으로 생각하는 것이다. 예수님이 이 비유에서 불의한 재판관에 대한 이야기를 하신 것은, 하나님은 그런 분이 아니시라는 것을 말씀해 주려고 한 것인데, 우리는 그 반대로 이해하고 있다.

> 하물며 하나님께서 그 밤낮 부르짖는 택하신 자들의 원한을 풀어주지 아니하시겠느냐 (눅 18:7).

우리는 이 구절을 불의한 재판관도 매달리며 졸라대면 들어주는데 '하물며' 하나님께 매달리며 기도하면 얼마나 더 잘 들어주시겠느냐 라는 식으로 해석한다. 여기에서 '하물며'가 문제다. 원어에는 de로 되어 있다. '그러나'라는 뜻을 가진 접속사이다.

"그러나 하나님께서 그 밤낮 부르짖는 택하신 자들의 원한을 풀어주시지 않겠느냐? 그들에게 오래 참으시겠느냐?"

어떤 영어 성경에도 '하물며'(how much more)로 번역한 성경은 없다. 헬라어 de에는 그런 뜻이 없다. 우리 성경에서만 '하물며'로 번역되었다. 그런데 '하물며'라는 단어 하나가 이 비유 전체의 의미를 완전히 뒤집어놓았다.

우리 성경은 '불의한 재판관도 매어달리며 졸라대면 들어주는데, 하물며 하나님께 매달리며 기도하면 하나님이 얼마나 더 잘 들어주시겠느냐? 그러므로 매달리는 기도를 하라'는 것처럼 되어 있다.

그러나 '하물며'를 '그러나'로 번역하면 완전히 반대가 된다.

"불의한 재판관은 매달리며 떼를 써서 들어주었지만 그러나 나는 그렇지 않다. 나는 그 불의한 재판관과는 달리 누가 기도하든지 속히 그 원한을 풀어줄 것이다."

아이를 데리고 백화점에 갔다. 엄마에게 사달라고 하는데 안 사주면 떼를 쓴다. 바닥에 누워서 소리를 지르면서 울어댄다. 그러면 엄마가 창피하니까 일단은 사준다. 그리고 집에 와서는 무슨 일이 생기는가? 그 아이는 엄마에게 반은 죽는다.

야곱도 그랬다. 떼를 써서 그가 원하는 축복을 받아내긴 했지만 환도뼈가 부러졌다. 아마 그는 평생 절뚝거리며 살았을 것이다. 그가 원하는 것은 얻었어도 더 큰 것을 잃었던 것이다. 떼쓰는 기도가 그렇게 좋은 것만은 아니다.

한국에서는 떼를 쓰면 된다. 말도 안 되는데 그냥 바닥에 누우면 해결된다. 모여서 데모하면 된다. 떼를 쓰면 다 들어준다. 한국 교회에서도 하나님의 뜻에 순복하는 기도를 가르치기보다 떼를 쓰는 기도를 강조했다. 떼를 쓰며 기도하는 것이 믿음이라고 가르쳤다.

바울은 평생 가시를 갖고 살아야 했다. 그것이 안질이라는 사람도 있고 간질이라고 하는 사람도 있다. 간질이라고 생각해 보자. 설교하다가 갑자기 엎어져서 거품을 내품으면서 발작을 할 수도 있다. 그러니 바울이 얼마나 간절하게 그 병을 고쳐달라고 기도했겠는가? 그런데 하나님은 바울에게 "No" 하셨다.

바울은 어떻게 했는가? 우리 같으면, "하나님, 목회하는 데 은혜가 안 됩니다. 꼭 고쳐주셔야 합니다. 하나님의 영광을 위해서라도 고쳐주셔야 합니다"라고 기도하면서 철야하고 40일 작정 기도하고, 금식 기도하고 그래도 안 되면 기도원 올라가서 기도하고, 그래도 안 되면 40일 금식 기도도 하고 그럴 것이다. 그러나 바울은 그러지 않았다. 하나님이 "No" 하시자, "예, 알겠습니다"라고 대답하고는 두 번 다시 그 문제를 가지고 떼를 쓰며 매달리지 않았다.

우리에게 필요한 기도는 떼를 쓰는 기도보다 순복하는 기도이다. 하나님이 "아니다"라고 하실 때, "예, 알았습니다"라고 순복할 줄 알아야 한다.

사정하시는 하나님

탕자가 집에 돌아왔다. 아버지는 기다리고 기다리던 아들이 돌아오자 죽었던 아들이 살아온 것처럼 기뻐하면서 잔치를 벌였다. 그러나 큰아들은 동생이 돌아온 것이 못마땅했다. 아버지가 동생을 위해 잔치까지 열어주자 더 열을 받았다. 그리고 잔칫자리에 들어가지 않았다.

그 당시로서는 있을 수 없는 일이었다. 사람들이 다 모여 있다. 잔칫집 분위기가 무르익어 가고 있다. 당연히 형이 손님들을 맞아야 한다. 그런데 형은 뻣댕기고 잔치 자리에 들어가지 않았다. 아버지 체면이 무엇이 되겠는가? 우리 같았으면 노발대발 했을 것이다. 얼굴이 울그락불그락했을 것이다. 큰소리가 오고갔을 것이다. 그런데 아버지는 그렇게 하지 않았다.

아버지가 나와서 권한대 (눅 15:28).

권면은 아버지가 자식에게 하는 것이 아니다. 윗사람이나 스승이 아랫사람이나 학생에게 하는 것이다. 아버지가 아들에게 말하면 아들은 그대로 해야 한다. 그런데 아버지가 아들에게 권면을 했다고 한다. 그러나 그 아들은 아버지의 권면도 받아들이지 않았다.

새번역 성경에서는 아버지가 형을 '달랬다'고 되어 있다. 화가 난 아들을 달랬다는 것이다. 당장 들어오지 못하겠느냐고 불 같은 호령을 내려 마땅하지만, 그렇게 하지 않고 오히려 달랬던 것이다. 사실 아버지가 큰아들의 마음을 달래줄 그런 일이 아니지 않는가? 형으로서 당연히 동생을 용서하고 받아들여야 하는 것 아닌가? 그런데도 아버지는 어떻게 해서라도 동생을 용서하게 하고 화해시키려고 큰아들을 다독거리며 달랬던 것이다. 그랬는데도 그는 끝까지 잔치 자리에 들어가지 않았다.

어느 미국 교회에서 탕자의 비유를 가지고 연극을 하게 되었다. 배역이 정해지고 연습을 하는데, 아버지의 배역을 맡은 사람이 대본을 보고는 깜짝 놀랐다. 대본을 보니까 바로 위의 장면에서 아버지가 큰아들에게 무릎을 꿇고 비는 것으로 되어 있었기 때문이다. 이건 말도 안 된다고 생각하고는 연출자에게 물었다.

"이 비유에서 아버지는 하나님을 가리키는 것 아닌가요?"

"물론이지요."

"그런데 여기 대본을 보니까, 아버지가 무릎을 꿇고 큰아들에게 빌게 되어 있는데, 잘못된 것 아닙니까?"

"아닙니다. 아버지가 아들 앞에 무릎을 꿇는 바로 그 장면이 이 연극의 하이라이트입니다. 우리에게는 하나님이 인간에게 무릎을 꿇는 것이 상상이 안 되지요. 그러나 우리가 믿는 하나님은 바로 그러한 하나님이십니다. 우리는 이 연극에서 바로 그것을 강조하려고 하는 것입니다."

무슨 근거에서 아버지가 아들 앞에 무릎을 꿇고 비는 것으로 대본을 썼던 것일까? 영어 성경에는 우리 성경처럼 '권하다' 또는 '달래다'로 번역한 성경이 없다. 영어 성경에서는 다음과 같이 번역되었다.

'entreat' 또는 'intreat'(KJV, RSV, ASV, YLT, WEB)

'plead'(NKJV, NIV, NASV)

'beg'(HNV, NLT)

'beseech'(DBY)

여기에 사용된 단어들은 모두 간절히 무엇인가를 간청하는 것, 요구하는 것, 사정하는 것을 의미한다. 그래서 이 연극에서 아버지가 아들 앞에 무릎을 꿇고 사정을 하는 것으로 대본을 썼던 것이다.

우리 성경에서 '권면하다' 또는 '달래다'로 번역한 헬라어는 'parakaleo'인데, 이 단어가 어떻게 사용되었는지 살펴보면 이 단어가 의미하는 바를 감 잡을 수 있을 것이다.

가버나움 백부장이 종을 고쳐달라고 예수님을 찾아와 '간구했다'(마 8:5).

군대 귀신 들린 사람에게서 귀신들이 쫓겨나게 되자 그들이 예수님에게 돼지 떼 속으로 들어가게 해달라고 '간구했다'(마 8:31).

귀신들이 돼지 떼 속으로 들어가자 돼지 떼들이 갈릴리 호수에 뛰어들어 모두 자살했다. 그 광경을 보고 동네 사람들이 예수님께 자기 동네에서 나가 달라고 '간구했다'(마 8:34).

예수님의 소문을 듣고 수많은 병든 자들이 예수님을 찾아나와서 한 번만이라도 손을 대달라고 '간구했다'(마 14:36).

빚을 갚지 않자 목을 잡고 빚을 갚으라고 독촉하자 빚진 사람이 꼭 갚겠으니 한번만 봐 달라고 '간구했다'(마 18:29).

한 나병 환자가 예수님께 나아와 무릎을 꿇고 병을 고쳐달라고 '간구했다'(막 1:40).

회당장 야이로의 딸이 죽어가고 있었을 때 야이로가 예수님을 찾아와서 땅바닥에 무릎을 꿇고 자기 딸을 살려달라고 '간곡히 구했다'(막 5:23).

병든 사람들이 예수님을 찾아와서 손을 한 번만이라도 대달라고 '간청했다'(막 6:56).

바울이 환상 가운데 마게도냐로 건너와서 우리를 도와달라고 '간절히 청하는' 사람을 보고 그곳으로 방향을 돌려 복음을 전하러 갔다(행 16:9).

누가와 그 일행이 바울에게 예루살렘에 올라가면 큰일을 당할 수도 있으니 올라가지 말라고 눈물을 흘리며 '간곡히 만류하였다'(행 21:12, 새번역).

죽어가는 딸을 살려달라고 하는 아버지의 심정, 불치병을 고쳐달라고 하는 병자들의 심정, 빚 독촉을 받을 때 사정사정하면서 한 번만 봐달라고 비는 빚쟁이의 심정, 죽으러 가는 길일 수도 있는데 그 길을 가려고 하는 사람을 만류하는 이들의 심정, 바로 그런 심정으로 아버지는 탕자를 달래기도 하고, 간곡히 권해 보기도 하고, 사정도 해보고 했던 것이다. 단순히 우리말 번역처럼 권면을 하거나 달랬던 것이 아니다.

아마 이 아버지도 처음에는 좋은 말로 타일렀을 것이다. 그래도 안 되니까 강하게 책망도 했을 것이다. 그래도 안 되니까 달래기도 했을 것이다. 그래도 안 되니까 마지막에는 사정을 한 것이 아니겠는가?

하나님이 우리에게 사정을 하는 모습을 우리는 상상해 본 일도 없다. 얼마나 파격적인 표현인가?

호세아서에서도 하나님이 인간에게 사정하는 모습이 나온다. 호세아는 고멜이라는 여인과 결혼해서 3남매를 낳았다. 그런데도 그는 다른 남자와 눈이 맞아 자꾸 집을 나갔다. 그런 여인은 돌에 쳐 죽이도록 되어 있었다. 그래도 호세아는 탕녀인 아내를 버리지 않았다. 집을 나가면 몇 달이고 찾아 나섰다. 가서 보면 다른 남자하고 눈이 맞아 음탕한 탕녀 생활을 하고 있었다. 남편은 돈을 주고 고멜을 집으로 데려온다. 그러나 또 집을 나간다. 그러면 또 찾아서 돈을 주고 집으로 데리고 온다. 그렇게 수없이 했다. 그러한 고멜을 호세아가 어떻게 하는가?

내가 그를 타일러 거친 들로 데리고 가서 말로 위로하고 (호 2:14).

도대체 왜 위로한단 말인가? 말이 안 된다.

'위로하다'로 번역된 히브리어는 두 단어로 되어 있는데, '말하다'(dabar)와 '마음'(leb)이다. 이것은 '마음에 말하다', '마음으로 말하다', '진심으로 말하다', '상대방의 마음에 호소하다'라는 뜻으로 사용된다. 그런데 우리말 성경에는 '위로하다'로 번역되었다. '위로하다'보다는 '사정하다'로 번역하는 것이 훨씬 낫다.

사실 누가 누구에게 사정을 하고, 누가 누구에게 빌어야 하는 것인가? 탕녀인 아내가 다시는 안 그러겠으니 한 번만 용서해 달라고 빌어야 하는 것 아닌가? 그래도 용서해 줄까 말까 할 텐데. 그런데 오히려 남편이 탕녀인 아내에게 제발 나가지 말라고, 다른 남자를 만나지 말라고 빌고 있는 것이다.

이 이야기는 하나님과 우리의 이야기이다. 하나님은 고멜과 같은 우리를 사랑하신다. 그래서 우리를 포기하지 못하시고 우리가 도망갈 때마다 우리를 찾아오신다. 그리고 우리에게 사정을 하신다. 제발 당신에게 돌아오라고. 당신을 떠나지 말라고. 우리가 그분에게 매달리면서 사정을 해야 하는데 오히려 하나님이 우리에게 사정을 하신다. 이유는 하나다. 하나님이 우리를 사랑하시기 때문이다.

목회를 하면서 가끔 상대방이 나에게 사정을 해야 하는데 오히려 내가 사정을 할 때가 있다. 그 영혼을 잃지 않기 위해서다. 그래서 내가 먼저 찾아가 그 사람을 달래고 오히려 내가 사정을 한다. 권면을 해서 받아들이면 다행이지만 그렇지 않을 때가 있다.

성경 말씀이나 설교로도 안 될 때가 있다. 그럴 때는 달래고 사정을 하는 수밖에 없다. 탕자의 비유에 나오는 아버지나 호세아 역시 권면도 해보았을 것이고 질책도 해보았을 것이다. 그래도 안 되니까 사정을 했던 것이 아니겠는가?

한 영혼을 얻을 수 있다면야 자존심이고 뭐고 다 버리고 찾아가서 달래고 사정하고 그렇게 못할 이유가 없을 것이다. 하나님도 그러시는데….

그들은 왜 그냥 지나갔을까?

선한 사마리아인의 비유(눅 10:25-37)의 무대는 예루살렘에서 여리고로 내려가는 길이다. 이 길은 험하기로 유명한 길이다. 이 길은 예수님이 잘 아시는 길이었다. 예수님은 명절 때마다 예루살렘에 올라가셨는데, 그때마다 갈릴리에서 출발해서 여리고를 거쳐 예루살렘에 올라가셨다. 복음서는 주로 갈릴리 지방과 예루살렘에서 있었던 일들을 기록하고 있다. 다른 지역은 거의 나오지 않는데, 예외로 여리고는 자주 등장한다. 이유가 있다.

예루살렘은 해발 750미터에서 800미터에 이르는 산꼭대기에 위치하고 있다. 반면에, 여리고는 해저 350미터에 위치하고 있다. 지구상에서 가장 낮은 곳에 자리잡고 있는 도시이다. 우리나라로 치면 예루살렘은 대관령 꼭대기 정도에 위치해 있으며, 여리고는 강릉에서 바다로 350미터 더 내려가는 곳에 있는 것이다. 여리고에 머문 적이 있었는데, 밤에 보면 저 높은 산꼭대기에 불이 훤하게 밝혀져 있는 것이 보인다. 예루살렘이다. 예루살렘에서 여리고까지는 27킬로미터밖에 되지 않는다. 그런데 고도의 차이는 1천 미터가 넘는다. 그러니까 여리고에서 예루살렘에 올라가는 것은 1천 미터나 되는 산을 등산하는 것이나 마찬가지다.

이 길은 유대 광야에 자리잡고 있다. 여리고에서 예루살렘에 이르는 길에는 동네 하나 없다. 숲이나 샘이나 우물이 하나도 없다. 계속 올라가야 한다. 아래로는 낭떠러지이다. 걸음 한 번 잘못 내디디면 사망의 골짜기가 되고 만다. 강도도 자주 출몰한다. 최근 이스라엘 관광청에서 이스라엘에서 도보 여행 코스로 좋은 곳을 10개 선정해서 발표했다. 그 가운데 하나가 여리고에서 예루살렘에 이르는 길이다. 다른 9군데는 모두 안전한 곳이라고 했다. 그러나 유일하게 여리고에서 예루살렘에 이르는 길은 위험할 수도 있으므로 혼자서는 가지 말라고 경고했다.

여리고에서 출발해서 예루살렘에 그날 도착하려면 아침 일찍 출발해야 한다. 그리고 하루 종일 걸어서 가면 저녁 때쯤 감람산을 넘어 예루살렘에 도착하게 된다. 늦게 출발하면 도중에 광야에서 밤을 보내야 한다. 해지기 전에 도착하려면 여리고에서 아침 일찍 출발해야 한다. 그러기 때문에 예루살렘에 올라가는 사람들은 그 전날 여리고에서 묵어야 했다. 예수님도 예루살렘에 올라가실 때마다 여리고에서 묵으셨다. 복음서에 여리고 이야기가 자주 등장하는 이유가 바로 여기에 있다.

이렇게 예루살렘에서 여리고에 이르는 길은 험한 길이기 때문에 예수님이 선한 사마리아인의 비유 무대로 설정하신 것이다. 다시 말해, 예루살렘이나 여리고에 어떤 의미를 두고 그곳을 무대로 설정하신 것이 아니라는 것이다. 예수님의 청중들은 어떤 사람이 예루살렘에서 여리고로 내려가고 있었다고 말씀하셨을 때 무슨 일이 일어날까 조바심을 가지고 귀를 기울였을 것이다. 왜냐하면 그 길이 얼마나 험한 길인지 잘 알고 있었기 때문이다. '아, 무슨 일인가 일어나겠구나….' 청중들은 눈치챘을 것이다. 그러다가 그 사람이 강도를 만나 거지반 다 죽게 되었다고 하자. '그러면 그렇지' 라고 하면서 다 고개를 끄떡였을 것이다.

어거스틴은 이 비유를 이렇게 해석했다. 예루살렘=천성(하늘나라), 여리고=세상, 강도=사탄, 주막=교회. 왜 그 사람이 강도를 만났는가? 영적인 예루살렘에 머물지 않고 세상으로 내려갔기 때문이다. 하나님을 떠나 세상으로 간 것이다. 이것이 죄이다. 하나님을 떠나게 되면 어떻게 되는가? 강도 만난 사람처럼 사탄에게 모든 것을 다 빼앗기게 된다. 비참하게 되고 만다.

그런데 때마침 선한 사마리아인이 지나다가 그 사람을 발견하고는 주막에 데리고 가서 치료를 받게 해주었다. 이 주막은 교회를 말한다. 교회를 통해서 죽어가던 영혼이 구원을 받게 된다. 교회는 상처받은 영혼이 치유를 받는 곳이다. 사탄에게 강도를 만난 인생들을 치유해 주는 곳이다.

그 강도 만난 사람을 구해 준 사람은 예수님이시다. 지금은 우리가 그 사마리아인이 되어야 한다. 죽어가는 영혼들을 교회로 데리고 와서 살려야 한다. 이것이 전도다.

기가 막힌 해석이다. 어거스틴의 놀라운 통찰력을 보게 된다.

그러나 다시 한 번 생각해 보자. 예수님이 과연 그런 뜻으로 이 비유를 가르쳐주신 것일까?

그 강도 만난 사람은 왜 강도를 만났을까? 어거스틴은 그 사람이 예루살렘을 떠나 여리고로 내려갔기 때문이라고 했다. 지나친 알레고리적 해석이다. 정말 그 사람이 예루살렘에서 여리고로 내려갔기 때문에 강도를 만난 것이라면, 이 비유에 나오는 제사장과 레위인은 왜 강도를 만나지 않은 것일까? 이 사람들이야말로 절대로 예루살렘(성전, 하나님, 믿음)을 떠나서는 안 되는 사람들 아닌가? 그런데 그들이 예루살렘을 떠나 여리고(세상)로 내려가고 있었다. 그러면 하나님이 그들이 더 큰 강도를 만나게 하셔야 하는 것 아닌가? 그런데 그들에게는 왜 아무 일도 안 일어난 것일까? 이 비유를 그런 식으로 해석하면 곤란하다. 예수님도 우리가 그런 식으로 이 비유를 해석하리라고는 상상도 하지 못하셨을 것이다.

탕자의 비유에서 탕자가 아버지 집을 떠나 '먼 나라'로 갔다. 그곳에서 허랑방탕하게 살다가 재산을 다 탕진하고 말았다. 그런데 그 해에 흉년까지 들었다. 그래서 돼지를 치면서 돼지 우리에서 살아야 했다. 돼지가 먹는 쥐엄 열매를 먹어야 했다. 여기서 아버지는 분명하게 하나님을 가리킨다. 먼 나라는 세상을 말한다. 하나님을 떠나면 인생의 흉년을 만나게 되고 만다는 가르침을 주고 있다. 유대인들은 돼지를 치는 사람은 저주를 받은 사람이라고 생각한다. 그리고 쥐엄 열매를 먹어야 제정신을 차린다는 유대 속담도 있다. 그래서 예수님이 탕자의 비유에서 탕자가 돼지를 치게 되었고 쥐엄 열매를 먹고 살았다고 말씀하신 것이다. 그러나 선한 사마리아인의 비유를 탕자의 비유 식으로 해석하면 안 된다.

제사장이 강도 만나 피를 흘려가며 죽어가고 있는 사람을 보고도 그냥 지나쳤다고 했다. 율법에 따르면, 제사장은 피를 멀리해야 한다. 시체를 만져서도 안 된다. 부정을 타기 때문이다. 부정을 타게 되면 일주일에 걸쳐 정결 예식을 행해야 한다. 그리고 제사도 드릴 수 없게 된다. 이런 율법의 규정 때문에 제사장은 그냥 지나쳐 갔을 것이라고 보기도 한다.

그러나 다시 한 번 생각해 보자. 만일 이 제사장이 여리고에서 예루살렘으로 올라가는 길에 이런 일을 만났으면 피해 갔어도 이해를 할 수가 있다. 왜냐하면 그는 예루살렘 성전에 올라가서 제사를 드려야 하는데, 그 사람을 도우면 부정을 타게 되어서 제사장으로서의 임무를 할 수 없게 되기 때문이다.

그런데 이 제사장은 제사를 드리기 위해서 예루살렘에 올라가고 있었던 것이 아니라, 제사를 드리고 나서 여리고로 내려가는 길이었다. 그렇다면 부정을 타는 일이 있어도 위급한 상황에 놓여 있는 이 강도 만난 사람을 도와주어야 마땅하다. 왜냐하면 그 강도 만난 사람을 돕다가 부정을 탄다고 해도 크게 문제 될 것은 없기 때문이다. 이미 예루살렘에서 제사장으로서의 의무를 다 마치고 집에 돌아가는 길인데 부정을 탄다 한들 무슨 큰 문제가 되겠는가?

탈무드와 미쉬나의 규정에 따르면, 이 강도 만난 사람과 같이 위급한 상황에 있는 사람을 만났다면 정결법에 매이지 않고 먼저 그 사람을 구해 주어야 한다. 그러나 이 제사장과 레위인은 그 규정마저도 어겼다. 그런데 오히려 우리는 그에게 핑곗거리를 만들어주고 있다. 그가 그냥 지나칠 수밖에 없었던 이유가 있었던 것처럼 그를 변호하고 있는 것이다.

한 유명 인사가 자신이 한강에서 뛰어내리겠다고 신문지상에 발표를 했다. 그리고 실제로 기자들을 불러 그들이 보는 앞에서 한강 다리에서 뛰어내렸다. 기자들은 그 장면을 사진으로 찍었다. 그 사람은 죽고 말았다. 이런 경우 그 기자들의 행동은 어떤 이유로도 정당화될 수 없다. 기자이기 때문에 기자 정신을 발휘해서 사진을 찍었다고 할지라도 비난을 면할 수 없는 것이다. 이 제사장과 레위인도 마찬가지다.

베드로와 요한이 기도 시간이 되어 헐레벌떡 성전산으로 올라가고 있었다. 그런데 성전 미문에 앉아 있는 앉은뱅이가 눈에 들어왔다. 베드로가 요한에게 시간 없으니까 오늘은 그냥 가고 다음에 와서 기도해 주자고 했는가? 아니다. 그들은 가던 길을 멈추고 그에게 다가가 "금과 은은 내게 없거니와 내게 있는 것으로 네게 주노니 곧 나사렛 예수의 이름으로 일어나 걸으라"고 하면서 그의 손을 잡아 일으켜 주었다. 그러자 그가 일어나 걷기도 하고 뛰기도 하며 성전에 들어가 하나님을 찬양했다. 아마 그들은 그날 기도 시간에 늦었을 것이다.

우리는 기도 시간에 늦지 않기 위해서 헐레벌떡 교회를 향해 달려간다. 그 길에는 우리의 도움의 손길을 호소하는 가련한 영혼들이 분명히 있을 텐데, 우리 눈에는 그들이 들어오지 않는다. 빨리 교회에 가서 예배를 드려야 하기 때문이다. 우리가 지나친 성전 미문에 앉아있는 앉은뱅이들이 얼마나 많을까? 강도 만난 사람을 보고도 교회에 늦지 않게 빨리 가야 한다는 핑계로 그들을 그냥 지나칠 때가 얼마나 많았는가? 지금까지 살아오면서 몇 번이나 선한 사마리아인이 되어 보았는가?

그곳에서 슬피 울며
이를 가는 사람은 없을 것이다

시편 1편은 "복 있는 사람은"으로 시작한다. 누가 복 있는 사람인가? 하나님의 말씀을 즐거워하고 그 말씀을 주야로 묵상하는 사람이다. 그런 사람은 악인의 꾀를 따라가지 않고 죄인의 길에 서지 아니하며 오만한 자의 자리에 앉지 않는다.

시편 1편에서 말하는 복 있는 사람은 말씀을 사랑하고 말씀을 묵상하며 묵상한 대로 살아가는 사람이다. 말씀 때문에 행복한 사람이다. 이런 사람은 시냇가에 심겨진 나무와 같은 인생을 살게 된다. 그 하는 일이 다 형통하게 된다. 그리고 의인의 회중에 들게 되고, 하나님께서 인정해 주시는 삶을 살게 된다.

누구나 시편 1편을 좋아한다. 애송하며 암송한다. 그 이유가 무엇일까? '복'으로 시작하기 때문이다. 계속 읽어 내려가다 보면 "그 하는 모든 일들이 다 형통하리로다"라는 구절이 나온다. 여기에서 흥분하게 된다. '아! 그렇구나! 여기에 형통의 비결이 있었구나! 나도 형통한 삶을 살 수 있구나!'

누가 복 있는 사람이라고 했는가? 시냇가에 심겨진 나무와 같은 인생을 살아가는 사람을 복 있는 사람이라고 했는가? 그 하는 모든 일들이 다 잘 되는 사람이 복 있는 사람이라고 했는가? 아니다. 그런 복은 '복 있는 사람'에게 주시는 복이다. 복 있는 사람에게 따라오는 복이다. 내가 복 있는 사람이 되면 복은 저절로 따라오게 되어 있다. 요셉이 그러지 않았는가? 그러나 야곱은 복을 붙잡기 위해 투쟁과도 같은 삶을 살았다. 그래서 그는 그가 원하는 복을 다 붙잡았다. 그러나 그는 "내가 험악한 인생을 살았나이다"라고 고백하지 않았는가?(창 47:9)

복을 받아야 복 있는 사람이 되는 것은 아니다. 비록 지금은 사막에 심겨진 나무와 같은 인생을 살아가고 있다고 할지라도, 하는 일마다 되는 일이 없다고 할지라도, 하나님의 말씀을 사랑하고, 하나님의 말씀을 묵상하며, 그 말씀대로 살아가고 있다면, 바로 그 사람이 복 있는 사람이다.

복을 받아야 복 있는 사람이 되는 것은 아니다. 만사형통해야 복 있는 사람이라고 할 수 있는 것이 아니다. 그런 것은 복 있는 사람에게 따라오는 '부록' 같은 것이다.' 우리가 하나님을 사랑하고, 하나님의 말씀을 기뻐하고, 그 말씀을 주야로 묵상하며 묵상한 대로 살아가면 바로 우리가 진정으로 복 있는 사람이다. 하나님은 그런 사람에게 복을 주셔서 시냇가에 심겨진 나무와 같은 인생을 살게도 하시고, 하는 일마다 잘 되게 해주기도 하신다.

그러나 그런 축복을 받지 못했다고 해서 복 있는 사람이 아닌 것은 아니다. 시냇가에 심겨진 나무와 같은 인생을 살고 만사형통해야 복 있는 사람이 되는 것은 아니다. 말씀을 사랑하고 말씀대로 살아가면 그 사람이 복 있는 사람이다.

장로님이 사업도 잘되고, 자녀들도 잘되고, 사회적으로도 명성이 있고, 건강하기도 하면 교인들은 "우리 장로님 축복 받으셨어" 하면서 부러워한다. 그러나 별로 부유하게 살지도 못하고, 자식들이 특별히 잘된 것도 아니고, 사는 것이 그저 그러면, 아무리 그가 진실하고 신실하고 헌신적이라고 할지라도 "우리 장로님 축복 받으셨어"라고 하지 않는다.

하나님 없이도 얼마든지 시냇가에 심겨진 나무와 같은 삶을 살 수가 있다. 하는 일마다 다 잘될 수도 있다. 그러나 그런 사람은 한 번 넘어지면 다시는 영영히 일어나지 못한다. 우리가 보기에는 복 있는 사람으로 보일지 몰라도 그 인생이 하루아침에 무너질 수 있다. 하루아침에 그의 인생이 부도가 날 수도 있다.

하나님 없이 출세하고 성공하고 부를 누리며 살아가는 사람은 결국 '망하게 되고 말 것이다.' 그런 사람은 바람에 나는 겨와 같다. '의인의 회중'에 들어오지 못하게 될 것이다. 그리고 "바깥 어두운 데로 쫓겨나 슬피 울며 이를 갊이 있으리라", 이것이 의인의 회중에 들지 못한 사람들의 최후의 운명이다.

누가 '의인의 회중'에 들어가지 못하게 되는가? 누가 하나님 나라의 잔치에 참예하지 못하게 되는가? 누가 바깥 어두운 데로 쫓겨나 슬피 울며 이를 갈까?

그들은 등에 기름을 준비하지 않아서 신랑과 함께 혼인 잔치 자리에 참예하지 못한 다섯 처녀들과 같은 사람들이다. 그들은 결국 '바깥 어두운 데로 쫓겨나 거기서 슬피 울며 이를 가는' 사람들이 될 것이다.

악하고 게으른 종들과 같은 사람들도 '바깥 어두운 데로 쫓겨나 거기서 슬피 울며 이를 갈게' 될 것이다.

혼인 잔치에 예복을 입고 오지 않은 사람과 같은 사람들도 '바깥 어두운 데로 쫓겨나 이를 갈게' 될 것이다.

마지막 심판 때에 오른편에는 양들이, 왼편에는 염소들이 서게 될 텐데, 그때 왼편에 서는 사람들도 '바깥 어두운 데로 쫓겨나 이를 갈게' 될 것이다.

그런데 지옥에 던져진 사람들이 '슬피 운다'고 했는데 표현이 좀 이상하지 않는가? 사람들이 언제 슬프게 우는가? 사랑하는 사람과 헤어지거나, 아니면 사랑하는 사람을 하나님 나라에 먼저 보낼 때 슬피 운다.

> 사무엘이 죽었으므로 온 이스라엘이 그를 두고 슬피 울며 그의 고향 라마에 장사하였고 사울은 신접한 자와 박수를 그 땅에서 쫓아내었더라 (삼상 28:3).

그러나 지옥 간 사람들이 슬프게 울까? 슬퍼서 울까? 그들이 회한의 눈물을 흘릴까? 회개의 눈물을 흘릴까? 아니다. 그들은 그런 눈물을 흘리지 않는다. 지옥에 간 사람들은 절대로 흐느껴 울지 않을 것이다. 슬프게 울지 않을 것이다. 대성통곡하며 땅을 치며 몸부림을 치며 울 것이다. 이유는 하나다. 너무너무 고통스럽기 때문이다.

아파서 죽어가는 사람들이 정말 두려워하는 것은 죽음이 아니라 그들이 겪어야 하는 고통(pain)이다. 그래서 차라리 빨리 죽기를 바란다. 죽으면 고통도 끝나기 때문이다. 그러나 지옥에 간 사람들은 죽을 수도 없다. 영원히 고통을 당해야 한다. 희망이 없는 것이다. 그래서 통곡을 하면서 우는 것이다. 그런데 슬피 운다니… 말이 안 된다. 그래서 모든 영어 성경에서는 '통곡하다'의 뜻을 가진 'wailing'이라는 단어를 사용했다.

의인의 회중에 들지 못하는 사람은 '바깥 어두운 데서 이를 갈 것'이라고 했다. '이를 간다'는 표현이 신기하다. 영어 문화권에서는 그런 표현을 거의 하지 않는다. 그래서 영어로 된 성경 주석을 보면 이를 가는 것이 무엇을 뜻하는지 친절하게 설명이 나와 있다. 그런데 이스라엘 사람들도 이를 간다는 표현을 우리처럼 많이 한다. 성경에도 '이를 간다'는 표현이 많이 나오지 않는가?

언제 이를 가는가? 분노할 때다. 스데반에게 돌을 던지는 사람들이 이를 갈았다.

그들이 이 말을 듣고 마음에 찔려 그를 향하여 이를 갈거늘 (행 7:54).

얼마나 분노했으면 돌로 쳐 죽였겠는가?

언젠가는 반드시 복수를 하겠다며 이를 갈기도 하고, 너무 분해서 이를 갈기도 한다.

지옥에 간 사람들이 왜 이를 갈까? 누구를 향해 이를 가는 것일까? 그들을 지옥으로 보낸 하나님을 향해 이를 갈까? 지옥에 간 것이 분해서 이를 갈까?

이를 간다고 하기보다는 이를 악문다는 표현이 더 적절하다. 너무너무 고통스러워서 이를 악무는 것이다. 옛날에 집에서 아이를 낳을 때 산모 입에 뭔가를 넣어주었다. 아이를 낳을 때 너무 고통스러워서 이를 악물기 때문이다. 그렇게 하지 않으면 이를 다치기 때문에 헝겊 같은 것을 물도록 넣어주었던 것이다. 전쟁터에서 마취시키지 않고 수술을 해야 하는 경우가 있다. 이것은 생사람 잡는 것이나 마찬가지다. 얼마나 고통스럽겠는가? 너무 아파서 이를 악물게 된다. 그렇기 때문에 반드시 입에다 이를 다치지 않도록 뭔가를 깨물 수 있는 것을 넣어주었다.

지옥에 간 사람들은 원망과 분노로 이를 갈기도 하겠지만, 그보다는 참을 수 없는 고통 때문에 이를 악물고 버틸 것이다. '이를 갈 것이다'의 표현보다는 '이를 악물 것이다'의 표현이 더 적절한 번역으로 보인다.

이렇게 의인의 회중에 들지 못하는 사람들은 지옥에서의 고통을 이기지 못해 통곡하며 이를 악물고 영원히 살아야 한다. 그러나 우리는 '의인의 회중'에 속해 있다. 하나님 나라의 잔치에 참여하게 된다. 그런 은혜와 축복을 이 세상에서 잘되고, 출세하고, 성공하고, 부자가 되는 것과 비교할 수 있겠는가? 만사불통하더라도 '의인의 회중'에 드는 것이 백배, 천배, 만배 더 큰 축복이 아니겠는가? 그런데 우리는 '의인의 회중'에 들어가는 것을 대수롭지 않게 여긴다. 그리고 만사형통해야 축복을 받았다고 생각하지 않는가?

성경에서 말하는 '충성'은
우리가 생각하는 그런 '충성'이 아니다

"나는 자랑스런 태극기 앞에 나라와 민족을 위해 충성을 다할 것을 맹세합니다."

국기에 대한 맹세를 아침마다 하던 때가 있었다. 그러나 요즘은 충성이라는 말을 잘 사용하지 않는다. 군대 문화에서나 사용되는 정도일 것이다. '충성' 하면 왕에 대한 충성이나 상급자에 대한 충성을 떠올리기 때문이다.

우리 문화는 죽도록 충성하는 문화이다. 직장에서는 상사에게, 군대에서는 상관에게 죽도록 충성해야 한다. 그래야 살아남고, 그래야 성공할 수 있다. 우리는 열심히 일하고, 무조건 순종하고, 나를 희생하는 것을 충성이라고 생각한다. 그래서 충성을 하기는 하지만 충성을 하고 싶어서 하는 사람은 없다. 그래서 충성이라는 단어에 거부감이 있다. 그런데 교회에서도 충성이 강조되고 있지 않는가? 새로운 일꾼들을 세우는 임직식을 거행할 때 교회를 위해 헌신 봉사 충성을 다하라고 하는 권면의 말씀이 반드시 있게 되는데, 그때마다 단골 메뉴로 인용되는 성경 구절들이 있다.

> 네가 죽도록 충성하라 그리하면 내가 생명의 관을 네게 주리라 (계 2:10).
> 네가 적은 일에 충성하였으매 내가 많은 것을 네게 맡기리니 네 주인의 즐거움에 참여할지어다 (마 25:21).
> 맡은 자들에게 구할 것은 충성이니라 (고전 4:2).

달란트의 비유에서 5달란트 받은 종과 2달란트 받은 종은 착하고 충성된 종이라고 칭찬을 받았다. 그들이 주인에게 죽도록 충성해서 그런 칭찬을 받은 것일까? 충성이라는 말보다는 신실이라는 표현이 더 적절하다. 그들은 충성을 다한 사람들이 아니라 주인에게 신실했던 사람들이었다. 그들은 주인에 대한 충성심이 대단했던 사람들이었다기보다 주인의 기대를 저버리지 않는, 주인이 있을 때나 없을 때나 한결같이 신실했던 사람들이었다. 그들은 'royalty'가 대단했던 사람들이 아니라 'faithful'한 사람들이었다. 그러나 한 달란트 받은 종은 주인이 없다고 해서 게으르고 책임을 다하지 않았다. 주인의 신뢰를 저버린 것이다. 신실하지 못했던 것이다.

성경에 나오는 충성은 모두 '신실'(또는 충실)로 바꾸는 것이 좋다.

> 충성되고 지혜 있는 종이 되어 주인에게 그 집 사람들을 맡아 때를 따라 양식을 나눠 줄 자가 누구냐 (마 24:45).

누가 신실하고 슬기로운 종이겠느냐? 주인이 그에게 자기 집 하인들을 통솔하게 하고, 제 때에 양식을 내주라고 맡겼으면, 그는 어떻게 해야 하겠느냐? (새번역).

지극히 작은 것에 충성된 자는 큰 것에도 충성되고 지극히 작은 것에 불의한 자는 큰 것에도 불의하니라 (눅 16:10).
지극히 작은 일에 충실한 사람은 큰 일에도 충실하고, 지극히 작은 일에 불의한 사람은 큰 일에도 불의하다 (새번역).

맡은 자들에게 구할 것은 충성이니라 (고전 4:2).
관리인에게 요구하는 것은 신실성입니다 (새번역).

나를 능하게 하신 그리스도 예수 우리 주께 내가 감사함은 나를 충성되이 여겨 내게 직분을 맡기심이니 (딤전 1:12).
나는 나에게 능력을 주신 우리 주 그리스도 예수께 감사를 드립니다. 주님께서 나를 신실하게 여기셔서, 나에게 이 직분을 맡겨 주셨습니다 (새번역).

오직 성령의 열매는 사랑과 희락과 화평과 오래 참음과 자비와 양선과 충성과 (갈 5:22).
그러나 성령의 열매는 사랑과 기쁨과 화평과 인내와 친절과 선함과 신실과 (새번역).

네가 죽도록 충성하라 그리하면 내가 생명의 관을 네게 주리라 (계 2:10).
죽도록 충성하여라. 그리하면 내가 생명의 면류관을 너에게 주겠다 (새번역).

우리는 충성을 열심히 일하는 것, 배신하지 않는 것, 자신을 희생하는 것으로 생각한다. 충성을 그런 의미로 받아들인다고 할 때 원어인 '신실'과는 거리가 멀다. 신실함은 한결같은 것, 신뢰를 저버리지 않는 것, 끝까지 믿음을 지키는 것을 의미하기 때문이다.

새로 직분을 받는 이들에게 죽도록 충성하라고 할 때 우리는 '죽도록 헌신하라, 자신을 희생하라, 열심히 일하라'는 의미로 받아들인다. 그러나 성경에서 말하고 있는 것은, 어떤 일이 있어도 신실한 사람이 되라, 끝까지 한결같은 사람이 되라, 모든 사람에게 믿음직한 사람이 되라, 끝까지 믿음을 지키라는 의미이다.

성령의 열매는 성품의 열매이다. 성령 충만하게 되면 우리가 어떻게 성품이 변하는가를 말하고 있는 것이다. 성령의 열매 가운데 하나가 '충성'이다. 이 충성도 성령을 받게 되면 열심히 죽도록 충성을 다해 일하고 헌신한다는 의미가 아니고, 성령 충만하게 되면 '신실한' 사람이 된다는 뜻이다.

네가 죽도록 충성하라 그리하면 생명의 면류관을 네게 주리라 (계 2:10).

타이타닉 호가 침몰된 지 100년이 되던 해 2012년, 이탈리아 앞바다에서 같은 비극이 되풀이되었다. 길이는 타이타닉 호와 비슷하나 무게는 3배 이상 더 나가는 크루즈가 침몰된 것이다. 이 크루즈에는 4,200여 명이 승선하고 있었다. 사상자가 생기기는 했으나 다행히 큰 인명 피해는 없었다. 그런데 사고가 났을 때 이 배의 선장이 일찌감치 배를 버리고 먼저 피난한 사실이 밝혀졌다. 끝까지 남아서 구조를 위해 진두지휘를 해야 할 선장이 다른 사람보다 먼저 자기가 살겠다고 배를 버리고 도망 갔던 것이다. 있을 수 없는 일이 생긴 것이다. 이탈리아 검찰은 그에게 징역 2697년을 구형했다.

배에 위급한 상황이 벌어졌을 때 적어도 다른 승무원은 몰라도 선장은 '죽도록 충성해야' 한다. 끝까지 배에 남아서 구조 작업을 진두지휘해야 한다. 그 배에 마지막으로 남아 있어야 할 사람이 선장이다. 이런 선장이 '신실한' 선장이다.

아시아나 항공기가 샌프란시스코에 착륙하다가 사고가 일어났었다. 그때 승무원들은 생명의 위험을 무릅쓰고 끝까지 남아서 승객들을 구조하기 위해 혼신의 힘을 다했다. 그렇게 해야 하는 것이 당연한 것이지만 실제로 사느냐 죽느냐 하는 위급한 상황 속에서 자신에게 주어진 임무를 다하기 위해서 죽음을 무릅쓰고 끝까지 남아서 승객들을 구조한다는 것은 쉬운 일이 아니다. 이렇게 끝까지 자신의 임무에 성실한 것, 바로 이것이 성경에서 말하고 있는 "네가 죽도록 충성하라"는 의미이다.

〈죽기까지 신실했던 사람들〉 Faithful to Death 이라는 제목의 그림이 있다. 1865년에 에드워드 존 포인터(Edward John Poynter)가 그린 것으로 영국에 있는 "워커 아트 센터"(Walker Art Center)에 소장되어 있다. (한국에서는 어찌 된 일인지 콘트러라라는 정체 불명의 화가가 그린 것으로 알려져 있다.)

이 작품은 폼페이의 최후 장면을 담고 있다. 화산 폭발로 섬이 완전히 폐허가 되고 말았다. 섬은 서로 성을 빠져나가려고 하는 사람들로 아수라장이 되고 말았다. 섬은 순식간에 지옥으로 변했다. 여기저기 시체들이 즐비하게 널려 있다. 그런 가운데서도 성문을 지키는 로마 군인은 꼼짝도 하지 않고 그 자리를 지키고 있다. 모든 사람들이 성을 빠져나가고 있는데 이 사람만은 그 대열에 합류하지 않고 자기 자리를 지키고 있다.

그런데 이 그림은 그냥 그림이 아니다. 폼페이에 화산 폭발이 일어났을 때 그림과 같은 장면이 그대로 있었다고 하는 것이 고고학자들의 발굴 작업으로 확인이 되었다. 이 그림 속의 군인처럼 몇몇의 군인들은 자기 자리를 죽을 때까지 지켰던 것이다. 그래서 이 그림을 그리게 되었고, 제목을 〈죽기까지 신실했던 사람들〉 Faithful to Death 이라고 붙였던 것이다.

불이 우박처럼 쏟아지고 있다. 용암이 강처럼 덮치고 있다. 화산재가 하늘을 덮고 있다. 서로 살겠다고 아우성이다. 여기저기 시체가 즐비하게 널려 있다. 그런 가운데서도 끝까지 자신의 직무에 충실했던 군인들이 있었다. 그들이야말로 죽도록 충성을 다한, 아니 자신의 직무에 신실했던 사람들이다. 성경에서 말하고 있는 "죽도록 충성하라"는 바로 이런 군인처럼 되라는 뜻이다.

한국 교회에는 열심히 일하는 사람들이 많다. 충성스런 일꾼들이 많다. 그러나 신실성은 상대적으로 약하다. 한국 교회 교인들은 새벽 기도 다녀오면서 남의 오이밭에 들어가서 오이를 따온다는 말이 있다. 하나님은 열심히 일하는 사람보다 신실한 사람을 더 기뻐하신다. 한국 교회에는 '심'은 많은데 '실'은 부족하다. 열심, 특심, 그리고 뚝심은 있는데 성실, 신실, 충실, 진실, 착실, 이런 것들은 많이 부족하다. 그래서 한국 교회의 지금의 모든 문제가 발생하고 있는 것 아닌가?

한국 교회에 충성스런 일꾼들은 많은데 신실한 일꾼이 부족한 이유가 혹시나 성경의 잘못된 번역에 있지는 않을까 하는 생각이 든다. 세계 그 어느 나라에도 한국 교인들만큼 충성스런 교인들도 없을 것이다. 왜냐하면 그들은 죽도록 충성하라는 말씀을 귀가 따갑게 들었기 때문이다. 그러나 반대로 '신실함'에 있어서는 치명적인, 너무나 치명적인 약점이 있다. 그 이유가 '신실'로 번역해야 할 단어를 죄다 '충성'으로 번역해서 그런 것은 아닐까?

물론 충성(royalty)이라는 단어 속에는 신실(faithfulness)이 포함되어 있다. 그러나 우리는 충성 하면 열심히 일하는 것만을 떠올린다. 그렇게 교회에서 가르쳐온 것이다. 충성이라는 단어를 오해하게 만든 것이다. 충성이라는 단어를 바르게 이해한다면, '충성'이라고 번역해도 문제는 없다. 그러나 충성을 열심히 일하는 것으로만 이해하기 때문에 '충성' 대신 '신실'로 옮기는 것이 더 낫지 않을까 싶다.

사도행전과 바울 서신

낯설게 읽기

베드로와 요한에게 돈이 있었더라면?

금과 은은 내게 없거니와 내게 있는 이것을 네게 주노니 나사렛 예수 그리스도의 이름으로 일어나 걸으라 (행 3:6).

앞을 보지 못하는 사람이 깡통을 앞에 놓고 지나가는 사람들에게 구걸하고 있었다. 그 노인 앞에는 이렇게 쓴 박스 조각이 놓여 있었다.

"저는 앞을 보지 못합니다. 도와주세요."

사람들이 많이 지나가지만 그 걸인에게 다가가 동전을 던져주는 사람은 거의 없었다.

그 앞을 한 미모의 여인이 지나가다 다시 돌아와서는 박스에 뭐라고 썼다. 그리고 갈 길을 갔다. 동전 한 닢 주지 않고. 그런데 무슨 일인지 갑자기 지나가는 사람들마다 동전을 던져주고 가는 일이 벌어졌다. 그 여인이 쓴 글은 이런 것이었다.

"오늘 참 아름다운 날이지요? 저는 이 아름다운 세상을 볼 수 없답니다."

한 번쯤은 이 동영상을 보았을 것이다.

우리가 그 사람 앞을 지나갔더라면 어떻게 했을까? 동전을 던져주고 갔을까? 그냥 지나갔을까? 그 미모의 여인처럼 기발한 생각을 했을까? 아니면?

성전 미문에 그와 똑같은 사람이 앉아 있었다. 베드로와 요한은 매일 기도하러 성전에 올라갔다. 그 걸인도 매일 그 자리에 앉아 있었다. 그러나 베드로와 요한은 그를 그냥 지나쳐갔다. 기도 시간을 맞추기 위해 서둘러 가느라 보지 못했을 수도 있다. 또 그런 걸인들이 한두 사람이었겠는가? 그래서 그냥 지나쳤을 것이다.

그러던 어느 날, 그날도 베드로와 요한은 기도하러 성전에 부지런히 올라가고 있었다. 그런데 그날따라 그 사람이 눈에 들어오는 것이었다. 그래서 그에게 다가가 "금과 은은 내게 없거니와 내게 있는 것을 네게 주노니 나사렛 예수 그리스도의 이름으로 일어나 걸으라" 하면서 그 사람의 손을 잡아 일으켰다. 그러자 그 사람이 그 자리에서 엉겁결에 벌떡 일어나 걷기도 하고 뛰기도 하며 성전에 들어가 하나님을 찬양했다.

이 거지는 성전에 들어가는 문 앞에 자리를 잡고 있었다. 성전에 올라가는 사람들은 그래도 경건한 사람들이 아닌가? 그래서 인색하지 않고 넉넉히 구제하는 사람들이 많았을 것이다. 그래서 그곳에 자리를 잡았는지도 모른다.

이 사람은 불구자였기 때문에 성전에 들어갈 수 없는 사람이었다. 구약 시대에는 그런 사람은 성전에 들어갈 수가 없었다. 그러니 이 사람은 성전에 들어가 기도하고, 말씀 듣고, 제물을 바치고, 찬양을 하고 싶어도 그럴 수 없는 사람이었다. 그래서 성전에는 들어갈 수 없으니까 성전에서 가장 가까운 성전 문 앞에 자리를 잡았던 것인지도 모른다.

이 사람이 만일 성전 문에 있지 않고 시장 바닥에 자리를 잡고 있었다면, 이 사람은 평생 구걸하며 살아갈 수밖에 없었을 것이다. 시장 바닥에 자리를 잡지 않고 성전 가까운 성전 문에 자리를 잡고 있었기 때문에 하나님의 기적을 체험하고 일어나 걷기도 하고 뛰기도 하며 성전에 들어가 하나님을 찬양할 수 있었던 것이다.

그 걸인이 베드로와 요한에게 기대했던 것은 동전 한 닢이었다. 그러나 베드로와 요한은 그에게 줄 동전이 없었다.

"내게 금과 은은 없거니와."

그들은 다른 사람들처럼 동전을 던져주고 가던 길을 서둘러 가지 않고 그에게 다가가 그들이 갖고 있는 다른 것을 주었다. "내게 있는 이것을 네게 주노니."

그것이 무엇이었는가?

"나사렛 예수 그리스도의 이름으로 일어나 걸으라."

그들은 예수를 주었다. 그리고 그의 손을 잡아 일으켜주었다. 그랬더니 벌떡 일어나 걷는 기적이 나타났다.

만일 베드로와 요한에게 돈이 있었다면 돈을 주었을까? 그들은 "금과 은이 우리에게 있기는 하지만 그런 것보다 더 귀한 것을 너에게 주노니 나사렛 예수 그리스도의 이름으로 일어나 걸으라"고 했을 것이다. 왜냐하면 그들은 그에게 정말 필요한 것이 무엇인지를 알고 있었기 때문이다.

그 걸인은 동전을 구하고 있었으나 그에게 필요한 것은 동전이 아니라 일어나 걷는 것이었다. 그에게 아무리 구제를 해도 그 사람은 평생 그 자리에 앉아서 구걸하며 살아갈 수밖에 없는 사람이다. 그에게 필요한 것은 동전이 아니라 예수님이었던 것이다.

이 걸인처럼 정말 자신에게 무엇이 필요한지를 모르고 살아가는 사람들이 얼마나 많은가? 광야를 지나는 사람들에게 필요한 것은 황금이 아니라 생수다. 그런데 광야를 지나면서도 황금을 구하는 사람들이 얼마나 많은가? 광야에서는 황금을 팔아서라도 생수를 사야 한다. 그래야 살 수 있다. 그런데 광야를 지나면서도 사람들은 여전히 황금을 구하고 있다. 정말 무엇이 필요한지를 모르는 것이다.

세상 사람들은 교회가 세상을 구제하는 일에 힘쓰기를 원한다. 교회를 향해 그들이 원하는 것은 예수의 이름이 아니라 돈이다. 그래서 구제하면 칭찬하고 전도하면 싫어한다. 그러나 정말 세상이 필요로 하는 것은 예수님이다. 복음이다. 우리가 주어야 할 것은 구제금이 아니라 예수님이다. 복음이다. 우리가 구제를 하더라도 구제하는 것으로 끝나서는 안 된다. 구제하는 것으로 만족해서는 안 된다. 구제도 영혼 구원을 위해서 하는 것이다. 구제하는 것으로는 세상을 구원할 수 없다.

목사는 교인들의 필요를 설교를 통해서 채워주어야 한다. 교인들이 필요로 하는 말씀을 주어야 한다. 그러나 교인들이 동전을 구한다고 해서 동전을 던져 줘서는 안 될 것이다. 정말 그들에게 필요한 것이 무엇인지를 분별해서 필요한 것을 주어야 한다. 동전을 구하는 교인들에게 동전을 던져 주는 것으로 그들의 필요를 채워주었다고 생각해서는 안 된다.

베드로와 요한이 앞에서 소개한 그 동영상에 나오는 걸인 앞을 지나가게 되었다면 어떻게 했겠는가? 성전 미문에 앉아 있었던 앉은뱅이에게 그랬던 것처럼 동전 대신에 예수님을 주었을 것이다.

지나가는 사람들은 모두 성전에 기도하러 가거나 기도하고 내려가는 사람들이었다. 거기에는 예수 믿는 사람들도 많았을 것이다. 예수 믿는 사람들도 매일 성전에 모여 기도하지 않았는가? 그러나 그 누구도 그 사람에게 다가가 복음을 전하지 않았다. 예수를 전해 주지 않았다. 기도해 줄 생각을 하지 않았던 것이다. 성령의 능력으로 그 사람을 고쳐줄 생각은 꿈에도 하지 못했던 것이다.

중세 시대에 교황청은 막강한 권력을 갖고 있었다. 하루는 교황이 한 추기경과 함께 금과 은을 가득 실은 황금마차들이 줄을 지어 들어오는 모습을 흐뭇하게 지켜보고 있었다.

"추기경, 저기 좀 보시오. 금과 은을 가득 실은 마차들이 들어오는 모습이 보이지 않소?"

"예, 교황님, 교황께서는 베드로 교황께서 갖고 있지 않던 것을 갖고 계십니다."

"그래요? 그것이 무엇이오?"

기분이 좋아서 우쭐해서 물었다.

"베드로에게는 금과 은이 없었으나, 우리에게는 금과 은이 산더미처럼 많이 있습니다."

그러면서 말을 이었다.

"그러나 교황님, 베드로에게는 있었는데 우리에게는 없는 것이 있습니다."

"그게 무엇이오?"

"베드로는 금과 은은 없었으나 예수 그리스도의 이름의 능력은 갖고 있었습니다. 그러나 우리에게는 금과 은은 산더미처럼 많으나 예수 이름의 능력은 없습니다."

이 사람이 일어난 다음 어떻게 했는가? 일어나 걷기도 하고, 뛰기도 하며, 성전에 들어가 하나님을 찬양했다. 너무 기쁘고 감사해서 성전에 들어가 찬양을 했다. 당연한 것이다. 우리라도 그랬을 것이다.

그가 성전에 들어갔을 때의 감격이 어떠했을까? 그는 그런 날이 오리라고는 상상도 하지 못했을 것이다. 그는 매일, 아니 평생 성전 미문에 앉아서 구걸하며 살아왔고 또 평생 그렇게 살아갈 수밖에 없는 사람이었다. 성전에 들어가는 문 입구에 자리 잡고 평생을 살아왔지만 단 한 번도 성전 안에 들어가 본 적이 없다. 그런 그에게 성전에 들어갈 수 있는 '자격'이 주어지게 된 것이다. 난생 처음으로 다른 사람들처럼 성전에 들어갈 수 있게 되었을 때 얼마나 감개무량했을까? 그 사람이 그날 얼마나 감사한 마음으로 성전에 들어갔을까? 성전에 들어가서는 얼마나 기쁜 마음으로 하나님을 예배했을까? 얼마나 큰 감사의 기도를 드렸을까? 그날 그 감격을 평생 잊지 못했을 것이다.

우리는 어떤가? 성전에 들어갈 때 그 사람이 맛본 그런 감격과 기쁨과 감사의 마음이 있는가?

베드로가 기도해 준 다음 어떻게 했는가? 그냥 가버렸는가? 아니다. 그의 손을 잡아 일으켜 주었다. 기도만 해준 것이 아니고 기도한 다음 바로 손을 잡아 일으켜 주었다. 혼자 일어나면 되지 왜 손을 잡아 일으켜 주었을까?

생각해 보라. 기도해 준 다음에 혼자 일어나라고 하면 일어날까? 안 일어날 것이다. 베드로와 요한에게 미쳤다고 할 것이다. 그 앉은뱅이가 기도 받고 나서 "믿습니다" 하고 일어나겠는가? 절대로 안 그럴 것이다. 하나님이 고쳐주셨어도 일어나려고 하지 않을 것이다. 그런 일은 상상도 할 수 없는 일이니까 일어나려는 시도도 하지 않을 것이다. 그러니까 확 잡아 일으킨 것이었다. 그의 손을 잡고 일으켜준 것은 그에 대한 배려에서 나온 것이었다. 베드로가 기도를 끝내자마자 확 잡아 일으키니까 얼떨결에 이 사람도 일어났을 것이다. 그런데 일어나서 보니까 자기가 일어나 있는 것이었다. 얼마나 놀랐겠는가!

베드로는 기도하고 난 다음 그 자리에서 그를 잡아 일으켰다. 하나님이 일으켜주실 것을 믿었기 때문에 잡아 일으켰던 것이다. 그런 믿음이 없었다고 한다면 잡아 일으킬 수 없었을 것이다. 그냥 기도만 해주고 갔을 것이다.

혼자 일어나지 못하는 사람을 위해서 일어나게 해달라고 기도했으면 기도한 다음에 그의 손을 잡고 일으켜주어야 한다. 거기까지 해야 한다. 그런데 우리는 기도만 해주고 그냥 가버릴 때가 얼마나 많은가?

순교자는 한 번 죽지만, 우리는 평생 죽어야 한다

용수철을 꾹 누르면 쑥 들어간다. 그러나 놓으면 다시 튀어 나오지 않는가? 우리의 본성도 그렇다. 어느 한순간 억눌려 있던 것들이 다 튀어나온다. 옛 본성이 드러나게 된다.

구정물도 마찬가지다. 가만히 놔두면 찌꺼기는 다 가라앉고 말갛게 뜬물만 남는다. 그러나 한 번 휘저어 보라. 가라앉아 있던 모든 더러운 것들이 다 떠오른다. 본색이 드러나는 것이다.

우리 마음도 마찬가지다. 누군가가 한 마디만 해보라. 우리 마음을 한번 흔들어 놓아 보라. 구정물 찌꺼기가 떠오르듯이 속에 있던 것들이 다 드러나게 된다.

그러므로 우리는 늘 말씀을 묵상해야 한다. 늘 기도해야 한다. 늘 은혜 가운데 살아가야 한다. 늘 성령의 능력을 구해야 한다. 매일 죽어야 한다. 한번 죽어서 되는 것이 아니다.

옛날에 오락실이나 문방구점 앞에 보면 두더지 때리는 게임이 있었다. 뿅망치로 두더지가 쏙 튀어나오면 두더지 머리를 때리는 게임이다. 그런데 이놈 저놈 여기저기서 막 튀어나온다. 그러면 사정없이 두들겨 팬다. 그런데 이놈을 패다 보면 저놈이 튀어나오고, 그놈을 패다 보면 또 다른 놈이 튀어나온다.

우리도 마찬가지다. 우리 안에 아직도 죽지 않고 남아 있는 옛날의 본성들이 두더지처럼 쑥쑥 튀어나온다. 다 죽였는 줄 알았는데 죽지 않고 살아남아 있는 것이다. 분내는 것, 화내는 것, 시기하는 것, 흉보는 것, 비판하는 것, 수군수군하는 것, 거짓말하는 것, 남 안 되기를 은근히 바라는 것, 자기를 드러내기 좋아하는 것, 파당을 만드는 것, 이간질시키는 것, 탐욕 등등 얼마나 많은가? 그런 것들이 가끔씩 튀어나오는 것을 보지 않는가?

언제 그러는가? 말씀에서 멀어질 때, 은혜에서 멀어질 때, 교회에서 멀어질 때, 예수님에게서 멀어질 때, 목사에게서 멀어질 때, 기도에서 멀어질 때, 믿음에서 멀어질 때 우리 안에 숨어 있는 옛 본성들이 두더지처럼 튀어 나온다.

알래스카에 있는 어떤 산은 화산이 폭발한 지 1만 년이 지났다. 그러면 이미 죽은 산 아닌가? 화산 폭발이 일어날 가능성이 없는 산이다. 그런데 1만 년 동안 죽어 있던 산이 몇 년 전에 다시 폭발했다. 사화산인 줄 알았는데 휴화산이었던 것이다. 죽은 줄 알았는데 안 죽고 살아 있었던 것이다.

예수 믿고 완전히 새사람이 되었다고 생각했는데, 어느 날 갑자기 속에서부터 폭발해 나오는 것들이 있지 않는가? 옛사람이 죽은 줄 알았는데 죽은 것이 아니고 저 밑에서 살아 있었던 것이다.

냉동고에 오래 보관해 놓은 것은 먹지 않는 것이 좋다. 냉동고에 얼려두었으니까 안전하리라고 생각하면 안 된다. 냉동고 안에서는 세균들의 증식이 늦어지는 것뿐이지 죽지 않는다고 한다. 그렇게 꽁꽁 얼렸는데도 그 안에서 세균이 죽지 않는 것이다. 다만 죽은 듯이 숨어 있는 것뿐이다. 그러다가 꺼내서 먹으려고 밖에 내놓지 않는가? 그러면 이때다 싶어서 무서운 속도로 세균들이 증식한다고 한다.

죄도 그렇다. 나는 죄와 상관없는 사람이 된 줄 알았다. 이미 죄에 대하여 죽은 사람인 줄 알았다. 죄가 내 안에서 이미 다 죽은 줄로 믿었다. 옛사람이 다 죽고 새사람이 된 줄로 생각했다. 그런데 어느 날 죽었다고 생각했던 나의 옛사람이 다시 살아나지 않는가?

죄가 죽어 있던 것이 아니라, 내 안에 내 자아가 죽어 있던 것이 아니라, 기도하니까 말씀 묵상하니까 가만히 숨어 있었던 것이다. 죽은 듯이 가장을 하고 있었던 것이다.

그러다가 죄의 바이러스가 번식하기 좋은 환경이 되면 무서운 속도로 죄에 감염된다. 기도 안 하면, 말씀 묵상하지 않으면, 교회로부터 멀어지면, 은혜로부터 멀어지면 냉동고에서 꺼낸 쇠고기처럼 죄의 세균들이 득실거리게 된다. 죽은 줄로만 알았던 옛 본성이 되살아나는 것이다. 죄의 바이러스가 활개를 치게 된다. 교회 안에서는 가만히 있다가 교회 밖에만 나갔다 하면 옛사람이 살아난다. 주일날은 가만히 있다가 월요일만 되면 이 죄의 본성이 살아나서 역사하기 시작한다. 은혜 충만하고, 성령 충만하고, 믿음 충만하고, 말씀 충만할 때는 우리의 죄 된 본성이, 옛사람이 숨을 죽이고 있다. 그러나 은혜가 떨어지고, 믿음이 떨어지고, 교회에서 멀어지게 되면, 죄가 판을 친다. 그래서 바울도 "오호라, 나는 곤고한 자로다. 누가 이 사망의 몸에서 나를 구원해 낼까?"(롬 7:24) 하고 괴로워했던 것이다.

교회에서 두 아이가 말잇기 게임을 했다고 한다. 우리 몸에 붙어 있는 것 중에 한 글자로 된 것을 말하는 게임이었다. 눈, 손, 발, 코, 입, 귀, 발, 배, 간, 위, 폐 등등. 이렇게 주고받고 하다가 더 이상 할 것이 없게 되었다. 그러면 진 것 아닌가? 그 순간 기지를 발휘해서 이렇게 말을 했다. "죄."

그렇다. 죄란 놈은 손이나 발처럼 우리 몸에 붙어서 안 떨어진다. 우리에게 평생 붙어 산다. 죽어라고 떨어지지 않는다. 죽을 때까지 우리에게서 떨어져나가지 않는다. 죄가 이런 것이다.

예수님이 40일 동안 광야에서 금식 기도를 하실 때 마귀가 집요하게 유혹을 했다. 그러나 결국 사탄이 두 손 들고 떠나갔다. 그러나 아주 떠난 것이 아니었다. 성경은 이렇게 말하고 있다.

> 마귀가 모든 시험을 다 한 후에 얼마 동안 떠나니라 (눅 4:13).

은혜 충만, 성령 충만, 말씀 충만, 믿음 충만하면 죄가 떠난다. 사탄이 떠난다. 그러나 '잠시' 떠나는 것일 뿐 다시 돌아온다. 깨끗하게 소제한 집의 비유에서도 나갔던 귀신이 친구 귀신 일곱을 데리고 다시 돌아오지 않았는가? 은혜 충만하고 믿음 충만해서 사탄이 밀 까부르듯이 우리를 까불지 못해도 잠시 그런 것뿐이다.

대도 조세형을 기억할 것이다. 80년대 고관대작들의 집만 골라서 털었던 사람이다. 10년 넘게 교도소 생활을 하기도 했는데, 회개하고 새사람이 되었다. 간증 집회도 많이 다녔다. 다큐까지 만들어서 방영했다. 사람들은 다 그가 개과천선을 했다고 생각했다. 그런 그가 일본에 가서 좀도둑질을 하다가 붙잡혔다.

그러면 그가 진심으로 회개한 것이 아니었단 말인가? 사기를 친 것인가? 우리가 속았던 것일까? 아닐 것이다. 그는 진심으로 회개하고 새사람이 되었던 것만은 사실이다. 그런데 어느 한순간 옛사람이 다시 살아나 그런 일을 저지르게 된 것이다.

그가 회개하고 새사람이 된 다음에도 얼마나 자기의 옛 본성과 투쟁을 했겠는가? 피눈물 나는 투쟁을 했을 것이다. 죄의 유혹을 이기기 위해서. 옛사람은 그렇게 쉽게 죽지 않는다. 본성을 죽인다는 것이 쉬운 일이 아닌 것이다.

예수 믿고 새사람이 된다고 해서 완전히 새사람이 되는 것이 아니다. 옛사람이 세례 받는 순간 완전히 죽는 것이 아니다. 우리의 옛사람은 죽을 때까지 죽지 않고 우리를 괴롭힌다. 그러므로 우리는 죽을 때까지 우리 자신을 죽여야 한다. 죽을 때까지 죄와 죄 된 본성과 세상에 속한 욕정과 옛사람과 싸워야 한다.

우리는 날마다 죽어야 한다. 일주일에 한 번 주일날 교회 와서만 죽는 것이 아니라 매일매일 자신을 죽여야 한다. 한 번 죽었다고 되는 것이 아니다. 순교자는 한 번 죽는 것으로 끝나지만, 우리는 평생 우리 자신을 죽이며 살아가야 한다. 우리는 매일 자신을 죽이는 순교의 삶을 살아야 한다. 그래서 바울도 "나는 날마다 죽노라"라고 고백하지 않았는가?

> 형제들아 내가 그리스도 예수 우리 주 안에서 가진 바 너희에 대한 나의 자랑을 두고 단언하노니 나는 날마다 죽노라 (고전 15:31).

바울은 이미 그리스도와 함께 십자가에 못 박혀 죽었다고 했다.

> 내가 그리스도와 함께 십자가에 못 박혔나니 그런즉 이제는 내가 사는 것이 아니요 오직 내 안에 그리스도께서 사시는 것이라 (갈 2:20).

그런데 왜 그는 날마다 죽는다고 고백하고 있는가? 바울도 우리처럼 자신이 죽은 줄 알았었다. 그런데 알고 보니 죽은 것이 아니었다. 옛 본성이 죽은 줄 알았는데 죽지 않고 살아 있었던 것이다. '아, 한 번 죽는다고 완전히 죽는 것이 아니구나…. 평생 나를 죽이며 살아가야 되는 것이구나….' 그래서 "나는 날마다 나를 죽이며 살아간다"고 고백한 것일까?

바울이 "나는 날마다 죽는다"고 했는데, 날마다 자신을 십자가에 못박는다는 뜻으로 한 말이 아니다. 죄에 대하여 매일 죽는다는 뜻으로 한 말이 아니다. 우리가 생각하는 것처럼 영적인 의미로 "나는 날마다 죽는다"고 말한 것이 아니다.

영어 성경을 몇 개 살펴보자.

I face death every day (NIV).

I face death every day (International Standard Version).

Every day I am in danger of death (NET Bible).

매일 죽음을 직면하면서 살아가고 있다고 번역했다. 매일 죽음의 위협을 당하며 살아가고 있다는 것이다.

바울이 "나는 매일 죽노라"는 말을 어떤 상황에서 했는지 그 배경을 살펴보자.

또 어찌하여 우리가 언제나 위험을 무릅쓰리요 형제들아 내가 그리스도 예수 우리 주 안에서 가진 바 너희에 대한 나의 자랑을 두고 단언하노니 나는 날마다 죽노라 내가 사람의 방법으로 에베소에서 맹수와 더불어 싸웠다면 내게 무슨 유익이 있으리요 (고전 15:30-32).

바로 앞 절에서는 항상 '위험'을 무릅쓰고 살아가고 있다고 밝히고 있다. 그리고 이어서 "나는 매일 죽노라"고 말한다. 그 다음에는 에베소에서 복음을 전하다가 맹수와 더불어 싸웠던 이야기를 하고 있다. 전후 문맥으로 보아 바울이 여기에서 이야기하는 죽음은 영적인 의미에서의 죽음, 옛사람의 죽음, 죄 된 본성의 죽음을 말하는 것이 아니라 실제적인 죽음을 말하는 것이다.

바울은 복음을 전하다가 엄청난 고난을 당했다.

> 내가 수고를 넘치도록 하고 옥에 갇히기도 더 많이 하고 매도 수없이 맞고 여러 번 죽을 뻔하였으니 유대인들에게 사십에서 하나 감한 매를 다섯 번 맞았으며 세 번 태장으로 맞고 한 번 돌로 맞고 세 번 파선하고 일 주야를 깊은 바다에서 지냈으며 여러 번 여행하면서 강의 위험과 강도의 위험과 동족의 위험과 이방인의 위험과 시내의 위험과 광야의 위험과 바다의 위험과 거짓 형제 중의 위험을 당하고 또 수고하며 애쓰고 여러 번 자지 못하고 주리며 목마르고 여러 번 굶고 춥고 헐벗었노라 (고후 11:23-27).

이렇게 바울은 항상 죽음의 위협을 당하면서 복음을 전했다. 목숨을 걸고서라도 복음은 전할 만한 가치가 있는 것이라고 여겼던 것이다.

다음의 구절도 바울이 복음을 전하다가 어떤 고난과 어려움을 당했는지 잘 보여주고 있다.

> 우리가 사방으로 우겨쌈을 당하여도 싸이지 아니하며 답답한 일을 당하여도 낙심하지 아니하며 박해를 받아도 버린 바 되지 아니하며 거꾸러뜨림을 당하여도 망하지 아니하고 우리가 항상 예수의 죽음을 몸에 짊어짐은 예수의 생명이 또한 우리 몸에 나타나게 하려 함이라 (고후 4:8-10).

여기서도 바울은 목숨 걸고 복음을 전하고 있다고 밝히고 있다. "예수의 죽음을 몸에 짊어짐은"은 예수님처럼 죽을 각오로 복음을 전하고 있다는 뜻이다.

> 누가 우리를 그리스도의 사랑에서 끊으리요 환난이나 곤고나 박해나 기근이나 적신이나 위험이나 칼이랴 기록된 바 우리가 종일 주를 위하여 죽임을 당하게 되며 도살 당할 양같이 여김을 받았나이다 함과 같으니라 그러나 이 모든 일에 우리를 사랑하시는 이로 말미암아 우리가 넉넉히 이기느니라 (롬 8:35-37).

여기에서 언급된 목록들은 바울이 복음을 전하면서 다 겪었던 것들이다(고후 11:23-27). 그는 목숨 걸고 복음을 전했다. 죽는 것도 두려워하지 않았다. 그리고 "우리가 넉넉히 이기느니라"라고 고백했던 것처럼 그 모든 것을 다 이겨냈다.

이 정도면 확실해졌을 것이다. 바울이 말한 "나는 날마다 죽노라"는 영적인 의미에서의 죽음을 말하는 것이 아니다. 바울이 실제적으로 매일매일 목숨 걸고 복음을 전하고 있다는 사실을 이야기하고 있는 것이다. "나는 날마다 죽노라"는 고백은 순교자적인 삶을 살자는 설교를 할 때 좋은 본문이 될 수 있다. 그러나 우리의 옛사람을 죽여야 한다는 설교를 할 때 인용할 구절은 아니다. 그런 설교를 할 때는 다음의 구절이 훨씬 더 적절하다.

> 내가 내 몸을 쳐 복종하게 함은 내가 남에게 전파한 후에 자신이 도리어 버림을 당할까 두려워함이로다 (고전 9:27).

복싱 선수가 링 위에서 상대방을 단 한 방에 KO시켜버리려고 있는 힘을 다해 강펀치를 날린다. 그러나 우리는 우리 자신을 녁다운시키기 위해, 우리 자신을 죽이기 위해, 옛사람을 죽이기 위해, 우리 자신을 향해 펀치를 날려야 한다. 우리는 죽을 때까지 평생 우리 자신을 죽이며 살아가야 한다. 그래야 예수 그리스도 앞에 우리 자신을 복종시킬 수 있다.

익숙한 성경 낯설게 읽기

2015년 3월 25일 인쇄
2015년 3월 30일 발행

지은이 | 이진희
발행인 | 이형규
발행처 | 쿰란출판사

주소 | 서울시 종로구 이화장길6
TEL | 745-1007, 745-1301~2, 747-1212, 743-1300
영업부 | 747-1004, FAX/745-8490
본사평생전화번호 | 0502-756-1004
홈페이지 | http://www.qumran.co.kr
E-mail | qrbooks@gmail.com
qrbooks@daum.net
한글인터넷주소 | 쿰란, 쿰란출판사

등록 | 제1-670호(1988.2.27)

책임교열 | 김향숙·송은주

값 13,000원

ISBN 978-89-6562-630-5 03230